國際占星研究院創辦人 **魯道夫** | 香港知名占星天后 **Jupiter** | 專業占星師 **Monique**
權威協力著作

英國占星學院專業研究主題
華文第一本詳細解說高階占星技巧的專業學習用書

高階占星技巧

中點技巧 / 組合盤 / 移民占星學
MIDPOINT·COMPOSITE CHART·RELOCATION CHART

中點技巧（*Midpoint*）能細緻透露一張星盤所隱藏的祕密，有助於激發星盤的潛能；

組合盤（*Composite Chart*）能夠看出兩人、兩個家庭、單位、部門的組合能量和發展；

移民占星學（*Relocation Chart*）可分析個人在何處特別有利於發展，如同一套獨特的個人風水學。

借助高階占星技巧，幫助自己找到最佳軌跡，朝更光明的方向出發！

目録

作者序

占星，一門學習自身與時間、空間關係的學問

在過去數千年中，占星界發展出了許多技巧，例如：巴比倫人重視金星，與他們的女神崇拜有關；埃及人重視建築與農工，因而發展出重視地平線的上升點，開啓了不同宮位制度的研究；而阿拉伯點的研究，與中世紀的神祕主義特色有著強烈的連結；十九世紀強調科學精神的德國占星師們，期望能透過數學邏輯找出行星之間的共鳴，因而將中點技巧發揚光大；到了 20 世紀，占星師們則期盼占星也能夠詮釋當代心理學，由此發展出了心理占星。

我們可以發現，每一個時期發展的技巧，都象徵著當時的社會特質，不能因此而斷定誰是對的，或誰是錯的。

再者，由於現代科技的發達，電腦可幫助占星師們做出更多精密的計算，占星師能夠更精確地尋找出行星在地球上的投影，並因此開啓占星地圖的研究，甚至更進一步地將這一門技巧，發展成爲非常類似中國風水的方位系統，並將此應用在個人星盤與世界大事的預測上。

這一本強調高階技巧的占星書，正是我與 Jupiter 老師討論已久，最後也邀請 Monique 老師一起加入完成的作品，期待能帶給華人占星學界一些對十九、二十世紀占星技巧發展的不同視野。

魯道夫

2016 年 1 月 8 日於倫敦

作者序

宇宙有多大，占星有多闊

　　小時候閱讀星座書，覺得有趣，大概是青少年期想尋求「自我認同」的方法，原來最了解自己的，不是身邊的同學長輩，而是書中那些「xx 座的你是怎樣怎樣」，那種被了解的感覺大概成為了我的占星種籽。

　　後來接觸到正統的占星學習，更發現每顆行星之間的互動，簡直就像替我說話一樣，甚至比我認識的自己，描述得更為深入、細微，連那些自己也不能言語的微妙感覺、為什麼我會有某些習慣和想法、甚至一些本已遺忘的東西，都通過占星從潛意識中牽引出來。

　　起初以為懂得基本星盤就是了，加個流年推測不就是傳統上對「命理、算命」的理解嗎？可是後來發現還有人際合盤、中點、泛音、移民、擇日、世俗占星、卜卦、古典派……學完一些又有新的冒出來，沒完沒了，卻讓人像上癮一樣，不停的去學習和發掘。真是宇宙有多大，占星就可以有多闊；心靈有多複雜，占星就可以有多少深度。

　　從了解人的心靈、運勢，到人與人之間的互動，以至世界大事、政治經濟，占星總是有不同的工具去探索，幫助我們從不同的角度去了解自己、身處的環境、身邊的人和事，過去和未來；而通過占星，亦了解更多背後的歷史、文化、哲學，簡直就是通識。一套學問能夠這樣無遠弗屆，並且能夠跟其他學問互為連結，如醫

學、心理學、魔法、草藥、治療、兒童教育、財經等，覆蓋和使用範圍之廣，可說是星星給人類的最佳禮物。

這些年以來，多得各界同好將占星學推廣，越來越多人對占星有興趣、有一定的認識，並認真學習及研究，所以此書就來介紹幾個專業占星師們所使用的一些進階占星技巧，讓讀者能了解這些稍微複雜但相當實用的工具。

本書所介紹的占星技巧，都是針對特別的範疇，做深入的研究，發掘一些潛藏的訊息，可說是帶出更多占星密碼。如不了解當中的竅門，就無法破解演譯了。本書所講解的技巧，「中點」是找出星盤中那些表面看不到的部分，內裡隱藏著的脈絡；「組合中點盤」則是看人與人之間的化學作用，而「移民占星學」更是人與地的關係，將星盤放在世界地圖上，可說是一套獨特的個人風水學。

我們的占星學院從 08 年創辦，還記得當初跟魯道夫老師在英國碰面，晚飯閒聊時就聊起辦占星學院的想法，想不到不但能成真，至今學院有幸已發展成一個小團隊，並能邀請國際知名的占星大師來亞洲講學，所以得在此先感謝這位一起並肩作戰的占星好友。

而在教學的過程當中，跟同學們也做了很多的討論，有時同學提出的問題，往往會刺激我們去思考；而不同的見解，也讓占星的詮譯變得更豐富，教學相長，讓我們身為老師亦能不斷進步，在學問上有更高的要求。而最讓我感動的，是同學們對占星的熱情和投入，那些熱熾的討論、發問、渴求知識的眼神，心裡那團星星之火，的確可以燎原。而同學之間還建立了一份占星專屬的友誼，那

種大家說著共同語言，有種不用多解釋但已互相明瞭的感覺，不足為外人所理解。有時候，同學分享自己的經驗，說到學習占星如何助他面對一些難關，如何讓自己變成一個更好的人，如何去活出屬於自己的人生，更讓我覺得能夠分享這個學問，是一種福氣。

當然，最後必須感謝教導過我的各位老師、在占星路上互相支持的夥伴，一直給我很多的啓發，有時可能只是一句話，就讓我開竅；有時對我很嚴厲的老師，總是能帶我到另一層次。占星之路如天上的銀河一樣，沒有盡頭，之後我也將繼續努力學習、研究，期望可以將更多占星的智慧跟大家分享。

Jupiter

2016 年 1 月 13 日於香港

作者序
歡迎回到宇宙舞台，與日月星辰共舞

「生活不是侷限於人類追求自己的實際目標所進行的日常行動，而是顯示了人類參與到一種宇宙韻律中來，這種韻律以形形色色的方式證明自身的存在。」──泰戈爾

從小我就對生命充滿了好奇，寒暑假回外婆家最開心的就是追著外公詢問手相和紫微斗數，外公家二樓的大佛堂和一樓工作的小書房，總是最吸引我的地方。雖然外公在幫人算命時說的台語和客語對當時的我來說只能一知半解，但卻在我心裡播下了一個種子，外公應該算是我的命理啟蒙老師吧！

國高中讀的是私立學校，那個年代能讀得起私立學校的小孩，家庭環境都是非富即貴，而我父親只是職業軍人，但堅持教育的重要性，家裡四個小孩都讀過這所私校。因為和同學們的家世背景差距太大而有隔閡，加上成績總是吊車尾勉強過關，常常都是獨來獨往。

私立學校因為管教嚴格，學生 99％是乖乖牌，而那個 1％的怪咖就是我。學校制服是黑色百褶裙配黑色娃娃鞋，裙子長度規定是膝蓋下一公分，當時我就覺得只有老太婆才會這樣穿吧！所以常常將裙子捲到露出膝蓋，常因為頭髮裙子不符合規定而經常去教官室報到。

記得國一下學期開學的第一天，我穿了特別訂製的裙子，一條長至腳踝的百褶裙，走到教官室跟教官說：「這樣應該及格了

吧！」教官被我氣到說不說話，要我寫悔過書，我認為自己沒錯所以拒絕寫（當時也不知道哪兒來的愚勇，也可能正值叛逆期），於是整個學期的午休時間，都得在學校中庭的噴水池前罰站，後來是輔導室的許老師向校長說情解救了我，讓我去學校的圖書館負責整理和打掃的工作，卻意外的讓我得到在學校生活中最快樂的時光。待在藏書豐富的圖書館，那幾年看了非常多的閒書，尤其是倪匡的小說，充分滿足了我這個太陽月亮水星都在雙魚座的人，那種精神靈感上的幻想與遨遊。

第一次要到歐洲學旅時，第一個念頭就是想要去格陵蘭的冰層之下尋訪我心靈中的勒曼醫院，於是我從冰島搭小直昇機到格陵蘭，這兩個地方也是 ACG 星盤中（Aatro ✳ Carto ✳ Graphy），海王星上升和金星下降線經過的地方，讓我奇幻似的愛上這兩個地方，很難讓我用言語文字來形容這樣的感受，如同愛麗絲夢遊仙境一般，彷彿在那兒可以獲得某種淨化超越與成長。

後來擔任心理輔導老師的經驗中，我發現其實學生的問題很少很小，但是老師與學生之間、家庭關係失衡、家長本身的問題卻多得不得了。更多感觸的是這些青春期的騷動與不安，無非都是自我意識的萌芽，是小孩開始想要獨立的第一步，他們熱切的想要知道我是誰，嘗試著用不同的方式來認識自己。但整個教育環境仍停留在成績與升學的考量下，忽視了個人可以發展的特質。

我發現學校這個體制不適合我，於是改變的契機在接觸了心理占星後萌芽了，當我有意識的選擇了自己想要的改變時，更能清楚的去接受可能而來的挑戰與機會。

感謝魯道夫老師將西方占星學人文的觀點帶進國內，有別於坊

間星座老師的愛情配對、升官發財這類的速食觀點，或是傳統宿命論的命定好或不好二元論的說法。

當然心理占星學並非是要推翻傳統占星學，而是讓我們以一種更宏觀的視角來讓我們認識自己，以謙卑的態度來面對那些我們個人無法掌握的，例如：國家的命運，在有限和無限中都能自在的活出自己的生命。同時心理占星學提供的人文思維觀點，讓我們帶著覺知來看待當下人事物的變遷與流轉，保持客觀的態度，陪伴著個案一同去看見、去接納自己，將生命的選擇權交還給自己。

當我們瞭解了自己的生命歷程時，也同步體悟宇宙星辰的運行週期，原來我們一直活在萬事萬物的象徵和隱喻中，這是多美妙的感受啊！

當然要感謝我親愛的家人，媽媽、姊姊、哥哥、妹妹一直以來對我的幫助與支持，還有我生命當中最重要的四個男人，Tenzin、Neo、Ethan、和高齡快 90 歲的老爸，感謝你們全然的愛與包容，讓我得以快樂的做自己，做著自己熱愛的工作。

最後還要謝謝願意與我分享生命故事的諮詢個案與學生，由衷感謝。

Monique

2016 年 1 月 21 日

Chapter 1

中點技巧

占星師在觀察星盤的時候，往往會試圖尋找行星與行星之間的互動，二十世紀初期的漢堡學派，就認為兩個行星在黃道距離的中間點是一個敏感的位置。若是在本命盤、流年、或是合盤上有任何其他行星觸動到了這個敏感點，將會引發強烈的效應。

中點技巧能夠告訴我們，一張星盤所隱藏的祕密，也是目前占星學界十分受到歡迎的高階技巧。

以星際大戰出名的大導演喬治魯卡斯（George Walton Lucas Jr.），在他的星盤中點上，就有海王星（影像、幻想、幻覺）天王星（天空、科技）火星（戰爭）的中點結合。當他執行星際大戰這部電影的計畫時，就發揮了星盤中點當中隱藏的強大力量。

中點：星盤當中隱藏的力量

中點技巧的歷史背景

在近代占星學中，許多占星師們希望透過不同的方式，從星盤中找出些行星隱藏的訊息，特別在 19 世紀末的德國，當時瀰漫著一股科學驗證占星的態度，當時的占星學家們莫不希望能夠以科學的角度出發來詮釋占星。

這一股從科學角度出發的占星學習態度促成了漢堡學派的形成，受到科學研究影響的占星師們紛紛開始從物理學的角度來探討行星對自然的研究。例如像是太陽黑子對地球上的農產與經濟的影響，或者紛紛從電波、光波的波動或週期的運行來討論占星。

這些占星研究者有時也會從古老的占星典籍當中得到啟發，並且用現代的態度來詮釋，其中至今仍被廣泛應用的就是中點（Midpoint）以及泛音盤（Harmonic chart），中點與泛音盤這兩門學問被視為是近代占星技巧，事實上這兩門學問出現已久，泛音盤在印度占星學當中已經有數千年的歷史，而中點的使用最明確的記載可以回溯至西元 1200 年的占星師波那提（Guido Bonati）。他使用一種在阿拉伯點（Arabic parts）計算時稱為半數總和（Half sums）的技巧，替他的君主蒙特非特羅伯爵（Count Montefeltro）找出了出兵時刻，他同時預言在該場戰爭當中伯爵會獲勝但是將會受傷，如同波納提的預言，蒙特非特羅伯爵在這場戰役中雖然受傷，但最後取得了勝利，從此中點在星盤當中的使用技巧受到了眾

人的注意。

　　波那提所使用的技巧並沒有在占星學界流傳開來，中點技巧在當時被視為是阿拉伯點的延伸，但這門方式的複雜計算並沒有受到歡迎，在缺乏有系統的發展之下，波那提的技巧逐漸的被占星師們遺忘。

中點技巧的原理

　　直到活躍於 20 世紀初期的德國漢堡學派占星師艾佛瑞‧懷特（Alfred Witte）開始檢視這一門技巧，在當時充滿著科學精神的環境當中，占星師們相信行星能夠散發的能量，就像是太陽風一樣能夠引發震盪與波動。當行星在黃道上產生了某種相對關係就會帶來敏感點，這些敏感點將會引發能量的釋放（在占星學與身心靈當中，關於能量一詞並非物理學的能量定義）。有些時候這些敏感點的觀察，與我們對占星學當中傳統星座與行星之間的守護關係並不相符，但卻同樣對當事人或事件帶來劇烈的影響。

　　過去，占星師們認為行星與行星之間，必須透過彼此的守護關係或相位來產生影響，但是，艾佛瑞懷特的研究引發了不同的占星學觀點，**當行星形成某些相對位置的時候，就算彼此之間沒有產生所謂的相位，也能夠彼此影響，這就是——中點。**

　　例如在傳統占星學當中，T 型三角被視為是最具衝突性的圖形相位，一般的占星研究者會說當三顆行星，其中 AB 兩行星形成180 度，第三顆行星 C 又同時與 AB 分別形成 90 度，其中 180 度與90 度都是所謂的衝突相位。所以行星之間產生的激烈共鳴引發了

當事人強烈的感受。

　　如下圖，天王星在處女座 19 度，凱龍在雙魚座 17 度產生對分相，水星在射手座 18 度同時與天王星和凱龍都產生了四分相。從占星學的角度來看，這樣的強硬相位激發了一種以水星所代表的聲音文字，詮釋一種渴望以不同的改革態度與自由的釋放（天王星）來面對過去的傷痛（凱龍）。

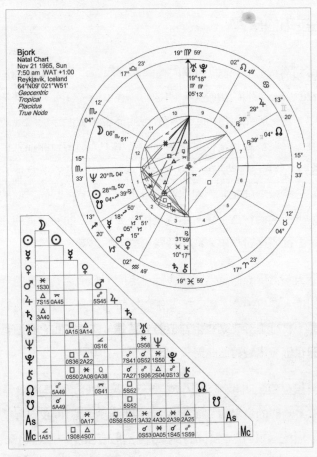

（圖說：冰島歌手碧玉星盤）

但是在某些星盤上行星的排列組合並不如同這種強硬相位的關係，有些時候，這三顆行星彼此之間甚至沒有形成任何相位，但是透過艾佛瑞的理論，**當我們計算兩顆行星在黃道距離上的中間點，這一個點稱為直接中點，然後從這個中間點開始，每 45 度我們都可以找出一個敏感點，稱為間接中點。**所以在黃道上的 360 度我們一共可以找出 8 個中點。如果在你的本命星盤上恰巧有行星就在這個位置的前後 2 度的距離時，我們就可以說，這一個行星位在另外兩行星的中點上，形成了某種共鳴，其影響力並不會低於上一段描述的 T 型三角，有時甚至更為顯著。

如何詮釋中點

中點是兩行星在黃道上的敏感點，當有其他行星位在這裡時會強烈的被這兩個行星左右。中點的作用被視為是星盤上根據傳統的相位所看不出來的隱藏力量，這些力量是可以被發揮的，我們也往往透過許多人的星盤當中發現中點對一個人的強烈影響。例如以星際大戰知名的導演喬治盧卡斯為例，在他的星盤上就有海王星在天王星與火星的中點上的特質（見下頁圖）。海王星象徵著影像、電影、幻想，正好就在象徵著天空、太空的天王星與戰爭的火星兩者的中點上。他發揮了這樣的星盤特質，讓海天火的強烈特質散發在生命當中而獲得成就。

舉例來說，剛才的凱龍、天王、水星 T 型三角的星盤主人是冰島歌手碧玉（Bjork）的星盤，她透過聲音傳達對未來與自由的渴望，以及因為權力和環境所帶來的傷害。但是當我在另一張星盤中看到另一位歌手，沒有類似的強硬相位，乍看之下水星與天王星和

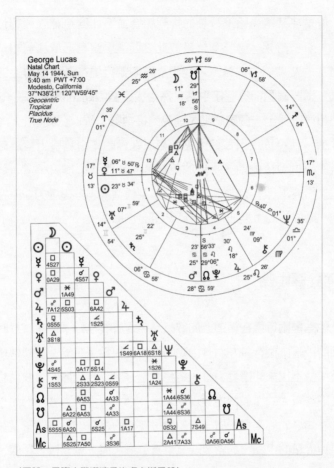

（圖說：星際大戰導演喬治盧卡斯星盤）

凱龍星都沒有產生任何的傳統相位，但是他的歌聲卻也讓眾人感動落淚，她就是在 2009 年英國才藝競賽當中脫穎而出的蘇珊波爾。以她貌不驚人的大嬸形象，一開口卻讓眾人驚艷，聲音讓許多人感動落淚，許多人說她的聲音治療了靈魂的傷痛。乍看之下她的星盤中並沒有天王凱龍與水星的任何相位，但是當你使用艾佛瑞懷特的

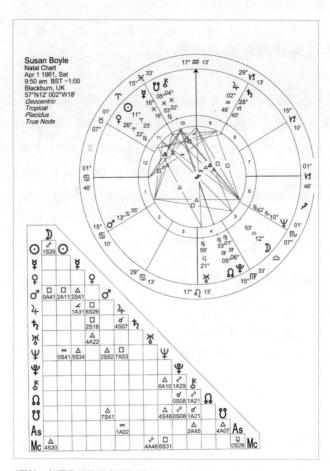

（圖說：英國歌手蘇珊波爾星盤）

中點技巧時，你卻會發現蘇珊波爾的凱龍正好在水星與天王星的中點上。不同的歌手不同的音樂風格，同樣卻都有從傷痛中解放的聲音特質。

中點在流年與合盤的應用

簡單來說，中點，可以說是一種行星之間的關聯與互動，如同相位一樣讓行星彼此影響，但是它還可以應用在流年的方法當中。我最喜歡的案例就是我一位同學正抱怨著那陣子生活壓力非常大，整個人非常不舒服，可是流年星盤上卻沒有任何的明顯相位產生，那一週我們才學完中點的技巧，我現學現賣的打開電腦一看，就指著星圖對他說：「親愛的，最近行運的土星正分秒不差的在你的日月中點上面，當然你會覺得壓力特別大。」

同學驚訝的說原先學中點時，因為涉及數字計算，讓他一點興趣都沒有，同時他也認為這種不是相位的行星影響根本沒什麼了不起的，當我指出這件事情的時候讓他重新體驗了中點的重要。當流年行星與命盤兩行星的中點形成相位時，其效果非常像是這一個流年行星同時與本命盤的兩行星產生相位。

除了可以應用在流年當中之外，中點也可以應用在合盤上。例如你的日月中點是處女座 15 度，而你的情人的太陽（或任何一個行星）也在這個位置的前後兩度，那麼表示他的太陽在你的日月中點上，對你來說，他的男性特質是促成你自我整合的重要關鍵。

首先，讓我們先來瞭解如何從星盤當中計算中點。

中點技巧的計算

中點的計算其實一點也不難，你只需要計算機和幾個簡單的概

念就可以計算出來，而一般專業的占星軟體如 Solar Fire、Janus 都可以簡單的幫你製作出中點的列表。若使用 Solar Fire，當你叫出星圖之後，按下右手邊 Report 的地方，就可以看到許多資料，其中就有 Midpoint 的選項，所做出的列表我們在後面的文章將會解釋。

Junas4.0 則是在 calculate 選項的功能當中有 Midpoint 計算功能。你可以在左手邊選擇你要使用的列表方式。網路上有免費的軟體，也有網頁可以讓你輸入兩行星的位置後找出他們的中點，我們會在稍後介紹。

手算

如果你手上沒有任何的占星軟體，你可以動手計算或者利用我們介紹的網頁去計算中點，你也可以寫 e-mail 到華人專業占星教育學會，info@academyofastrology.co.uk，洽詢付費製作中點列表的服務。如果你對中點的原理有興趣的話，你就知道中點是計算出兩個行星在黃道上的中點距離，所以首先我們必須將這兩個行星在黃道上的位置找出來，我們不妨就用冰島歌手碧玉的天王星和凱龍來做範例。

首先，透過下面列表，我們將兩個行星在黃道上的度數換成絕對的黃道度數：

牡羊座	0
金牛座	30
雙子座	60
巨蟹座	90
獅子座	120
處女座	150
天秤座	180
天蠍座	210
射手座	240
魔羯座	270
水瓶座	300
雙魚座	330

Step1

把碧玉的天王星處女座 19 度轉化成 360 度形式，我們只要把 19 度加上處女座的黃道絕對度數 150，便可得到天王星是 169 度。

Step2

把凱龍所在的雙魚座 17 轉化成 360 度形式，我們把 17 度加上雙魚座在絕對黃道上的度數為 330 度，所以凱龍是 347 度。

Step3

將兩個點加起來 169 ＋ 347 ＝ 516 度然後除以二得到 258，絕對黃道上的 258 度就是天王星與凱龍的直接中點。

Step4

接著將這個度數換成我們所熟知的 12 星座座標（參考上表），距離 258 度最近的是射手座的 240 而且還沒有超過魔羯座

的 270，所以我們將 258-240 ＝ 18，我們知道 258 是射手座的 18
度。

Step5

　　找出直接中點後，我們再找出其他七個間接中點，他們分別
是：

❶ 258+45 ＝ 303 ＝水瓶座 3 度

❷ 303+45 ＝ 348 ＝雙魚座 18 度

❸ 348+45 ＝ 393 ＝（超過 360 必須減去 360）＝ 33
　　＝金牛座 3 度

❹ 33+45 ＝ 78 ＝雙子座 18 度

❺ 78+45 ＝ 123 ＝獅子座 3 度

❻ 123+45 ＝ 168 ＝處女座 18 度

❼ 168+45 ＝ 213 ＝天蠍座 3 度

　　這八個黃道上的度數就是碧玉的天王星與凱龍的敏感點，當
碧玉本命盤有任何行星在這個位置上時，就會對她產生強烈的共
鳴。所以我們看到碧玉本命盤的水星就在射手座 18 度附近，自然
的她的水星就會成為天王星和凱龍星的中點。同樣的，如果流年時
有行星經過上述的位置，那一個行星就會對碧玉的天王凱龍產生影
響，或者有任何人有行星在這些位置也會對她產生影響。

　　同時我們會發現中點的出現有一定的規律，他會出現在同樣
性質的星座的同樣度數，例如碧玉的天王凱龍的中點就出現在水
瓶 3 度也就是固定星座的 3 度，和雙魚 18 度也就是變動星座的 18
度。

中點計算網頁

http://www.noendpress.com/pvachier/midpoints/index.php

這是個相當好用的中點計算網頁，假設你要計算兩個行星的中點，先在 Planet1（第一個行星）的下方輸入該行星的星座、度數和分，然後同樣的在 Planet2 下方輸入相同的資料，然後按下 FINDMIDPOINT，你就會得到兩組中點。

在這個網頁當中他會幫你計算出最近距離中點與最遠距離中點，但這其實沒有必要，你只要找出其中一個，知道他是開創、固定還是變動之後，再從這個度數加上 45 度，就可以找出另一個中點。

例如，假設你的月亮在金牛座 10 度 40 分，你的太陽在巨蟹座 5 度 10 分，你就在 planet1 sign 的地方輸入 Taurus，在下方第一欄輸入度數 10，在第二欄輸入分 40；同樣的，在 Planet2 的地方依此類推。按下 Findmidpoint 鍵之後你就會看到，畫面上顯示 Midpoint Near / Far:Gemini / Sagittarius 下方是 7 / 55，我們可以得知最近的中點是雙子座 7 度 55 分，所以所有變動星座的 7 度 55 分都會是你的日月中點。

從雙子座 7 度 55 分，加上 45 度之後，你會得到巨蟹座 22 度 55 分，由此可知所有的開創星座 22 度 55 分也都是你的日月中點。

中點計算軟體 Midpoint

　　中點計算軟體 Midpoint，這是一套免費的軟體，目前的版本只能夠在 XP 的環境底下執行，如果你使用 VISTA 或是 WINDOWS 7，可能必須尋找 WINDOWS XP 的模擬軟體並在底下執行這套免費的軟體。

　　這套軟體小而簡單，都是文字模式，但既然是免費的我們就不要有太高的要求。當你解壓縮安裝之後，它會跳出資料輸入的介面，輸入出生年月日地點經緯度與時區之後，按下 F2，便可以得到根據開創、固定、變動星座的中點列表，或者按下 ctrl+F1 之後，在 Modulus 當中輸入 45，就可以得到 45 度的中點樹的列表方式。你可以列印出來然後依照後面章節的解讀方式來解讀。

中點技巧的呈現方式

　　中點這一門技巧獲得當時艾佛瑞懷特和他的占星同好的重視，在他們所組成的漢堡占星學派當中，中點占有重要的意義，同時為了方便中點的研究，他們使用不同的星盤繪製方式，稱為刻度盤（Dial），並且有不同的刻度盤的應用，成為漢堡學派的特殊專長。但今日中點在占星學上的使用相當廣泛，就算不是漢堡學派的占星師也都同意中點有其特殊影響性，並且會在解讀星盤時列入參考，於是發展出了許多不同的中點呈現方式。

　　一般來說，中點的使用習慣用一種數學方式來呈現，例如剛才我們計算的天王凱龍中點，習慣寫成「天／凱」，或者英文的 Ur

／Ch，亦可用符號表示♅／⚷。

當我們知道碧玉的水星在天王凱龍中點時，我們可以寫成水＝天／凱，或英文的 Me=Ur／Ch，或是符號的☿＝♅／⚷。

1. 行星排列中點列表

一般來說，我們常會在占星軟體上看到下列幾種中點的呈現方式，可以分成依照行星排列、角度排列或三性質區分法，端看個人的習慣選用。

行星排列的中點列表如同下圖，他是依照行星順序從月亮到冥王星、凱龍，最後上升天頂的列表排列方式。我們可以扣除＊□＊這一類的符號，因為他們只是標示行星的位置，我們只需要注意**行星／行星**這樣的符號即可。

*** MIDPOINT LISTING ***

Bjork – Natal Chart

In Planetary Sequence – Modulus 45°00'

☽	36°51'	☉/♆	09°27'	♀/♄	43°11'	♃/♆	24°50'	*♆*	05°04'
☽/☉	02°50'	☉/♇	23°31'	♀/♅	02°28'	♃/♇	38°54'	♆/♇	19°09'
☽/☿	12°50'	☉/⚷	23°24'	♀/♆	32°57'	♃/⚷	38°47'	♆/⚷	19°02'
☽/♀	26°21'	☉/☊	16°45'	♀/♇	02°02'	♃/☊	32°07'	♆/☊	12°22'
☽/♂	21°06'	☉/As	07°12'	♀/⚷	01°55'	♃/As	22°34'	♆/As	02°49'
☽/♃	18°13'	☉/Mc	24°24'	♀/☊	40°15'	♃/Mc	39°47'	♆/Mc	20°01'
☽/♄	08°41'	*☿*	33°50'	♀/As	30°42'	*♄*	25°31'	*♇*	33°13'
☽/♅	12°58'	☿/♀	02°20'	♀/Mc	02°55'	♄/♅	29°48'	♇/⚷	33°06'
☽/♆	43°27'	☿/♂	42°05'	*♂*	05°21'	♄/♆	15°18'	♇/☊	26°26'
☽/♇	12°32'	☿/♃	39°13'	♂/♃	02°28'	♄/♇	29°22'	♇/As	16°53'
☽/⚷	12°25'	☿/♄	29°41'	♂/♄	37°56'	♄/⚷	29°15'	♇/Mc	34°06'
☽/☊	05°45'	☿/♅	33°58'	♂/♅	42°13'	♄/☊	22°35'	*⚷*	32°59'
☽/As	41°12'	☿/♆	19°27'	♂/♆	27°42'	♄/As	13°02'	⚷/☊	26°19'
☽/Mc	13°25'	☿/♇	33°32'	♂/♇	41°47'	♄/Mc	30°15'	⚷/As	16°46'
☉	13°50'	☿/⚷	33°25'	♂/⚷	41°40'	*♅*	34°05'	⚷/Mc	33°59'
☉/☿	23°50'	☿/☊	26°45'	♂/☊	35°00'	♅/♆	19°35'	*☊*	19°39'
☉/♀	37°20'	☿/As	17°12'	♂/As	25°27'	♅/♇	33°39'	☊/As	10°06'
☉/♂	32°05'	☿/Mc	34°24'	♂/Mc	42°40'	♅/⚷	33°32'	☊/Mc	27°19'
☉/♃	29°12'	*♀*	15°51'	*♃*	44°35'	♅/☊	26°52'	*As*	00°33'
☉/♄	19°41'	♀/♂	10°36'	♃/♄	35°03'	♅/As	17°19'	As/Mc	17°46'
☉/♅	23°58'	♀/♃	07°43'	♃/♅	39°20'	♅/Mc	34°32'	*Mc*	34°59'

（圖說：行星排列中點列表）

例如我們注意到 * □ * 之後就是 ☽ / ☉，代表著月亮 / 太陽的中點。接著看到這一行符號後面的數字 02°50′，意思是說，這一組中點會出現在黃道上 02°50′ 的位置，然後每 45 度會重複出現一次，所以碧玉的日月中點會出現在牡羊座 2 度 50 分，下一個日月中點會出現在 45 度之後的金牛座 17 度 50 分，然後依此每 45 度找到一個中點，可以找出星盤上的八個中點。

圖中排在 ☽ / ☉ 日月中點之後的是月亮水星中點 ☽ / ☿，月亮水星中點的位置是 12 度 50 分，所以我們知道他的月水中點是牡羊 12 度 50 分，然後加上 45 度，會到金牛 27 度 50 分。

這個列表是以行星順序做爲排列的，有些占星師習慣按照黃道上的順序排列，因此，月亮列表先出現，接著是太陽，然後是水星，最後是天頂。

2. 角度排列中點列表

在上一個列表方式中我們用行星排列，某些時候我們會希望知道自己在哪些角度上有哪些中點，所以出現了角度排列中點列表。

如下圖，在下圖中你可以看到，同樣的中點但是卻按照著黃道上的度數來排列，首先出現的是最接近並影響牡羊座 0 度的中點。對於碧玉來說，最接近的中點是金星凱龍的中點，位置在 1 度 55 分，然後是金星冥王中點，位置是 2 度 02 分。我們同樣可以依照剛才的方式，每 45 度去抓出其他的中點。

Sorted by Angle – Modulus 45°00'

As	00°33'	☽/☿	12°50'	☽/♂	21°06'	☿/♄	29°41'	*Mc*	34°59'
♀/⚷	01°55'	☽/♅	12°58'	♃/As	22°34'	♄/♅	29°48'	♂/☊	35°00'
♀/♇	02°02'	♄/As	13°02'	♄/☊	22°35'	♄/Mc	30°15'	♃/♄	35°03'
☿/♀	02°20'	☽/Mc	13°25'	☉/⚷	23°24'	♀/As	30°42'	*☽*	36°51'
♂/♃	02°28'	*☉*	13°50'	☉/♇	23°31'	☉/♂	32°05'	☉/♀	37°20'
♀/♅	02°28'	♄/♆	15°18'	☉/☿	23°50'	♃/☊	32°07'	♂/♄	37°56'
♆/As	02°49'	*♀*	15°51'	☉/♅	23°58'	♀/♆	32°57'	♃/⚷	38°47'
☽/☉	02°50'	☉/☊	16°45'	☉/Mc	24°24'	*⚷*	32°59'	♃/♇	38°54'
♀/Mc	02°55'	⚷/As	16°46'	♃/♆	24°50'	♇/⚷	33°06'	☿/♃	39°13'
♆	05°04'	♇/As	16°53'	♂/As	25°27'	*♇*	33°13'	♃/♅	39°20'
♂	05°21'	☿/As	17°12'	*♄*	25°31'	☿/⚷	33°25'	♃/Mc	39°47'
☽/☊	05°45'	♅/As	17°19'	⚷/☊	26°19'	☿/♇	33°32'	♀/☊	40°15'
☉/As	07°12'	As/Mc	17°46'	☽/♀	26°21'	♅/⚷	33°32'	☽/As	41°12'
♀/♃	07°43'	☽/♃	18°13'	♇/☊	26°26'	♅/♇	33°39'	♂/⚷	41°40'
☽/♄	08°41'	♆/⚷	19°02'	☿/☊	26°45'	*☿*	33°50'	♂/♇	41°47'
☉/♆	09°27'	♆/♇	19°09'	♅/☊	26°52'	☿/♅	33°58'	☿/♂	42°05'
☊/As	10°06'	☿/♆	19°27'	☊/Mc	27°19'	⚷/Mc	33°59'	♂/♅	42°13'
♀/♂	10°36'	♅/♆	19°35'	♂/♆	27°42'	*♅*	34°05'	♂/Mc	42°40'
♆/☊	12°22'	*☊*	19°39'	☉/♃	29°12'	♇/Mc	34°06'	♀/♄	43°11'
☽/⚷	12°25'	☉/♄	19°41'	♄/⚷	29°15'	☿/Mc	34°24'	☽/♆	43°27'
☽/♇	12°32'	♆/Mc	20°01'	♄/♇	29°22'	♅/Mc	34°32'	*♃*	44°35'

*** END REPORT ***

（圖說：角度排列中點列表）

3. 三性質星座中點列表

三性質的列表最容易觀察，也最受到占星師們的喜愛。他將中點的出現陳列方式依照開創、固定、變動的方式呈現出來，我們就可以清楚的知道，其實中點都會出現在開創、固定、變動的同一個度數。例如我們先前計算碧玉的日月中點，便能得知她的日月中點會出現在開創星座的 2 度 50 分，和固定星座的 17 度 50 分。**這樣的列表最適合應用在我們想要知道流年過運或推運時刻，有任何行星移動到某一個度數上時，將影響到我們的哪些中點。**

例如 2010 年海王星運行在水瓶座 28 度左右，就會影響到碧玉所有固定星座 27-29 度的中點，包括了月亮冥王中點、月亮水星中點、月亮天王星中點，土星上升中點等。

*** MIDPOINT MODAL SORT ***

Bjork - Natal Chart

Cardinal Points - ♈♋♎♑

As	00°33'	♀/♃	07°♈43	♄/♆	15°♑18	*☊*	19°39'	*♄*	25°31'
♀/⚷	01°55'	☽/♄	08°♑41	*♀*	15°♑51	☉/♄	19°♑41	⚷/☊	26°♈19
♀/♇	02°02'	☉/♆	09°27'	☉/☊	16°45'	♆/Mc	20°♎01	☽/♀	26°21'
☿/♀	02°♑20	☊/As	10°06'	⚷/As	16°♑46	☽/♂	21°06'	♇/☊	26°♋26
♂/♃	02°♈28	♀/♂	10°♑36	♇/As	16°♎53	♃/As	22°34'	☿/☊	26°45'
♀/♅	02°28'	♆/☊	12°22'	☿/As	17°12'	♄/☊	22°♈35	♅/☊	26°♋52
♆/As	02°49'	☽/⚷	12°♑25	♅/As	17°♎19	☉/⚷	23°♑24	☊/Mc	27°♋19
☽/☉	02°50'	☽/♇	12°♎32	As/Mc	17°♎46	☉/♇	23°♎31	♂/♆	27°42'
♀/Mc	02°55'	☽/☿	12°50'	☽/♃	18°13'	☉/☿	23°50'	☉/♃	29°12'
♆	05°04'	☽/♅	12°♎58	♆/⚷	19°♑02	☉/♅	23°♎58	♄/⚷	29°15'
♂	05°♑21	♄/As	13°♑02	♆/♇	19°♎09	☉/Mc	24°♎24	♄/♇	29°22'
☽/☊	05°45'	☽/Mc	13°♎25	☿/♆	19°27'	♃/♆	24°50'	☿/♄	29°♑41
☉/As	07°12'	*☉*	13°50'	♅/♆	19°♎35	♂/As	25°27'	♄/♅	29°48'

Fixed Points - ♉♌♏♒

♄/Mc	00°15'	⚷/Mc	03°59'	♃/♅	09°♌20	♀/♇	17°♏02	☊/As	25°♌06
♀/As	00°42'	*♅*	04°05'	♃/Mc	09°♌47	☿/♀	17°20'	♀/♂	25°36'
☉/♂	02°05'	♇/Mc	04°06'	♀/☊	10°15'	♂/♃	17°28'	♆/☊	27°♌22
♃/☊	02°07'	☿/Mc	04°♏24	☽/As	11°♏12	♀/♅	17°♏28	☽/⚷	27°25'
♀/♆	02°57'	♅/Mc	04°32'	♂/⚷	11°♒40	♆/As	17°♏49	☽/♇	27°32'
⚷	02°59'	*Mc*	04°59'	♂/♇	11°♏47	☽/☉	17°♏50	☽/☿	27°♏50
♇/⚷	03°06'	♂/☊	05°00'	☿/♂	12°05'	♀/Mc	17°♏55	☽/♅	27°58'
♇	03°13'	♃/♄	05°♉03	♂/♅	12°♏13	*♆*	20°♏04	♄/As	28°02'
☿/⚷	03°♒25	*☽*	06°♏51	♂/Mc	12°♏40	*♂*	20°21'	☽/Mc	28°25'
☿/♇	03°♏32	☉/♀	07°20'	♀/♄	13°♒11	☽/☊	20°♌45	*☉*	28°♏50
♅/⚷	03°32'	♂/♄	07°♒56	☽/♆	13°♏27	☉/As	22°♏12		
♅/♇	03°39'	♃/⚷	08°♉47	*♃*	14°35'	♀/♃	22°43'		
☿	03°50'	♃/♇	08°♌54	*As*	15°♏33	☽/♄	23°41'		
☿/♅	03°♏58	☿/♃	09°13'	♀/⚷	16°♒55	☉/♆	24°♏27		

Mutable Points - ♊♍♐♓

♄/♆	00°18'	☽/♂	06°♐06	☊/Mc	12°19'	☿/♇	18°32'	♃/⚷	23°47'
♀	00°51'	♃/As	07°♍34	♂/♆	12°♐42	♅/⚷	18°♐32	♃/♇	23°54'
☉/☊	01°♍45	♄/☊	07°35'	☉/♃	14°♍12	♅/♇	18°♍39	☿/♃	24°♍13
⚷/As	01°46'	☉/⚷	08°24'	♄/⚷	14°♓15	*☿*	18°♐50	♃/♅	24°20'
♇/As	01°53'	☉/♇	08°31'	♄/♇	14°♐22	☿/♅	18°58'	♃/Mc	24°47'
☿/As	02°♐12	☉/☿	08°♐50	☿/♄	14°41'	⚷/Mc	18°♐59	♀/☊	25°♓15
♅/As	02°19'	☉/♅	08°58'	♄/♅	14°♐48	*♅*	19°♍05	☽/As	26°12'
As/Mc	02°46'	☉/Mc	09°24'	♄/Mc	15°♐15	♇/Mc	19°♍06	♂/⚷	26°40'
☽/♃	03°♍13	♃/♆	09°♍50	♀/As	15°♐42	☿/Mc	19°24'	♂/♇	26°47'
♆/⚷	04°02'	♂/As	10°♐27	☉/♂	17°♐05	♅/Mc	19°♍32	☿/♂	27°♐05
♆/♇	04°09'	*♄*	10°♓31	♃/☊	17°♊07	*Mc*	19°♍59	♂/♅	27°13'
☿/♆	04°♐27	⚷/☊	11°19'	♀/♆	17°♐57	♂/☊	20°♓00	♂/Mc	27°40'
♅/♆	04°35'	☽/♀	11°♐21	*⚷*	17°♓59	♃/♄	20°03'	♀/♄	28°11'
☊	04°♊39	♇/☊	11°26'	♇/⚷	18°♐06	*☽*	21°51'	☽/♆	28°27'
☉/♄	04°41'	☿/☊	11°♓45	*♇*	18°♍13	☉/♀	22°♐20	*♃*	29°♊35
♆/Mc	05°01'	♅/☊	11°52'	☿/⚷	18°25'	♂/♄	22°56'		

*** END REPORT ***

（圖說：三性質星座排列中點列表）

4. 中點樹（Midpoint tree）

　　解讀出生圖時，最常被占星師們使用的是中點樹（Midpoint tree）技巧，因為中點樹可以清楚明確的標示出你的每一個行星又是哪些行星組合成的中點。若我們看碧玉的中點樹，會發現她的上升與木星都沒有成為其他行星組合的中點，而他的海王則成為月亮和北交的中點，他的火星也是月亮和北交的中點。中點樹最上方出現的行星代表著星盤上的行星，下方在＋符號兩邊的行星就是組成中點的行星，我們如果從免費軟體 Midpoint 當中得出來的中點樹會是用文字方式表示的：

　　（28 SCO 50） SUN
　　（13 LIB 25） MO／MC -0°25'
　　（13 CPR 03） SA／AS -0°47'
　　（12 LIB 58） MO／UR -0°52'
　　（27 SCO 51） MO／ME -0°59'

　　左手邊象徵的是行星或者中點所在的度數，右手邊第一行則是本命盤的行星，在這個案例中，SUN 是太陽，下方的四組分別就是，MO（月）／MC（天頂）、SA（土星）／AS（上升）、MO（月）／UR（天王）、MO（月）／ME（水）。

　　所以我們知道這個星盤的太陽受到四組中點的影響，分別是月亮／天頂、土星／上升、月亮／天王、月亮／水星。從這些組合中，占星師可以預測除了碧玉本身太陽在天蠍座第一宮和木星呈現 150 度和南交點合相的影響之外，她還會受到月亮、天頂、土星、上升、天王、水星交互組合的影響。例如土星上升暗示著她容

*** MIDPOINT TREES ***

Bjork – Female Chart

Modulus 45°00' – Max Orb 2°00'

As	(Orb)
♃	−0°58'
♀/⚷	+1°21'
♀/♇	+1°28' d
☿/♀	+1°47'
♂/♃	+1°54'
♀/♅	+1°54' d

♆	(Orb)
♂	+0°16'
☽/☊	+0°41'

♂	(Orb)
♆	−0°16'
☽/☊	+0°24'
☉/As	+1°50'

☉	(Orb)
☽/Mc	−0°24'
♄/As	−0°47'
☽/♅	−0°51'
☽/☿	−0°59' d
☽/♇	−1°17'
☽/⚷	−1°24'
♆/☊	−1°27'
♄/♆	+1°28'

♀	(Orb)
♄/♆	−0°33' d
☉/☊	+0°53'
⚷/As	+0°55' d
♇/As	+1°02'
☿/As	+1°20'
♅/As	+1°28'
As/Mc	+1°55'

☊	(Orb)
☉/♄	+0°01'
♅/♆	−0°04'
☿/♆	−0°12' d
♆/Mc	+0°21'
♆/♇	−0°30'
♆/⚷	−0°37'
☽/♂	+1°26' d
☽/♃	−1°26'
As/Mc	−1°53'

♄	(Orb)
♂/As	−0°04'
♃/♆	−0°41' d
⚷/☊	+0°47'
☽/♀	+0°49'
♇/☊	+0°54'
☉/Mc	−1°07'
☿/☊	+1°13' d
♅/☊	+1°20'
☉/♅	−1°33'
☉/☿	−1°41'
☊/Mc	+1°47'

⚷	(Orb)
♀/♆	−0°01'
♇	+0°13' d
☿/♇	+0°32'
♅/♇	+0°40' d
☿	+0°50'
♃/☊	−0°51'
☉/♂	−0°54'
☿/♅	+0°58'
♅	+1°06' d
♇/Mc	+1°06' d
☿/Mc	+1°25'
♅/Mc	+1°32' d
Mc	+1°59' d

♇	(Orb)
☿/⚷	+0°11'
⚷	−0°13' d
♀/♆	−0°15'
♅/⚷	+0°19'
☿	+0°36'
☿/♅	+0°44'
⚷/Mc	+0°45'
♅	+0°52' d
♃/☊	−1°05'
☉/♂	−1°08'
☿/Mc	+1°11'
♅/Mc	+1°18' d
Mc	+1°45' d
♂/☊	+1°46' d
♃/♄	+1°50'

☿	(Orb)
⚷/Mc	+0°09' d
♅/♇	−0°10'
♅	+0°15'
♇/Mc	+0°16'
♅/⚷	−0°17' d
♇	−0°36'
♅/Mc	+0°42'
♇/⚷	−0°43' d
⚷	−0°50'
♀/♆	−0°52' d
Mc	+1°08'
♂/☊	+1°10'
♃/♄	+1°13'
♃/☊	−1°42' d
☉/♂	−1°44' d

♅	(Orb)
♇/Mc	+0°00' d
⚷/Mc	−0°06'
☿	−0°15'
☿/Mc	+0°18'
☿/♇	−0°33'
☿/⚷	−0°40'
♇	−0°52' d
Mc	+0°53' d
♂/☊	+0°54' d
♃/♄	+0°57'
♇/⚷	−0°59'
⚷	−1°06' d
♀/♆	−1°08'
♃/☊	−1°58'

Mc	(Orb)
♂/☊	+0°01' d
♃/♄	+0°04'
♅	−0°53' d
☿/♅	−1°01'
☿	−1°08'
♅/♇	−1°19' d
♅/⚷	−1°26'
☿/♇	−1°27'
☿/⚷	−1°34'
♇	−1°45' d
☽	+1°51'
♇/⚷	−1°52'
⚷	−1°59' d

☽	(Orb)
☉/♀	+0°29'
♂/♄	+1°05'
♃/♄	−1°47' d
♂/☊	−1°50'
Mc	−1°51'
♃/⚷	+1°56' d

♃	(Orb)
As	+0°58'
☽/♆	−1°07'
♀/♄	−1°24'
♂/Mc	−1°55'

*** END REPORT ***

（圖說：中點樹）

易呈現出的冷漠嚴肅外在特質，月亮天王則呈現出獨立女性以及對獨立特質的關懷。

中點的詮釋

在接下來的章節當中，我們會瞭解到中點如何詮釋。中點的詮釋需要一定的占星基礎，特別是對三顆行星如何彼此影響要有扎實的占星基礎概念。

占星師們把中點視爲一種行星組合，而我們最常見到的行星組合就是相位，但是中點多是三顆以上的行星組成的相位。這需要長時間的反覆探索才能夠明瞭行星如何彼此交互影響，這也涉及了許多占星學習者最不擅長的圖形相位與星群的詮釋。

在本章節中，你可以利用查詢的方式得知你的中點如何呈現，你可以利用自己的中點樹圖圖表找出自己星盤中的中點，然後找到書中相對應的部分。

本書的中點排列方式，以所有與月亮有關的中點組合排在第一部分，例如月亮太陽、月亮水星、月亮金星依此類推。接著是太陽，包括太陽水星與到太陽冥王星和太陽南北交的中點。

但是在這裡你找不到太陽與月亮的中點，因爲這已經在月亮／太陽中點的部分描述過了，所以請參考前文。太陽之後是水星，同樣的你找不到水星／月亮中點與水星／太陽中點，因爲在前文描述過了，但是你可以看到水星／金星中點到水星／南北交的中點描述。你每找到一個行星組合就可以在這個標題下找到你想要的中點行星，例如你的月亮太陽的中點上有木星，那麼你就先在月亮組合的部分找到月亮太陽中點組合，然後找到月／日＝木來閱讀這部分的描述。

又例如你想要瞭解星盤中太陽位在土星海王星的中點的特質，我們可以先找到土星組合，然後找到土／海＝日的部分。

月亮太陽中點

在星盤當中最重要的項目就是日月中點，你可以看看你是否有行星正好落入日月中點上，如果距離 2 度以內都表示有影響。

月亮與太陽是占星學當中相當被重視的星體，他們象徵著我們個人的內在與外在的結合，許多占星師往往稱日月中點是個人內在外在的婚姻，也就是說，我們如何去實現創造精神與肉體的結合，我們透過什麼方式去找到內在精神與外在物質生活的的結合點，也是一種我們整合生活的方式。更重要的是，這一個行星因為同時被日月所影響，對你來說這一個行星的特質相當重要，他會影響你的生活，甚至可以用來整合你的生活。

太陽具有陽性的特質，而月亮具有陰性的特質，所以太陽和月亮也是我們觀察自己與伴侶之間互動的指標。也許在你的個人星盤中，太陽和月亮之間並沒有任何行星守護的關係，或是沒有任何相位，但如果有行星是位在這八個日月中點上面，你就可以藉由那顆行星的特質，來整合星盤當中太陽和月亮這兩個重要的行星。

我們舉個例子來練習，假設你計算出你的月日中點是開創 2 度 50 分，與固定 17 度 50 分，這時候你星盤上正好有行星落在開創星座的 0 度 50 分到 4 度 50 分之間，或者你有木星落入固定星座的 15 度 50 分到 19 度 50 分之間。你就可以用木星的成長與信念特質來整合你的生活，木星的樂觀和成長也可能會出現在你的伴

侶生活當中。

你也可以看看流年的行運或推運行星是否正在你的日月中點上，如果距離 2 度以內也表示有影響。

例如剛剛日月中點在開創 2 度 50 分的案例，目前的冥王星正在開創 4 度，這時候冥王星就會對他的生活產生全面性的影響，他可能覺得生活當中有許多危機出現，他可能覺得有一種需要去探索內心的迫切渴求。

如果你的伴侶有任何行星落入你的月日中點上，那麼他將透過那一個行星的特質來介入你的生活當中。就拿剛剛的案例來說吧！月日的中點是開創星座 2 度 50 分，正巧他的伴侶的土星落在這上頭，我們可以說，一方面這個人容易感受到伴侶對他的現實生活產生很大的影響力，可能扮演著一種權威的角色，也可能提供給他安全感和保護，不過另一方面也可能帶給他壓力和限制的感受。

月／日＝水

水星在月亮與太陽的中點上，象徵著溝通與思考對個人生活的重要性，這些人擁有強烈的溝通渴求，就如同那些太陽或月亮在雙子座的人一樣，學習溝通能夠幫助他們整合生命當中許多重要的層面。這些人非常重視溝通、教育、學習、以及鄰里關係，他們的伴侶關係往往也強調這些特質，溝通、交流還有學習，對於此人的伴侶生活來說具有相當大的影響力。

月／日＝金

金星在月亮與太陽中點上，象徵著藝術美麗以及個人內心當中

對價值的衡量，占了生活當中相當重要的部分。除了優雅舒適之外，他們傾向尋找生活當中簡單平靜的方式，盡可能的避開與他人的衝突，因為這不是他們追求的生活。特別是在伴侶生活方面，他們更不喜歡產生衝突，因為這會讓他們覺得無法安穩的吃好飯睡好覺。而追尋與探索自我價值也會成為這個人生活當中的重心。

月／日＝火

　　就算不是一個日牡羊或月牡羊，但是當你發現某人星盤中有火星在月日中點時，那麼此人的強烈競爭性與行動力將在他的生活當中展現出來。他們不一定脾氣很糟，但是實踐能力一定很強，他們的生活準則是勇敢、誠實、直接的表達自己，如果在生活中無法展顯這一點，那麼他們會有強烈的失落感。此外，他們在伴侶生活當中可能會以不同的形式展現自我與動能。

月／日＝木

　　木星在月亮太陽中點上的人，認為成長與信念是實現人生的重要條件。這組中點相當強調未來與前瞻性，以及做這件事情是否有意義，信仰與信念上的支持對他們來說是相當重要的，可以帶來安穩與自信。有些人則會強調自由與歡樂。伴侶關係對他們來說需要在信念上能夠互相契合，一同成長、一起冒險茁壯，或者一同旅行，都可以促進伴侶關係。

月／日＝土

　　無論是生活當中的自我認知，或是在伴侶關係方面，這些人都抱持著較為實際謹慎的態度，因為如何面對人生是一件嚴肅的事，所以每一步都必須小心。但這種小心謹慎看在某些人眼中可能是一種自我設限，或許這樣的人容易給自己相當大的壓力。若能夠

達到自我嚴格的要求，在成年之後這些人可能渴望成為某方面的權威。

月／日＝天

天王星在月亮太陽中點的人強調與眾不同，他們不希望被世俗和平凡的事物給限制住。這些人會發揮自己獨立的特質，強調自身不受事物的限制，亦可能突然的去做某些事又突然的離開，自由對他們來說是生活當中相當必需的條件。自由在伴侶關係當中相當重要，這幾乎與一般人的概念不同，如何在伴侶關係當中保持自由與獨立，將成為這些人重要的生活課題。

月／日＝海

敏感的特質讓這些人能夠在生活當中感受到他人不容易感受到的事物，也常有一種莫名其妙的惆悵，希望能從世俗事物當中超脫，這是一種渴望提高心靈層次、認識自我的特質。若能藉由宗教、信仰、心靈成長、藝術音樂來提昇，將可以引導自己榮耀生命。但有時過多的感受容易自我困擾產生迷惑。

月／日＝冥

無論生命當中是否曾經歷過一些重大的危機，這些人對生活始終有一種強烈的不安全感，這可能透過想要緊緊抓住周圍一切的人事物來表現，當他無法掌握身邊的變化時容易感覺強烈的不安。若能透過對自己不安的深層探索瞭解，將有助於自己在生命當中更為舒適，更可能幫助他人面對心靈與精神上的疑問。

月／日＝凱

凱龍在日月中點的人傾向協助他人處理人生目標與生活中的伴侶問題。但事實上，我們知道比起面對自己的問題，他人的問題總

是更容易解決。這暗示著凱龍在日月中點的人渴望把自己的傷痛擺在後頭，這些不愉快可能來自於早期的記憶，讓自己無法在生活中達到平衡，甚至可能進一步的影響自身的伴侶關係。

月／日＝南北交

渴望透過與公眾的接觸找到自己，這些人對於人群和公眾事務有著一定程度的興趣，這些接觸可能訓練我們如何同時保有過去根源所帶來的影響，以及朝著未來的方向前進。前進與後退並沒有真正的對錯，在一來一往的徘徊中亦能找尋真實的自我。比起他人來說，此人的人生道路更受到父母親或撫養人的影響。

月／日＝上升

這些人希望能夠清楚呈現或表達自己，至少他們希望能夠將自己意識到的自我，完整的在一對一互動中呈現出來。伴侶關係與他童年時所體驗到的父母互動或男女之間的關係有著強烈的連結。比起其他人來說，他們更可能在刻意的狀態下重複自己父母關係的互動，藉此來標榜自己與父母親之間的連結。

月／日＝天頂

這些人可能透過建立完美的形象，或開創成功的事業來證明自己，他們希望自己的成果和努力可以被社會大眾看見。當然這也可能因而受到他人的影響，忽略自己真正想做的事情，他們可能將自己的追求與需求定義在外界的認可上，並將自身貢獻在社會服務或自己的職業中。

案例

為了信念而奮鬥的雨果

　　許多人都知道雨果是法國的大文豪，他的作品《鐘樓怪人》以及《悲慘世界》被改編成無數的電影、音樂劇。但是你知道嗎？在他的星盤上，位在水瓶座 1 度的火星正好就在他的月亮與太陽的中點上。

　　在政治上，雨果是一個強烈的人道主義與民主思想的信徒，從他的作品就可以看出他對不公平社會的強烈譴責（火星在水瓶），他率先登文反抗拿崙三世登基，最後他被流放海外長達 19 年。我們可以看出水瓶火星對於社會公理和民主信念的堅持，在他的日月中點上對他的人生帶來明顯的指引。

月亮中點

　　月亮的中點與我們生活當中的需求有著密切的關係，也可能顯現出我們如何照顧自己和他人，甚至透露出我們對母親的看法以及我們對待伴侶的方式，當然更直接的會反映在我們的情緒與安全感的層面上。

❖ 月亮水星中點

月／水＝日

　　在個人的生活當中表達自我感受是相當重要的一件事情，這些

人可能因為相當在意自己的情緒表達，容易被認為是一個情緒化的人，但或許透過文學藝術的抒發可以找到榮耀自我的管道。這樣的人也較認同懂得表達情感的男性。

月／水＝金

學習瞭解、體認自身的感受或者表達自身的情緒，有助於發現自己的價值和帶來舒適安詳的感受。可以透過對於藝術音樂與美的學習產生共鳴，並經由這些事物來表達自己的感受。書寫、表達情感也可能帶來歡樂愉快和實際的利益。

月／水＝火

這樣的人或許思考反應迅速，感受力很強卻也不容易壓抑心裡想說的話，擁有一種敏感的特質，可能因為他人的言語而產生證實自己的渴望，也可能因為這樣而覺得周圍的人說話帶刺（或許他人也對當事人有同樣的感受）。與家人或周圍夥伴溝通時，衝動與衝突更容易表現出來。

月／水＝木

用一種樂觀積極的態度面對每一天的生活，比起他人更容易擁抱正面積極的想法，並且想要透過生活當中的學習來成長。渴望自己能夠無拘無束的表達心中的感受，但是情緒性的話語也很容易被渲染。

月／水＝土

用實際嚴肅的特質來決定日常生活作息，用務實的態度來做出每天的判斷，但在家庭生活當中卻沒有太多情感交流的機會，也可能在自我表達上呈現強烈壓抑的傾向。可能透過對家人的保護、規範，或提供實質援助來證實自己的情感。

月／水＝天

科技與電腦可能在此人的生活當中扮演重要的角色，生活裡隨時充滿新奇的想法，也容易緊張焦慮。不帶情感的理性分析與批判卻是他表達自我感受的最佳方式，因為在內心裡，他渴望用一種超凡的眼光來看待情緒這件事。

月／水＝海

用一種慈悲與同理心看待生活中的一切，因此不容易下決定。他的言語表達不容易被人正確的理解，甚至可以說誤解的機率相當高。可能他本身也傾向不要把話說得太清楚，或者每當想要表達內心的感受時，卻又被其他的事件給干擾影響。

月／水＝冥

直覺與感受力相當精準，往往可以看透隱藏在他人內心當中的感受與想法，或者準確的預料沒有被揭露的祕密。這樣的人可能認為生活中每一個動作、每一句話都有其背後的意涵，有些時候反而讓自己活得太過緊張而無法放鬆。

月／水＝凱

這類人對於言語與溝通相當的敏感，哪些話能夠傷害人、哪些話語能夠激勵人他們都相當清楚，可以運用言語和溝通相關的事物來幫助他人成長，治療別人的傷痛。但如果他們願意，也同時擁有用言語傷害他人的能力。更重要的是，他們需要學習如何在每天的生活當中用言語治療自己。

月／水＝南北交

這些人可能是群眾的發聲管道，也就是所謂的為民喉舌。不過這並不代表他們真的會去從政，而是他們所說的話往往能夠獲得公

眾的認同。或許某些程度上，他們懂得察言觀色，也瞭解大眾的需要，進一步的將它轉化為自己的聲音或文字表達出來。

❖ 月亮金星中點

月／金＝日

生活和環境的安定與舒適，在這類人的人生目標中占有重要的分量，這可能是此人極力追求的目標，而情緒上的穩定更能讓此人的外在表現更為傑出。此人對自我認同方面受到周圍女性影響明顯，例如可能會因母親、姊妹或女性友人與伴侶的感受而改變自己。

月／金＝水

常帶給人溝通上的舒適感受，或許是聲音好聽、擁有歌唱技巧，或是擅長語言溝通來安撫他人。這樣的行星組合也可能透過書寫方式來傳遞生活當中的美好，或者同樣達到以書寫來安撫自己與他人身心的效果。

月／金＝火

擁有這樣行星組合的人與生活周圍的女性關係可能相當的敏感，很容易因為女性的相關主題、生活環境與價值觀的評價而感到不愉快。有時和女性相處時會有較強烈的防衛態度，這些狀態若造成困擾，值得去探索童年時與母親姊妹的互動。

月／金＝木

對未來抱持著美好的想法，有時可能太過樂觀或習慣粉飾太平，這可能是成長過程平順所帶來的影響。這樣的人常抱持著平凡

平淡簡單的生活態度，有時可能被人認為胸無大志。學習方面適合朝可以應用在每日生活當中的藝術或金融。

月／金＝土

這類人會用一種有距離的態度來面對生活當中的情感與社交層面。他們或許不擅長經營人際關係，或是把情感看得太嚴肅，甚或用一種現實利益關係來看待人與人之間的互動，讓人感覺不易親近。對於感受與情感可能採取一種壓抑的態度。

月／金＝天

生活需要大量創造性活動的刺激，於是有可能讓日子過得非常緊湊忙碌。社交圈的互動往來可以帶來這股刺激的能量，但又渴望能夠在人群當中保持自我的獨立性，這可能源自於內在對日常生活的強烈自由需求，這樣的人對於人群社會公益的議題相當關注。

月／金＝海

海王星在月亮金星中點上，對生活會有種莫名的渴望，為了達到美好的境界而想要超越一切的限制，可能透過融入音樂、藝術的環境來達成，或者用另一種發揮慈悲心與同理心的態度，來撫平自身的不安感受。

月／金＝冥

對生活中的社交層面總有許多疑慮，或許是因為經常看到人跟人之間權力操縱與金錢等複雜的關係，而無法輕鬆的與他人互動。這類人適合深入探索心靈當中隱藏的事物、成長過程當中的不愉快，進而帶來美好的生活。

月 / 金＝凱

成長過程中任何不愉快的回憶都可能是此人用來幫助他人的技能，特別可能是與母親、姊妹或女性之間的關係。在尚未察覺這些過去傷痛的影響之前，很可能用膚淺的態度來面對生活中美好的一切，甚或在潛意識中無法接受美好與舒適的生活。

月 / 金＝南北交

女性可以是啟發此人發現自我生命課題，以及走向重要人生道路的關鍵。可能透過展現出陰性或是女性法則的議題而讓社會大眾所認識。生活與工作較容易環繞在與滋養照護、女性價值、社交、美容等強調生活中物質層面所帶來的美好體驗。

❖ 月亮火星中點

月 / 火＝日

這組中點的人常覺得周圍的人對他懷有敵意，對於與自身相關的議題相當敏感，容易採取一種略帶攻擊特質的防衛心態。這種特質特別容易在父親、男子氣概、自我、權威等主題上展現，也可以帶來一種渴望成功的衝勁。

月 / 火＝水

無論這個人有沒有自覺，但旁人常常感覺他說話帶刺，或者常用一種挑釁、挑戰或辯論的口氣來溝通，與家庭當中兄弟姊妹或鄰居之間的關係也比較緊張。或許可以將這樣的行星特質，展現在學習的衝刺與競爭上。

月／火＝金

對於事物的價值有一種強烈的主觀意識，這樣的主觀特質雖不一定外顯，但卻會透過一種「在乎他人如何判斷事物」、或「此人價值」的態度來呈現。而「自己是否有價值」這件事情顯然很容易引發此人的情緒起伏，或者刺激此人賺錢的能力。

月／火＝木

理想與信念可能是此人生活的動力，但也可能以非常重視物質的態度來表現。也就是說，如果某些事情可以得到獎賞，那麼對此人來說，拚命的動機也增加許多。同時，這樣的人認為未來是值得每天去努力奮鬥的。

月／火＝土

這樣的人對責任這件事情相當敏感，這可能造成他對於責任歸屬相當在意，但不代表他會推卸責任。若是歸屬於他的責任，他可能拚了命也要負責到底，但若遇到他人的壓抑或限制，反而會引發他情緒上的對抗。

月／火＝天

對於社會改造與群眾福利有關的事情有強烈的熱誠，但是對於自身的情感表現卻很容易採取一種疏離的態度，有時甚至用刻意壓抑或過度理性化的方式，來處理自身的感受與情緒。而這部分也可能透過與伴侶或夥伴之間的疏離態度來呈現。

月／火＝海

視覺效果、影片戲劇很容易引起這類人的反應，悲劇的情節可能激起他們的母性保護心態，某種程度來說，這樣的人非常敏感。若讓此人感受到他被犧牲、或他將要為某些事情犧牲，都可能

讓他十分激動。生活當中容易遇到兩難的選擇，究竟該為保護自己挺身而出，或是明哲保身而退讓，常常因此感到迷惘。

月／火＝冥

這種人不會是在危機時絕望等死的人，相反的，他們會奮力的反撲力挽狂瀾。此外，這類人很可能在下意識中尋找危機，換句話說，他可能抱怨著生活忙碌不得閒，可是卻總不聽他人勸阻的往危險的地方去。

月／火＝凱龍

這樣的行星組合可能會用極端的方式來面對自身的衝動與憤怒，他們可能放棄自我防衛，不表現自己的憤怒、不容易衝動，給人一種冷靜或軟弱的感覺。他們也可能極端的敏感、易怒，讓周圍的人覺得動輒得咎。

月／火＝南北交

在和人群與公眾接觸時，容易受到大眾的情緒渲染與鼓勵，從而開始選擇與人群接觸相關的職業。有可能獻身政治，或是在參與處理大眾需求相關的工作中找到自己的定位。也可能透過公益事業的關注而與大眾做接觸，進而感受到生命當中的成長。

❖ 月亮木星中點

月／木＝日

在物質層面上，這樣的人可能把舒適的物質生活當作追求的目標，但從其他的方面來說，他也可能希望把精神上的輕鬆愉快帶給周圍的人。這樣的人樂於與他人分享生活中的種種，並透過這些事

情來證明自己。此外，他也可能將此形象投射到身邊重要的男性身上。

月／木＝水

這類人可能希望用言語表達他們的信念，以及他們的夢想，但如果沒有行動力的配合，那麼這些夢想也僅只是空談罷了。有時候這類人會讓人覺得他們的目標理想都很遠大，至於是否能實踐，就得看當事人的行動力了。

月／木＝金

在生活中散發愉快與舒適的特質，精神信仰可能替他們帶來愉快的生活。這些人或許是生活中的夢想家，但他們似乎很懂得他人追求夢想的心態，如果可以善用這樣的天賦，將可替自己帶來財富。

月／木＝火

這類人對於所相信的事情，會採取一種很直接的方式去執行，並企圖展現出他們的想法、或者展現一種愉快而有理想的生活態度。女性容易被展現出行動積極，相當富於自信的男性特質所吸引，刺激出自己對於自由的需求與渴望。

月／木＝土

他們可能宣稱自己只是用一種實際的眼光看待事物，但是卻很容易成為掃興的人。他們對生活中的享樂活動抱持一種壓抑的態度，不妨問問自己，是否將享樂享受視為一種罪惡？如果是，原因又是為了什麼？

月／木＝天

　　對於未來始終抱持一種樂觀的態度，這些人可能喜歡在生活當中追求新的知識，並期待每天都有一些改變。不過有些時候也可能因為過分看重未來在生活當中的比例，而忽略了當下該有的責任，或者享受當下的時刻。

月／木＝海

　　這樣的人相當強調精神生活的感受，他們的學習課題可能是學會放下我執與慈悲的心態。當他們體會到與他人分享勝過於自私的擁有時，將會樂於在每天的生活當中去實踐這樣的態度。

月／木＝冥

　　這類人很有野心，但在社交生活中可能不怎麼討喜，因為他可能認為人們每天生活所爭取的就是那些權力與金錢，同時他們也認為必須經常保持警覺性。若能妥善運用這樣特質，或許有機會晉升富豪階級。不過很有趣的是，他們也可能是那種為善不欲人知的人。

月／木＝凱龍

　　生活態度有可能因過去經歷的影響帶來改變，進而造成自己的疑惑。可能會用過分謹慎的態度，嚴格要求自己摒除生活中一切愉快的事物，也可能傾向另一種極端，而讓自己過於放縱。若能仔細檢視自己成長過程中的際遇，或許有助於調整這樣的態度。

月／木＝南北交

　　在許多人眼中，他可能是一個可以帶來歡樂的人，他也可能是大家眼中的大好人。樂觀自信的生活方式可能來自於家庭的影響，但也可能帶來一種凡事過度的傾向。身邊的女性在人生成長中

扮演著重要的關鍵，或是透過異國文化的接觸，帶來人生信仰信念上的重要啓發。

❖ 月亮土星中點

月／土＝日

這類人習慣用一種嚴肅的態度面對生活，這可能源自於身邊男性的影響，或許是父親，或許是丈夫。這類人也可能認爲保護家人，提供家人必要的物質支援是一種榮耀。身邊的男性可能鮮少表示情緒感受，對此人來說，情緒的壓抑或控制是一件很重要的事。

月／土＝水

與鄰居或生活周遭人的關係並不是十分親近，可能帶給人一種強烈的距離感受，甚至用這樣的態度對待兄弟姊妹。這類人說話表達比較就事論事，不喜歡釋放情感，甚至明顯的表現出對情緒化的人的厭惡。

月／土＝金

若對這類人說：「你是一個生活態度相當實際的人。」對他來說可謂是莫大的讚美，因爲這可能是他認爲自身最值得被欣賞的一件事。對於事物的價值觀則受到過去家庭經驗的影響，在處理金錢財務的態度是比較務實保守的，這也可能展現在面對情感的態度上。

月／土＝火

我們可以看得出此人在情感上壓抑時所需要面對的憤怒，他可

能將這樣的精力轉化在工作或攻擊他人身上。情感上的壓抑與衝動的特質很明顯的在這個人的生活當中展現。對於家人的限制和保護亦相當敏感。

月／土＝木

「踏實」這兩個字是這類人的生活信念，他們的期望可能是每天都能踏實安穩，他們不是那種喜歡衝動冒險的人，並且認為安步當車才是成長與學習的最佳方式。「逐夢踏實」便是這些人的最佳寫照。

月／土＝天

並不是這些人不喜歡改變，或者對未來沒有夢想，只是他們不喜歡生活當中的劇烈變動。他們寧願用踏實的步伐一次實踐一點點的改變，這種改變與改造或許緩慢，但或許是最實際的方式。

月／土＝海

這類人可能用幻想、夢想、甚至逃避的心態面對現實生活中的一切，特別在情感上受到限制時更為明顯。但這樣的行星組合也可以表現在需要細膩感受的藝術實踐上，對於處理情緒的困擾有相當大的幫助。

月／土＝冥

生活中的限制可能引發一些危機，例如貧乏的飲食帶來的健康危機，或是無法表達情感而帶來的憎恨與嫉妒。在親密關係中若感受到阻擾時，可以考慮回頭檢視成長過程中無法獲得滿足的需求。

月／土＝凱龍

成長經驗中，對於情感與內在感受性的表達或許比較陌生，有可能壓抑情感的需求，或是想要去控制情緒的抒發。他們可以因此成為這方面的專家，幫助他人處理類似的情感與情緒問題。但同時，檢視與接受過去自身在這些方面的遭遇可能更為重要。

月／土＝南北交

展現在公眾的形象是比較理性、嚴謹的態度，或是具有責任感可以信賴的形象。也可能以此為基準，尋找自己的人生道路。年長的女性或是自己討厭的女性，都有可能扮演生命當中相當重要的關鍵。

❖ 月亮天王星中點

月／天＝日

無論是自己選擇的或他人造成的，這樣的行星組合暗示著與周圍男性在情感上的疏離態度。女性會選擇自由不受拘束的特質來生活，尤其不在乎世俗的評價。無論是男性或女性都容易用一種抽離切割的方式來面對情緒和感受，強調理性的運作。

月／天＝水

學習思考如何不受情緒的左右，是此人生命中一個常被提起的話題。或許此人的身邊就有一個這樣的近親或親近的朋友，或是在成長的過程中，長輩的教育傾向以這種態度來處理情感與感受。

月／天＝金

認同女性獨立與自主的價值體系，當生活或情感上太過依賴他

人時，有可能產生一種自我價值低落的感受。如果成長過程當中曾與女性有某種疏離狀態時，很可能將這種現象視為自己是不是不夠好，才會造成此人的離去。

月／天＝火

此人在行為上希望能維持一種理智的態度，可能會透過隔絕情感與情緒的波動來達到這個目的，在面對危機與生存挑戰時，也會以這樣的冷靜態度面對。但這種態度若是套在他人身上，反而可能因他人的冷漠而惱怒。

月／天＝木

這類人認為獨立可以帶來自由，因此堅信自己在生活中需要相當大的獨立空間。這類人相信不要在情感上依賴他人才可以帶來更多快樂（至於會不會這麼做就不一定了）。這樣的特質特別容易出現在女性身上。

月／天＝土

情感上的冷漠疏離與切割的態度，是此人人生當中重要的議題。成長過程中可能因為親人的離去，而提早承擔家庭的重責大任。若為女性，可能因為爭取自身獨立而比他人承受更多壓力。

月／天＝海

對於個人的獨立有一種憧憬，可能把獨身的環境想得太過美好或太過理想化，因而不顧後果的進行這樣的計畫。這類人可能認為自己是親人離去之下的犧牲品，或者在生活中對親人別離這樣的事件有許多幻想。

月／天＝冥

面對親密關係的時候，這類人可能會產生一種疏離的態度，並且引起某種程度上的心靈危機。成長過程中可能曾經因為分離或是分開的議題，而引發內在對於安全感的危機，若能正視這樣的課題並願意去探索深入內在的恐懼，將能轉化成強大的生命力。

月／天＝凱龍

在生活當中可能擅長給人關於情緒疏離、或情感分離的建議，這個能力或許源自於成長過程中不斷嘗試處理和面對如何與親人分離的經驗。如何輕鬆或正常的看待親密關係，可能是此人重要的生活課題。

月／天＝南北交

對於公眾相關的議題，此人總是能保持一種客觀理智且不帶情感的態度。在女性的議題上傾向獨排眾議，與眾人有著不同的看法，也可能因為這種態度而為眾人所認識。

❖ 月亮海王星中點

月／海＝日

可以說擁有某種程度的靈媒特質或者說強大的直覺能力。情感細膩容易受他人影響，常常將他人的感受當作自己的感受，可以說是一種對自身的迷惘，不過這種迷惘有時會以一種偉大的精神感召呈現。

月／海＝水

擁有強烈的同理心，很能夠替他人著想，對於他人的言語和想

法有種強烈的直覺能力。不過對某些人來說可能會因為情緒上的波動而影響溝通的清晰程度，有時也常常讓人感覺此人十分情緒化。

月／海＝金

這是一個十分強調陰性特質的行星組合，可能因為慈悲善良的態度，或無私的照顧他人而獲得他人的讚美與欣賞，可以在工作場合當中有機會發揮這樣的特質來換取獎賞。但某種程度上，此人也可能產生自我與他人價值觀上的模糊。

月／海＝火

常常受到情感的強烈驅使而採取行動，敏銳的感受力常常讓此人覺得需要自我保護。有時會有一種迷惘不知道生活當中的掙扎是為了什麼？在種種戰鬥場合當中也會有一種不知為何而戰的感受。

月／海＝木

對於社會趨勢的變化有著敏銳的感受，也可能在工作事業當中發揮這樣的能力，此人常有一種強烈的追求精神成長與宗教信仰的傾向，用一種慈悲的態度來看待社會互動，這種慈悲源自於一種強烈的同理心。

月／海＝土

自己是否應替他人的情緒感受負責，是此人生活當中的重要課題，可能常常因為感受到他人情緒所帶來的壓力而不舒服。此外，這種行星組合也可能透過逃避壓力的方式來呈現。

月／海＝天

在生活當中盡力的保持他人情感對自身的影響，對於公眾事務、社會改造的主題有著一種莫名的熱誠，對社會抱持著浪漫的改革態度，可能被人認為是典型的理想主義者，能夠敏感的感受到社會大眾的需求。

月／海＝冥

常因自身的纖細敏感而導致許多生活上的不愉快或危機事件。我們可以解釋為對於危機有一種直覺，但是反過來說，此人的豐富幻想力有時會將他人的危機感受當作是自己的而產生誤導。但也可能是自身壓抑這樣的特質而投射在他人身上。

月／海＝凱龍

有一部分的人會讓纖細敏感的感覺主導生活，這種態度可能導致生活上的困擾。同樣的行星組合也可能造成另一部分的人，對於感覺採取不信任的態度而漠視生活當中的感受。無論怎麼呈現，這些人都能夠了解過多情緒感受所帶來的困擾。

月／海＝南北交

可能在直覺中就選擇了適合自己的人生方向，但也可能透過一種關懷與犧牲的母性態度與社會大眾接觸。可能被大眾認為是一個善良敏感或十分情緒化的人。

❖ 月亮冥王星中點

月／冥＝日

這樣的行星組合暗示著此人具備一種情感上的控制力，同時對

於自身的隱私有著強烈的保護意識，由於這種敏感的特質，可能讓他對他人的隱私有著相當程度的直覺，探查到他人不為人知的祕密可能讓他有一種自豪的感受。

月／冥＝水

這是一個十分適合從事心理探索研究工作的行星組合，此人擁有深入他人心靈溝通的能力，同時可以分析出他人內心當中隱藏的祕密。另一個層面可能暗示著此人與兄弟姊妹親友之間的關係，有著某種程度的緊密連結或緊張。

月／冥＝金

對於他人內心當中的直覺探索能力可以成為賺錢的方式，卻也可能造成社交生活當中的緊張。同時與母親之間的緊密連結，可能是此人對自我評價當中重要的一環，價值觀的不同可能造成親子之間緊張的態度。

月／冥＝火

這種行星組合可能暗示著此人生活總是處於某種程度的緊張狀態，似乎總是要保護些什麼。這種張力也可能透過激烈的性愛表現。這種行星組合讓此人比別人更容易在祕密或計謀被他人說穿時大動肝火。

月／冥＝木

此人容易在生活危機當中尋求信念的印證，一開始可能是強烈的懷疑論者，對於許多事情都無法相信，一旦尋覓到一個能夠說服他的信念後，他將會緊抓不放。

月／冥＝土

可能對於女性有某種程度的猜疑，在成長過程當中女性帶來的壓力或危機事件，可能是造成不信任心態的主要原因。這將會是他們生活當中明顯的課題。家庭當中的祕密有可能會造成此人嚴重的困擾。

月／冥＝天

成長過程當中有可能面對家庭或涉及女性的不愉快事件，這樣的事件迫使此人對於與女性（或者任何親密關係）保持一定程度的距離。如何學習面對過去傷痛並且釋懷，是成長的一大挑戰。

月／冥＝海

當此人在某事件態度表現的曖昧不明時，或者面對一些不該遺忘卻又遺忘的事件時，很可能背後藏有一些家族的祕密。海王星影射的逃避與釋懷讓此人不願意正視這樣的問題，瞭解原因並且達到釋懷是重要的人生課題。

月／冥＝凱龍

面對家庭危機或醜聞時，可能表現出兩極化的態度，最常觀察到的是他們往往是伴侶關係和家庭關係危機的處理高手，但也可能是自身在成長過程當中遇過類似的問題，所以具有處理的能力。該如何面對家庭帶來的困擾是重要的課題。

月／冥＝南北交

在公眾的眼中是一個相當具有神祕性質的人物，他能夠解讀公眾隱藏在心中的共同想法，並透過這樣的方式獲得大眾的認同。

❖ 月亮凱龍星中點

月／凱＝日

凱龍的影響可以在此人身上明顯的看見。此人往往會用兩種極端的態度面對家庭與過去，一是以拒絕排斥的方式，另一種表現則是十分在意家庭成員的感受。這種過與不及通常是此人對成長過程中，長輩所帶來的不愉快無法輕易釋懷的緣故。

月／凱＝水

此人在涉及情感表達時，特別容易產生難以輕鬆面對的反應。他可能口不擇言的讓人覺得他不夠莊重，但在面對他人傷痛的時候卻又特別細心敏感，甚至具有用言語安撫他人的能力。對此人來說，家庭主題的不愉快特別需要思考及面對。

月／凱＝金

在成長過程中，親人的分離、遺棄或傷痛，很可能讓此人覺得是不是自己的錯誤造成，甚至進一步的質疑自身存在的價值。是不是因為我不夠好，所以他們才會離開？這樣的想法很可能影響此人的人際關係。

月／凱＝火

此人對於家庭過去的傷痛相當敏感，當有人提起相關話題時，很可能引起此人的激烈情緒反應。他會採取實際的行動去面對這樣的議題，或者不斷的逃避，並將這樣的傷痛做為一種個人特質來展現。

月／凱＝木

成長的過程中若面臨家庭的困擾，容易採取較爲輕鬆的態度去看待。或許此人會用宗教信仰與信念來面對，但這也有可能暗示著用一種逃避的方式來處理類似的議題。

月／凱＝土

此人認爲家庭的複雜狀況可能是自己生活當中的重要責任，或者是那種一輩子的課題。但有時卻也可能認爲許多自己做不到的事情，是因爲童年環境的限制。若能認眞面對自己所恐懼、害怕的挑戰，將有可能成爲這方面的權威。

月／凱＝天

此人可能對於某些家庭議題採取冷漠疏離的態度。成長過程中所遇到的家庭狀況，很可能促使他對於獨立與自由的堅持。若將此動力回饋到社會上，將有可能帶著群眾進行改變社會的工作。

月／凱＝海

此人用一種渴望超脫的態度，來面對自身在生活當中所經歷的傷痛。他可以是正向的尋求宗教精神的慰藉，追求精神與心靈的成長；他也可能用一種消極的超脫，例如透過酒精毒品來麻醉自己。

月／凱＝冥

若不願意面對成長過程當中的傷痛與不愉快，很可能在伴侶關係、親密關係、或親子關係中發現許多危機。這並非可以輕鬆面對的課題，深入瞭解內心中的不愉快感受，將帶來轉化的機會。

月／凱＝南北交

此人可能對於社會當中的養育、棄養、與家庭的議題相當在意，無論自身是否有這樣的經驗，都可能相當了解這樣的議題，甚至有可能爲此社會議題付出。

❖ 月亮南北交中點

月／南北交＝日

此人將自身與眾人之間的互動視爲一種重要的關係，很可能扮演群體的領袖，也可能將這樣的特質投射到周圍的男性身上，因而認爲男人就應該是這樣子。

月／南北交＝水

在言語當中能夠清晰的描繪出眾人的內心感受，很可能扮演使者、或訊息傳遞者的角色。也可能擅長在言談當中融入鼓勵人心的話語。

月／南北交＝金

從某個角度來看，這樣的行星配置可能暗示著此人的美感與外表容易獲得大眾的認同，同時，透過照顧、關懷群眾，可能帶來自我價值的提升，亦能夠在這樣的狀態下展現自己的魅力。

月／南北交＝火

在眾人眼中可能是一個強調自我與行動力的人，正面傾向是，此人擁有男子氣概、勇氣或性感，負面傾向可能是暴力與壞脾氣。而大眾的觀點也很可能影響此人的行動方向。

月／南北交＝木

若能夠發揮樂觀與積極的態度，將有機會獲得大眾的認同。此人的人生觀、信念、觀念等，頗能與社會大眾的主流觀感契合。

月／南北交＝土

與外界接觸時容易感受到壓力，可能是因爲社會對此人賦予過多的責任與期待，有時也暗示著此人身上容易背負大眾的恐懼投射。

月／南北交＝天

與眾不同或許是一種較爲正面的說詞，此人帶給社會的觀點便具有這樣的特色，當然也可以解釋爲離經叛道或者特立獨行，或是能夠保持超然客觀的立場。

月／南北交＝海

海王星的多變可能帶來不同的社會觀感，他可能被視爲心地善良、重視心靈的角色，或者強調視覺藝術的特質；但他也可能被人當作是神棍與愛說謊的人，總是帶些神祕的特質。

月／南北交＝冥

強烈的神祕與隱藏的特質，讓人無法看穿，同時也可能引發大眾的不安與危機意識。人們可能藉此將自身的恐懼與害怕投射到此人身上，他可能成爲保護領袖，也可能千夫所指。

月／南北交＝凱

在與公眾的互動上容易感受到傷痛，或許會因此恐懼與外界有過多的接觸，但也可能因此更瞭解社會大眾對個人情緒的感受與影響，進而能幫助他人。

❖ 月亮上升中點

月／上升＝日

這樣的組合帶來了強烈的感性特質，可能透過關懷與照顧他人，來突顯自己在這個社會的重要性，母親與身邊的親密女性夥伴也可能帶來重要影響。

月／上升＝水

在溝通上有一種需要表達出自己內心感受的傾向，同時因為敏銳的觀察力，對周遭的人事物相當的敏感。

月／上升＝金

個人的魅力與價值，取決於一種熟識的感受，對於過去所熟悉的事物賦予更多的價值，展現對他人的關懷，將能提升個人的魅力。

月／上升＝火

這樣的行星組合常讓此人在與他人互動時，容易覺得自己被冒犯了而去特別彰顯自己的主張。這可能與孩童時期主要照顧者所提供的餵養與生活照顧方式有著明顯的關聯。這種敏感的態度，也可能出現在日後的親密關係互動中，產生一種強烈的自我保護傾向。

月／上升＝木

受到童年環境的影響，可能帶來一種樂於助人、關懷且喜歡照顧他人的態度，也可能在他人面前強烈的展現一種家庭教育或宗教信仰。

月／上升＝土

此人對責任的看法明顯的受到母親或照顧者的影響，也可能把照顧他人與照顧自己，視爲重要的責任或者沉重的負擔。

月／上升＝天

成長過程中的經歷可能有些突然的轉變，對當事人來說，可能帶來客觀開闊的態度，卻也同時對於親密關係有著強烈自我空間的要求。

月／上升＝海

對於周遭人事物的敏銳感受引發了強烈的同理心，容易展現出一種慈悲爲懷的態度，卻也因爲這樣，容易產生個人身分的迷惘。

月／上升＝冥

個人隱私等議題，對此人可能帶來強烈的危機感受，或藉此展開重大的人生轉換。此人多半對私領域的事情保持神祕低調的態度，卻對他人的隱私有著神祕的細微察覺能力。

月／上升＝凱

因爲自身的經歷與體驗，對於照顧他人顯得十分專業。關懷、照顧、養育、保護的議題，對此人的家庭親子互動有著重要的影響。在漠視多年之後，將有機會深入檢視個人與父母之間的互動。

月／上升＝南北交

此人對於女性、母親的看法，關懷與照顧的態度等議題，對個人與外界的互動過程中有著重要的影響。

❖ 月亮天頂中點

月／天頂＝日

　　個人強烈的意識到私生活受到社會的關注，而非常在意外界對他的看法。母親與身邊的女性可能對此人有著重大的影響，而透過照顧大眾，將有可能帶來強烈的自信。

月／天頂＝水

　　照顧、哺育、滋養、母性的主題等，可能是這個人思考與討論的主軸。從此延伸到對社會公眾的日常生活大小事務、民生需求的討論，都相當有興趣。可能透過溝通、教學等特質來照顧社會大眾。

月／天頂＝金

　　透過金錢、財務、自我價值的探索，美麗、人際互動、情感等議題與社會大眾互動，並在這方面給予他人幫助，而此人在這類的私生活議題上，也可能被眾人注意並成為輿論的話題。

月／天頂＝火

　　某方面來說，此人對於男性特質的看法，以及對生存權利採取的行動，都會對社會產生影響。同時，個人的男性特質或行為，容易受到社會大眾的矚目。

月／天頂＝木

　　個人的宗教信仰、信念與對世界的看法，都可能會對外界產生重要的影響。而這樣的信念，可以追溯至母親以及童年的環境影響。

月／天頂＝土

身邊的女性與母親具有強烈的嚴肅特質，同時從他人的眼光來看，此人對母親與女性始終保持一種冷漠的距離。

月／天頂＝天

在社會大眾眼中是一個獨特但不容易親近的人，同時也可能是帶有強烈的理想改革特質的人，喜歡在公眾輿論中討論相關話題。

月／天頂＝海

此人若對身心靈、藝術、影像等事務展現強烈興趣，將可能受到公眾矚目。但此人在傳媒面前容易表現出一種難以捉模的神祕特質，有時也可能成爲引人注意的偶像。

月／天頂＝冥

深不可測的形象使這個人不容易走到幕前，在公眾面前可能被賦予極端的評價，對某些人來說甚至可能帶來不愉快的感受。母親與女性對此人來說具有相當強烈的緊密連結。

月／天頂＝凱

母親和童年的印象可能帶來一種不愉快的感受，是需要學習及面對的人生課題。但也因此，讓此人在關懷照顧他人方面有著更爲顯著的特長。

月／天頂＝南北交

在人生課題上，此人相當重視對群眾的關懷，習慣考量周遭人與社會大眾的感受。有時候甚至在私領域中也十分在意社會或大眾的觀感。

太陽中點

太陽所涉及的中點，往往與我們對自己的看法有關，特別是那個希望讓他人看見的自我，表現在外的自我。

太陽的中點也往往象徵著我們與父親之間的關係，或是與權威之間的互動。占星師通常相當重視星盤當中的太陽中點。

❖ 太陽水星中點

日／水＝月

這樣的中點組合暗示著某種程度上對情緒與感受的重視，雖然不一定常有情緒化的言語，但是在溝通時相當重視情緒與感覺。此中點組合的另一種可能性，是有一種強烈溝通的需求，特別在伴侶關係當中更加重視溝通。

日／水＝金

就算是說實話也會顧及他人感受，正是這個中點的特質，此人重視人與人之間的關係與互動，也因此在意識中會在意他人的感受。他們不一定為了討好別人而不說實話，但是卻不太願意讓自己的想法傷害別人。

日／水＝火

所謂的一根腸子通到底，大概就是描述這種人了。他們對表達自己的想法有一種急切性，心中的祕密也不太容易藏著，甚至要他們不說出自己的想法比死還痛苦。或許周遭的人不願意聽，但他仍

不會讓話埋在心裡。

日／水＝木

此人或許對哲學、宗教、異國文化特別有學習的興趣，他們的想法有時候比起他人來得樂觀，也很容易對人產生振奮與鼓勵的影響。不過有時候聽在他人耳朵中，他說的話卻很容易超過實際的狀況。

日／水＝土

此人不輕易表達自己的意見與想法，有時這樣的態度可能會透過溝通上的障礙來呈現。對自己沒有信心、或者是溝通上的障礙往往需要長時間的訓練和克服。若能找到溝通障礙的根源，或許便能幫此人成功的超越這樣的限制。

日／水＝天

語不驚人死不休或許是此人帶給他人的印象。他們對於自我表達的自由相當重視，說話沒有什麼禁忌，越是別人覺得需要保留或限制的地方，他可能更喜歡去挑戰這個禁忌。這樣的中點組合暗示著必須透過不斷的與自我對話才能超越自我。

日／水＝海

這樣的中點組合相當適合朝著催眠與身心靈溝通方面的領域去尋求成就感。由於在溝通上抱持著一種對人寬容且不應該加以限制的態度，對許多人來說可能不容易接受他們這種黑白不分的態度，但這種態度卻很容易帶來身心靈上的啓發。

日／水＝冥

許多身心靈學者與心理學家都有這樣的特質，因爲冥王星象徵

著不斷的挖掘，特別在自我的探索與成長，還有自我溝通上，都需要這種深入追究的態度。但在這樣的覺察之前，或許會有一段自我表達的危機考驗。

日／水＝凱

對於自我表達的困擾可能帶來許多影響，有的人雖然可以對事情暢談無阻，但是卻絕口不表達自己的想法，也有人努力挑戰這個議題。不過這樣的組合都暗示著這些人將擁有幫助他人、勇於表達自我的能力。

日／水＝南北交

溝通、學習、認識自我與自我表達，似乎是此人的人生課題。例如寫日記或是身心靈成長的學習，都能夠帶來更深刻的自我認識，並扮演著此人生命當中的轉捩點。

❖ 太陽金星中點

日／金＝月

這一組相位暗示著來自於女性的啟發有著舉足輕重的影響，母親或年長女性的價值觀在每天的生活當中浮現，同時透過關懷與照顧他人得到自身的肯定，並因此獲得尊嚴與認同。甚至在工作當中需要從事許多照顧他人的事務。

日／金＝水

溝通與吸收新知是這樣組合的重要生活內容，他們在言語當中獲得相當大的滿足與榮耀，有時候甚至靠著溝通、語言，得到相當大的實質物質收穫。與兄弟姊妹的關係或者好朋友的互動，往往容

易牽扯到金錢。

日／金＝火

這樣的組合暗示著對於自我價值與外表的敏感，很容易因為他人的批評與建議而發怒，其背後的原因牽連到對自身價值的貶抑。同時這樣的人熱衷於人際關係的運作，積極在人群當中發揮自己的重要性。

日／金＝木

金錢的議題將在無形當中成為影響此人對人生的看法與世界觀，成長的過程中，他人對自己的評價高低，很可能轉移成為日後對財務與資源的態度。提升自我價值以及視野上的高度，將可免除來自於金錢的控制束縛。

日／金＝土

此人在現實生活中可能相當重視金錢，透過物質與金錢的累積，來保護自己脆弱的價值觀，與他人的互動則採取實際但疏離的態度。成長過程中對自身與對金錢的不安全感，相當明顯的受到長輩的影響。如何踏實的認清自己的價值，將成為此人一生中重要的課題。

日／金＝天

外在表現上，此人的人際關係較疏離，總是與人保持距離；其實內心裡很清楚自己不願意接受在人我互動過程當中的價值觀交換，並對他人的價值判斷可能採取不屑的態度。突如其來的重大轉變，將改變自己在金錢與情感上的看法。

日／金＝海

對於價值的觀感可能以兩種方式呈現，一種是對於自我的迷戀，將所有焦點放在自我身上，渴望得到別人的關愛；另一種則是對自我價值的迷惘，渴望從別人身上得到認可，容易去迎合身邊的人。這樣的組合要去了解任何事物都有其價值，更要善用包容心與同理心，來提升自己與人群互動的關係。

日／金＝冥

對於事物可能有著極端的品味，不一定與眾人相同，但卻擅長發現被隱藏的價值，那些待價而沽的人事物都等待著此人去發現。此人並不容易對外表或人際產生信心，需要經過一番歷練後，才能了解自身的價值在哪裡。

日／金＝凱

個人外表不一定會讓自己開心，這樣組合的人，輕則喜歡拿自己的外表開玩笑，重者忽略自己的外表裝扮與美醜。對於自身價值、女性層面、人際關係可能採取一種忽略的態度，好讓自己避免傷害。

日／金＝南北交

人際關係與自我價值，是此人與他人互動的重要主軸。或許一開始會藉由朋友數量的多寡，或者他人是否喜歡自己來評斷自我價值，但隨著歲月的成長，將會知道真正的自我價值必須由自己來認定。

❖ 太陽火星中點

日／火＝月

在生活中自我突顯與呈現是一件相當重要的工作，對於自己的認識，有助於釐清情緒上的困擾。經過長久的訓練之後，往往能在站出來為自己發聲的同時，也能夠引領並激發其他人勇敢的展現自我。

日／火＝水

在溝通與學習上有著明顯的急躁性，意見的表達不落人後，有時候會讓人有一種此人十分自我的感受。的確，此人生活中的考量若一旦被他人忽略，就容易有一種身陷危機的感受。或許認識自我是一個重要的課題。

日／火＝金

能勇敢表達出自己的意見是一種珍貴的價值，同時也能夠贏得大家的喜愛，從不需要擔心自己會因此破壞人際關係。習慣透過金錢或人際關係的運作，來追求自己所希望達成的目標，並偏愛外顯與主動的積極特質。

日／火＝木

無論是積極主動或急於表現，在此人心中，深信人必須主動的去爭取自己所想要的任何一切。從另一方面看，這樣的人習慣擴大自我的影響，有時也會認為自己對周圍有著重要的影響力，甚至可能會誤解自己真正的影響力。

日/火＝土

此人可能深受長輩影響，或需要較長時間來建立自己在表達上的勇氣。這並不是一件容易的事情，但這樣的人對於增進社會地位或者工作上的表現都會比較積極。除此之外，在其他方面都容易讓他覺得害羞。

日/火＝天

這樣的行星組合非常在意自己行為與表現的原創性質，也就是說，他們非常不喜歡被人說成和他人一樣，這很容易讓他們不太開心，甚至大發脾氣。或許在內心深處，他們覺得唯有與眾不同才有可能出人頭地，並贏得更多生存的契機。

日/火＝海

常被人認為是一組具有善良特質的表現相位，但事實上，海王星的慈悲與同理心只是其中一種呈現方式，藝術與超越很可能是另一種表現方式。比起在意個人的小我，他對於眾人的大我更加重視。有一種強烈的犧牲傾向，並藉此表現出對大我的重視。

日/火＝冥

或許表面上看不出來，但是這樣的人很容易顯露出類似天蠍座擅長危機處理的特質，他們可能善於透過危機事件來證明自己的能力。或許他們平時忽略或否定自己的能力，直到遇到生命中的重大危機時才能獲得證明，並因此帶給人一種強而有力的形象。

日/火＝凱

這樣的中點組合，一是拒絕所有與陽剛性質有關的特質展現，卻透過對展現這樣特質的人的極度喜好、或厭惡而表現出來；第二種則是在自己身上展現出極端的男性特質來保護自己。此

中點的生命課題，在於如何平衡，用不極端的方式來呈現自己，讓勇氣來自於內心的召喚，而非顯現證明於他人。

日／火＝南北交

這樣的中點組合很可能認爲自己的一生背負著社會的重要使命，並且急於完成，在這過程中與一群人相遇，並可能領導他們完成目標。唯有理解自己對過去根源的反應，才能知道如何應用這些刺激，以激勵自己往未來積極前進。

❖ 太陽木星中點

日／木＝月

在個人的生活當中有一種對自我的重視，很可能透過強調自己的意見與看法，或者對自己是否擁有對他人的影響力感到非常在意，這也關乎他的安全感。這個中點組合同時暗示著個人對自由的重視。

日／木＝水

從某方面來看，說出自己的想法與意見非常容易，但對某些人來說可能是出自於自私的理由。這樣的相位組合，稍微加以訓練或關注周遭人事物，就很容易成爲意見領袖，同時此人也能夠相當輕易的說出激勵人心的話。

日／木＝金

認爲自己的影響力等同於自己的魅力，同時也會藉此衡量自己的價值。在某個時期，或許會經歷無法對人產生影響力的狀態，此時不妨思考自身的價值爲何需建立在影響力之上？而從另一方面來

解讀，此人若能展現自己的自信，就能輕易的獲得良好的人際關係。

日/木=火

對於社會群體之間的事情相當敏感，特別在公眾輿論以及宗教事務上。如果個人有宗教信仰，必須注意對他人信仰的尊重，談論之間是否有言語冒犯他人之處。個人容易在推廣某種信念上投入大量的心血。

日/木=土

對於許多事情都抱持著懷疑的態度，這種組合的人可以利用這個特質成為學者，獨立且不輕易的受他人影響。但同時也可能發展成陰謀與懷疑論者，端看自己如何選擇。對於這樣的人來說，自信需要長時間的建立。

日/木=天

對於自己所相信的事情往往會天馬行空的賦予各種意義，並且相信這樣的意義對於世人來說是重要的，甚至可以帶來改變的力量。這樣的相位組合同時暗示著一種對外界社會積極的生活態度，他所關注的通常並不只是個人事務，而是群體。

日/木=海

這樣的人對自我的生活有一種高度的理想化，雖然這種期待可以讓我們朝著理想邁進，但也可能讓我們在面對現實落差時，內心感到失落。若希望改善這樣的特質，或許海王星的同理心、包容與慈悲，可以幫助我們走出這樣的態度。

日／木＝冥

別人說的不一定算數，這樣的人對於「相信」這件事情有一種深層探索的習慣，無論是科學或是宗教，都會用一種認眞專注的態度來面對。無論這樣的態度是否會帶來對信念的質疑，都是一個獲得個人信念的必要過程。

日／木＝凱

這樣的組合暗示著在生命發展中，對於「相信」這件事情相當敏感，許多案例顯示，這樣的人往往曾經被相信的人傷害過，因此不輕易相信「承諾」這件事。因爲只能相信自己、凡事只能倚靠自己，在生活或是工作當中容易產生人際互動的壓力。

日／木＝南北交

宗教信仰或社會互動，對這樣組合的人有著極大的吸引力，眾人往往會因爲你展現出的人生智慧與哲思，或是對於社會議題宏觀的遠見而被你吸引。同時這也暗示著透過發現或探索自己的信念與信仰，將找尋到人生的道路。

❖ 太陽土星中點

日／土＝月

這樣的組合暗示著長輩在童年與家庭生活中所產生的影響，具有相當分量的占比，這樣的影響會帶來日後與老闆、權威等議題的敏銳反應。若能理解自己對權威的渴望，可以運用這樣的驅力將先天的優勢發揮在領導能力上，並得到相應的回饋。

日／土＝水

思考方向較重視現實層面，或許少了些彈性與應變能力，但重視有一分證據說一分話，也因為這樣的務實態度，可以獲得大眾的信任和依賴。此外，對於政治、經營、管理等議題有較多的興趣。

日／土＝金

無論性別、身分、地位，強烈的權威特質都會展現在此人身上。但在尚未釐清自身所擁有的價值之前，必須先經歷一段漫長自我探索的歲月。生活層面上，長輩與權威的讚許、認同以及批判都有著重大的影響，如何建立自身的價值並且不輕易受權威的影響，將是此人的重要課題。

日／土＝火

對於權威可能有極端的兩種反應，少數人可能發展成貢獻力量為長輩權威效命，但我們最常觀察到的，是對權威的反抗。這是建立個人獨立的重要過程，就算原本只為權威效命的少數人，某一天也可能會覺醒，並且認清為了活下去，自己必須建立自己的權威才行。

日／土＝木

此人對權威、國家、政權、制度有相當高程度的忠誠，他們可能深信某些宗教、制度與規範。若在學術理論上發展，可以深入應用探索，成為兼具學理與應用的專家。但這樣的人很少是冒險主義者，決定向外發展之前，他們將會深思熟慮避開過多與不必要的風險。

日／土＝天

對於權威可能會有極端的反應，有些人會對當權人士的言行產生極度的反感，進而獨立思考並採取不一樣的方式，成為另類的權威。另外一些人則可能因為早期的生活經驗較為嚴謹保守，一旦接觸到自由創新風格的人事地物時，感到相當新奇與興奮，讓人生有了瞬間的改變。

日／土＝海

將心靈與精神無形的影響力，日復一日的落實與執行，將善的力量與美的感召，藉由宗教、藝術、娛樂表演、心靈精神的力量，透過具體的政治或是慈善商業活動模式實踐出來，並且獲得實質性的發揮。

日／土＝冥

成功之路或許比起他人來得更為艱辛。因為渴望追求的是大權在握的世俗成就，但是在尚未確認能夠擔當重責大任時，會低調的默默耕耘多年，等到累積足夠的能量和最好的時機，將能一躍成為重要的核心人物。

日／土＝凱

究竟我們該發展自己獨特的本質？還是我們要為了社會家庭的責任、規範給綑綁？父母親或是老師的權威形象讓自己受到傷害，於是很容易讓自己對權威能帶來的保護感到存疑，並嘗試尋找與定義這些權威的特質、思考權威可能帶來的傷害與成長，這些都將促使展開一段追尋自我認同的旅程。

日／土＝南北交

或許正是因為你不強調個人英雄主義，而讓你認真、負責任的

特質被大眾所注意。對權威有種又愛又恨的情結，大部分來自於童年渴望父母的認同，如果你能意識到這一點，就是整合自己的第一步。

❖ 太陽天王星中點

日／天＝月

生活當中需要大量的空間與自由，追求一種無法被教條與常規所限制的方式。如果能夠從事創意或是設計等相關工作，較能發揮這樣獨立自主的精神，否則身邊的人會因為抓不住你的步調與節奏，反而覺得你是個不容易親近的人。

日／天＝水

天馬行空的思維方式，跳脫常軌的邏輯觀念讓你成為一個別人眼中擁有新奇創新能力的人，若能將這些想法用在改善人們生活進步的發明、革新、創新或觀點的推動，可以為整個社會帶來更多進步成長的空間。

日／天＝金

無論在價值觀或是對愛情的看法，都有與眾不同的角度，尤其在情感上相當需要空間與自由。在追求自由與獨立的前提下，可以打破任何世俗的既定成見，也因為這樣，容易被定義成對抗社會習俗與規範的人。若能透過發揮原創性與突破性，可以建立起自己的價值系統。

日／天＝火

對於自己的目標與追求會孤注一擲，電光火石般迅速又堅決

的行動力，也常讓周圍的人追趕不上。工作性質最好能夠符合速度、冒險刺激與機動性，要不很容易對事物失去新奇感而喪失耐心。

日/天＝木

對於信念、信仰懷抱著宏觀的態度，或許正因為這種不設限的心態，更能打破不合時宜的信念體系，並為社會帶來大的震撼。也許有些人視你為改革者，也有人將你當作激進份子，無論他人如何評價，真理永遠是你信奉的準則。

日/天＝土

生命歷程的轉變可能以兩種階段呈現：某段時間你是個循規蹈矩的人，某段時間的你則是個特立獨行的人。無論這兩種方式如何交替，這組中點都會讓你在改革時掌握謹慎小心的原則，在穩定安全的狀態下進行改革。

日/天＝海

心靈上的改革是你認為成長中最重要的一環。希望將看不見的心理或是心靈上的改革，透過科技結合在一起，宗教改革、心靈環保的議題也會是你發揮影響力的領域。

日/天＝冥

雖然身邊的人不太能理解你的獨特觀點，但看見你的堅持，也會逐漸對你刮目相看。當你挑戰、推翻那些舊體制，將不合時宜的事物或是制度汰舊換新，重新賦予它們新的價值，就是你最大的成就感。

日／天＝凱

童年時期渴望得到父母長輩的重視，若無法藉此肯定自身的價值，將可能以他人的標準來看待這個世界，於是，如何成就自己、展現自信與自我價值，便是這個中點組合的重要人生議題。

日／天＝南北交

或許我們都害怕被這個社會孤立，或是被視爲異議份子而陷在僵固的事物當中。但內心裡對於獨立、自由的渴望特質，將會是你震撼大眾並帶來自身改變與成長的契機。

❖ 太陽海王星中點

日／海＝月

內在精神與心靈上的提升是你所追求的人生目的。你想要保護並照顧好身邊的每一個人，於是你的善解人意、慈悲心與同理心，讓你成爲一位救贖者，但也要留意不要因爲自己的過度想像，而誤解或曲解了他人的情緒和感受。

日／海＝水

透過音樂、詩歌、影像、戲劇、舞蹈這些創作性的藝術表達，將腦中所思所想藉由故事與畫面傳達出來，非邏輯性的語言表達反而更具有啓發的精神。神祕的直覺會讓你不經意的說出大眾的心聲，成爲集體意識的代言人。

日／海＝金

像是帶著粉紅色的鏡片看世界，將世間一切寄託在美好浪漫與祥和的氣氛之下。缺乏對於現實生活的體驗與警惕，尤其在人際關

係與金錢處理上需要多加留意，若能將此特質朝向藝術、慈善或是美容領域發展，容易引起共鳴，成爲吸引眾人喜愛的美麗夢想的代言人。

日/海＝火

專注於自己的理想並孤注一擲，或是爲了不幸、處在弱勢的人抗爭，這種積極的行動力很容易讓你散發獨特的氣息，甚至成爲大眾投射的偶像。在生命中的某段時期，可能會出現自我懷疑，並對自己一直以來的堅持產生迷思，需要特別留意。

日/海＝木

追求一種超俗不受約束的生活，特別是宗教或精神上的神祕體驗。這樣的人可能獻身於自己的理想而犧牲身邊的人事物，或者過度逃避現實生活環境下應該擔負的責任，沉浸在自己的幻夢當中。

日/海＝土

這組中點往往顯示出在現實面與理想面中的平衡議題。內心雖對未來懷抱美好的熱切期待，但卻很容易受困於現實當中，例如：身體、金錢、權威、責任、社會認同等議題。雖然壓力重重，但透過自律終會達成目標。

日/海＝天

對於理想的人生目標有著一種極端的想法，較難接受他人的意見，對社會思想、政治立場或是心靈改革成長的議題特別關注，進而帶給自己或其他人重要的啓發，或是成爲改革運動中的領導者。

日／海＝冥

這組中點與神祕學或是心靈議題有著密不可分的關係，透過一些衝突事件可以看見人心當中良善的一面，雖然帶來了心靈上的強烈震撼，但精神層面的擴大與慈悲心的體現，卻會是成長過程當中最大的啓示。

日／海＝凱

連結想像力、精神、療癒的特質，可以成爲你獨特的能力，這種心靈能力就像是經歷過受傷的醫者一樣，特別能夠撫慰人心。要注意在理想的桃花源與現實社會中的平衡，需要更多身心上的調整和適應。

日／海＝南北交

大眾容易將理想和夢幻的特質投射予你。或許是被你的神祕空靈氣息所吸引，或是被你所刻畫出的未來遠景給吸引。直覺、藝術、宗教、心靈的影響力是你與這個世界溝通的橋樑，善用這些來幫助自己與他人，可獲得精神上的成長。

❖ 太陽冥王星中點

日／冥＝月

童年的生活經驗對你影響甚巨。對於危機有種天生敏銳的直覺，這樣的觀察力可以幫助你很快洞悉眞相並度過危機，但也可能讓你長期處在情緒的泥沼中。來自家庭與情感層面的保護慣性讓你很難有安全感，唯有嘗試接納並理解這些經歷，才能有助於自我的轉化與成長。

日／冥＝水

看事情不會光看表面，認為掌握心智與知識就是一股強大的力量，相當在意語言文字背後所隱含的真相與動機，喜歡挖掘深究自己感興趣的事物。一旦下了決定會以強烈的意志力來達成，無論過程多麼漫長艱辛。

日／冥＝金

往往能夠察覺到別人沒有看見的美感或是價值，藉由改造重新賦予它新的定義與價值。相當在意金錢物質或是外在外貌所帶來的附加價值，期望增加自己的社交魅力，獲得他人重視。重新定義人際關係中金錢物質的價值比重，將會是個人成長蛻變的關鍵時刻。

日／冥＝火

這組中點強調生命的強勁動能。身體上的鍛鍊有可能會透過刺激性的極限運動來挑戰之外，心智上那股不服輸的特質往往是支撐下去的後盾。與其過著高枕無憂的安逸生活，更渴望槍林彈雨的真實人生。

日／冥＝木

對於信念與信仰的態度，可能採取極端的看法。一種是以自己的意志力去堅持捍衛自己的理念，為自己相信的事物而戰；另一種則是完全的質疑，不相信任何人事物的影響，甚至想要挑戰他人的信念體系。或許採取中庸之道，不偏頗不過度，瞭解他人信念背後所依存的意義才是更重要的一件事。

日／冥＝土

對於權威有著兩極化的反應，可能極端的不信任權威，並害怕

擁有權力；或是執著於權力而將它視爲自己的責任。無論偏向哪一端，正視自己內在深層的恐懼與擔憂，將這股力量引導於集體的意識上，可以替群體帶來震憾性的檢視與轉化的力量。

日／冥＝天

關注社會議題和政治現象，並投身其中，認爲改革必須大刀闊斧，溫和的浪花推不動改變的步調。同樣的，激烈改革也可能展現在自我的轉化與成長上，強烈的意志力帶來外型或是心智上的徹底轉變。

日／冥＝海

在不夠瞭解自我之前，往往會以破壞性的力道來保護自己，認爲能夠掌控身邊的人事物才會有安全感。可以透過探討心理學、神祕學、禁忌與危機的事物來剖析自我。生命中需要學習的課題是放手，握得再緊，也僅止於手心的那一小寸範圍，但張開手臂卻可以擁抱世界。

日／冥＝凱

不妥協的意志力彰顯出堅毅的性格，但也可能是壓住自己的石頭。當我們看見原來困住的是自己，學會將過去的經驗釋放或是透過某種形式的消逝，將能帶來身心上徹底的轉化。洞悉本我的眞實，就是生命中最好的教導。

日／冥＝南北交

對於世事與人心的洞察有著天生敏銳的偵測雷達，人們會被你強烈散發出來的神祕特質、或是堅強的自我掌控力所吸引。這或許是來自於生活環境的耳濡目染，或是在成長環境中學習而來的，而周圍的人都會感受到你內斂的處事方式。

❖ 太陽凱龍星中點

日/凱＝月

父母的期待是我們的重擔，希望透過榮耀家族來讓父母認同，非常在意自我的表達與呈現，於是在情感與情緒的需求上容易被忽略，日後對於「身心靈的滋養照顧」議題會相當關注。

日/凱＝水

透過文字書寫、演講、圖文表達或是教學的方式，將自身成長過程的傷痛或是跌跌撞撞的經驗與大眾分享，特別能夠幫助他人釐清思緒上的盲點。擁有這組中點的人往往說話或是唱歌的聲音和語調會帶有療癒的能量。

日/凱＝金

無論是審美觀或是自我價值，都有著不同於主流的衡量標準。在人生初期可能因此吃盡苦頭，因渴望和諧的人際關係而屈就自己去配合他人，尤其在情感關係當中，愈是追求完美愈是失望落空，透過此段經歷，方能逐漸發展出自身獨特的美與價值。

日/凱＝火

對憤怒與保護的議題非常敏感，這可能來自於童年時期家庭氛圍的緊張，日後容易採取以退為進的消極抵抗行為，或是不做出決定的任性方式。但激起他人的敵意，將使自己更難以表達出自己的想法。運動是轉換這股爆發性能量的最佳抒解管道。

日/凱＝木

為了追尋更崇高的真理，或是擴大自己的影響力，可能過度狂

熱於宗教上的神祕經驗而投身其中，或是執迷於體悟「更高層的意義」這類形而上的理論，而忽略了當下實際的現實狀態。這些從信念、宗教信仰與人生哲理上獲得的經歷，在日後會成為引導他人的智慧指引。

日／凱＝土

當自我的重要性被忽略時，取而代之的是努力證明自己以取得權威的重要位置。或許先了解自己內在抗拒權威的心態，是否害怕自己是個微不足道的人而無法贏得他人的認同？隨著時間與經驗的考驗，慢慢累積自信，最終可站上重要的位置。

日／凱＝天

因為自己的外在或是行為表現而與其他人格格不入，這種獨特性可能帶給你一種被排擠的感受，像是局外人一樣無法融入一般社交生活。這種不願意屈服權威的獨立性與客觀的特質，往往是帶來改變與成長的關鍵。

日／凱＝海

這是一組與治療和療癒有關的中點。療癒的過程偏向與神祕、超自然、宗教、心靈或是繪畫與藝術治療有關。療癒的過程則是透過心靈情感上的滋潤，渴望藉由心靈相契的一體感，無條件接納一切事物的發生，並融入到我們的生命當中。

日／凱＝冥

透過身邊人事物的消逝，讓我們體驗並理解生與死的循環猶如黑夜與白天的交替，是宇宙的自然法則，是無法抵抗的力量，唯有學會放手讓某部分死去，重整之後才能看見煥然一新的自己。

日／凱＝南北交

曾經受過的傷都會成為滋養你成長的養分。將自己的歷練透過教導，像是師父或是導師般的精神力量去引導他人，善用創造力啓發他人去尋找自己的人生道路。接受自己是成長與創造力的開端。

❖ 太陽南北交中點

日／南北交＝月

家庭的影響對你而言非常深。你關注的不只是外在世界的運作，也重視感受與內心的連結。在占星學中，太陽和月亮象徵著我們的顯意識與表意識，追求與需求，當你能夠平衡這兩者時，就如同日月輝映一般，讓大眾都能因為你的創意而看見自己的獨特性。

日／南北交＝水

對你而言，知識就是力量，也因此你會對理性這件事特別在意，如何將自己的概念轉譯成文字或是口語表達，將會是你的人生目標。工作與生活可能大量涉及了一切形式的溝通、交流與教育。

日／南北交＝金

似乎天生就很懂得善用自己柔性、溫順的特質來處理人際關係。你知道何時該放下身段去配合他人，尤其在稍有壓力的狀況下很容易屈服。或許這樣的特質在合作關係當中很受歡迎，但善待他人之時，就有可能為難自己。

日／南北交＝火

認爲人生的成就就是透過勇氣與膽識來讓自己成長。身邊的人或許會認爲你的攻擊性太強，常常有先發制人的挑釁動作，但對你而言，你只是想快速的達到目標。如果將這股衝勁用在刺激與競爭性的活動或運動，往往能帶來不錯的成效。

日／南北交＝木

這組中點強調出對未來的重視，以及對生命意義的探究。你喜歡透過哲學、宗教來探討生命的可能性，不願意被任何形式的關係或經驗綑綁與束縛，承諾或許對你有些難，因爲自由與自主才是你所重視的。

日／南北交＝土

對於權威你是又愛又恨，一方面渴望得到他們的肯定，一方面又害怕自己做不好，對自己沒有自信。這組中點要你學會建構出自己的身分，重新定義權威的意義，不要服膺於外在的權勢，而是活出自己的內在權威。

日／南北交＝天

這組中點強調出個人的原創性與思考觀點的獨立性。或許跳躍的思考方式難以讓人理解，或讓自己覺得是個局外人，有被孤立的感受。但也正因這樣的經歷，而特別關注弱勢族群或是社會邊緣人，甚至成爲社會的改革者。

日／南北交＝海

神祕纖細的敏感特質，讓你很容易就能與他人融合在一起。因爲很難在平庸的現實生活當中找到理想，而將希望寄託於精神、宗教、藝術層面的追尋，通常作品很能夠引起眾人情緒感受上的共

鳴。

日／南北交＝冥

這組中點顯示出了超凡的意志力。但在你未能掌控全局之前，往往會靜觀其變，隱藏自己內心的想法，因為你對於安全感的要求比一般人更高。因為真理、真相對你而言是重要的，因此心理學、神祕學或是任何與探索自我有關的工具，都會引起你的關注。

日／南北交＝凱

在你成為領導者之前，往往會先傾慕身邊那些散發出英雄氣質的人。或許一開始你是協助他們發光發熱的人，幫助他們站上舞台的人。當你慢慢在這過程中找到對自己的認同，信心漸增的時候，你的光芒也能吸引別人向你靠近。

❖ 太陽上升中點

日／上升＝月

對家庭與安全感相當重視，非常渴望在情緒感受上得到認同。對環境有敏銳的覺受能力，在關係當中會以照顧者的形象來滋養自己與照料他人。

日／上升＝水

反應靈活機敏是你給人的第一印象。重視心智上的互動能力，用理性邏輯分析的方式來看待身邊的人事物，但也容易侷限在自身所獲得的經驗與觀點中，只朝特定的軌道去思考。

日／上升＝金

重視感官享受，懂得適時用和諧與柔軟的身段來處事。重視人際關係與社交生活，渴望成為受人歡迎的人，可能會盡量避免衝突的場面而放軟身段去配合身邊的人。

日／上升＝火

陽性的法則是你面對事物的原則。單刀直入的強勁能量或許不是每個人都能接受，或許需要時間的經驗和考驗，才能學習在膽識與魯莽之間找到展現自己的方式。

日／上升＝木

樂天知命的個性與慷慨大度的精神讓你的機會增多。天生的領導特質讓你勇於冒險，擅長以樂觀、自信來引領人們並勇於嘗試更多的可能性。

日／上升＝土

對於自我的要求比較嚴格。認為這個世界運作就像是齒輪的原則，小齒輪帶動大齒輪，所以會用自律和自制的方式來看待一切，謹慎地計畫建構自己的人生。

日／上升＝天

用一種超越自我藩籬的觀點，以全面整體性的概念來看待人群、社會和環境。或許有人會為了你特立獨行的行事風格喝采，有人卻認為你離經叛道，但無論如何，改革的精神和對於社會群體的關注，正是你最鮮明的標誌。

日／上升＝海

別人覺得抓不住你的思路，甚至覺得你行事風格虛無縹緲，但

透過觀察與無形的影響，彷彿就像是變色龍一樣，可以藉由環境的變化而讓你呈現出不同面向的自我。

日／上升＝冥

與外界的互動會比較謹慎小心，愈是不熟悉的狀況下愈是行事低調。你不經意散發出來的神祕特質，會讓你與他人互動時吸引好奇的關注，而專注與堅持，往往是你的利器也是你的罩門。

日／上升＝凱

對你來說，「如何讓別人看見我在世界的位置」是一個重要的課題。一方面希望能夠堅持自己的原則，另一方面又害怕自己被別人否定，於是如何勇敢的展現自己，接受自己的不完美，是認識自己最重要的成長功課。

日／上升＝南北交

你用一種充滿熱忱與生命力的態度來面對這個世界，周遭的人事物也容易被你的溫暖與領導魅力所吸引。當你愈能認同自己時，就愈能展現自己的意志力，並成為你所渴望的自己。

❖ 太陽天頂中點

日／天頂＝月

與家庭的連結有著密不可分的關係，過去的傳承與家族歷史，是引領自己與未來接軌的橋樑。早期的生活經驗與家庭背景會對日後親密關係的安全感、以及人生目標的確立，有著極大的影響力。如何整合追求與需求層面的一致性，是人生重要的練習題。

日／天頂＝水

　　或許家庭背景是較重視溝通與思想觀念上的啓迪，所以日後容易將自己定位在獨立思考與觀察者的位置。希望透過心智或是教育的影響，來奠定自己在這個社會的位置。工作方面可能涉及大量文字、傳播、交流與交通上的一切活動。

日／天頂＝金

　　無論別人對你的評價爲何，善待自己永遠是你處事的準則。你可以將美學、生活品味、音樂、文學、興趣喜好結合在人際網絡的互動當中，並成就自己的王國。不過亦可能因爲太重視輕鬆自在的生活，而難以在人生旅途中冒險。

日／天頂＝火

　　認爲權勢地位是一個人受到大眾尊敬與肯定的要素，所以會用積極的態度與行動來達成這樣的目的，創造人生的巔峰。生活中，與父母、老闆以及身邊權威人士的互動往往帶有濃厚煙硝味，或許在自己成爲權威之後，才能理解眞正的力量不是來自脅迫，而是來自你的領導力。

日／天頂＝木

　　認爲名聲等同一個人的精神。外在或許可以靠裝扮來加分，但內在的精神卻是模仿不來的，這些精神層面包括了道德、謙虛、宗教、哲學、人文意涵等，日後也非常有可能從事這類相關的工作。

日／天頂＝土

　　與權威之間的互動將成爲人生一個重要的標界。在尚未有足夠的自信成爲重要人物之前，有可能會相當抗拒或是臣服於權威之

下。對於「責任感」的界定往往需要較多的時間與經驗來學習，這是奠定自己日後成為權威的基石，也是這一組中點不可不學習的經驗。

日／天頂＝天

或許在別人眼中你是個獨行俠，很難與人並肩合作。無論任何年紀、階層、學歷與資歷都不會是你人生成長的束縛。創新與改革的特質，不斷超越與突破的精神，才是讓你能夠受到他人尊敬的方式。

日／天頂＝海

對事物投注的熱情態度，或是透過藝術才華與作品的展現，讓人們模糊了思緒上的藩籬而成為一體，外界容易被你的魅力以及無私的精神所吸引。心靈產業、藝術工作者或是媒體工作者往往有這組中點。

日／天頂＝冥

細心縝密、低調行事的風格，往往引來兩極化的反應，有的人認為這樣是安全的做法，有的人則認為是檯面下的交易。神祕特質中散發出強大的力量，會讓人不經意的就能感受到你的控制力道，這種操控管理的力量是眾人認識你的方式。

日／天頂＝凱

過去經驗的累積，讓你知道要成為一位站在舞台中央發光發熱的人，是透過曾經挫敗的經歷並結合經年累月的淬煉。這就是你成為推手的動機，並能透過引領與教導去幫助身邊的人走向巔峰。

日／天頂＝南北交

當你展現專業創意能力的時刻，就會吸引許多人的關注。也許你認為這些不過就是自己熟悉的小技藝，但看在他人眼中，這種獨樹一格的呈現方式，正是你體現這個世界的方式，同時也是讓這個世界認識你的方式。

水星中點

如同水星星座宮位與相位一樣，水星中點也影響著我們的思想、溝通、交通、以及與周圍的互動，甚至在學習表現上的特質。我們與兄弟姊妹的關係也可以透過與水星相關的中點來看出端倪。

❖ 水星金星中點

水／金＝日

在自我的認知上，這樣的人可能帶有理想色彩，或者容易用這樣的標準對待周圍的男性，與周圍的人際關係是否和諧也成為這個人判斷自己是否成功的重要指標。

水／金＝月

對於母親與童年生活有著一種童話般的感受，並不是說他的童年真的美好，而是很容易產生對過去美好時光的懷念。自我價值的探索在此人的生活中顯得相當的重要，同時也可能暗示生活當中與他人有密切的財務互動。

水／金＝火

此人在行為上強調對等互動的交流、和諧共存、以及期望以雙贏達到目標，這樣的信念能使他產生積極的動力。但如果周遭有不公平的言語對待或交易，有可能會讓此人感覺到被威脅。

水／金＝木

成長過程中，與身邊的人保持一種和諧親切的互動，人生的信念可能具有明顯的實用特質，同時透過價值觀的交流，將會帶來更多的人生見解，並提升自己的心靈層次。

水／金＝土

對於日常生活當中的財務主題，可能會有深刻的體驗，並帶來小心謹慎的財務態度，認為自己在這方面需要長時間的學習。兄弟姊妹的財務狀態可能成為此人的負擔，或者擔憂的主要內容。

水／金＝天

透過與他人的財務交流或者價值觀的探討，或者與兄弟姊妹之間的互動，可能為此人帶來截然不同的人生態度。有時因為價值觀的不同，和他人互動較容易產生疏離感。

水／金＝海

這樣的行星配置很可能替自己帶來一種財務上的狂熱願景，特別在和他人交流的時候需要特別注意。因為這些狂熱的特質有時不易讓人做出清楚與理智的判斷，甚至將提高被欺騙的可能性。

水／金＝冥

人生中某個階段的體驗，可能帶來對金錢財務的危機感受，也可能帶來一種對金錢財務的敏銳觀察能力。若能在心靈上透過對自

我價值的深層探索，或許可帶來更美好的生活。

水／金＝凱

生活的體驗將帶來對金錢財務分析管理的能力，特別容易應用這樣的能力來協助他人處理日常生活的財務問題。同時，自身的價值觀很可能是轉變人生的重大關鍵。

水／金＝南北交

日常生活中的金錢財務管理能力，將能帶來與外界更密切的互動，或是此人會擔任一些團體的財務管理職位。此外，對自我價值的認同，有助於更明確自己的人生成長方向。

❖ 水星火星中點

水／火＝日

快速的思考模式、略帶刺激與競爭性的言語，可能來自於一種認為自己在生活當中容易受到威脅的無意識反應。也可能常因言語上的競爭勝利而感到驕傲，同時言語的辯論可以是協助此人達成重要目標的工具。

水／火＝月

此種行星組合暗示著一種對於言語相當敏感的特質，他人說的話很有可能刺激此人的情緒。相對的，當他在情緒激動時也可能說出一些令人尷尬難堪的言語，甚至冒出一些自己也無法理解、出自無意識的話語。

水／火＝金

這樣的人容易在生意上積極的爭取交易機會來提升自己的財務

狀況，只要是跟賺錢有關的事，都很容易令他們產生一頭熱的興奮感。同時也可能因為在言語上或交易中的競爭勝利，而提升自我價值，人脈亦是競爭時的重要工具。

水／火＝木

此人對所相信的事情有種熱切激動的反應，對於他人所相信的事情喜歡打破砂鍋問到底，或是挑戰對方的想法，但對於自己堅信不移的事物不但採取積極捍衛的立場，同時還樂於四處傳播。

水／火＝土

這樣的行星配置暗示著表達上的不易，一方面可能是緊張，另一方面可能是太過急躁，但無論是哪一種狀況，都暗示著快速的思緒超過實際能夠表達的狀況，需要多練習才能表達更順暢。同時，經驗與踏實的態度將可以改善表達的困難。

水／火＝天

或許是因為改變帶來希望的特質，這些人面對改變或是與新事物接觸時，都很容易展現出兩極化的態度。有時容易與他人在改革的方法上爭論自己是對的，但也可能採取一種冷漠傲然的立場看待他人的爭論。此外，需特別注意交通上的突發狀況。

水／火＝海

對夢想懷抱極大的熱情，這樣的態度特別容易展現在此人著手計畫夢想的時候，往往會一頭熱的栽進去。為了美好的未來、為了自己的美夢，與他人爭辯是常見的現象。應盡量避開服用藥物或酒精之後的旅行與行動。

水／火＝冥

不喜歡面對爭論與爭吵，對於吵雜的聲音有著明顯的厭惡，但是在最危急的時刻卻可以用清楚的言語表達自我，同時發表一針見血的言論令人驚訝。容易把急躁的語氣認為是一種威脅，同時憤怒與情急時也很可能對人惡言相向。

水／火＝凱

曾經被具有挑釁意味的言語傷害的經驗，使得此人深深了解語言和文字可以成為怎麼樣的武器。但也因為這個體驗，反而更明白該如何幫助那些深受言語攻擊所傷害的人。或者，可以成為以言語作為治療工具的心靈療癒者。

水／火＝南北交

此人在言語上的表達往往可受到公眾矚目，若在言語當中發揮了犀利攻擊或捍衛的特質，將更容易成為媒體的焦點。對於人生成長有一種急迫與焦慮，但也可能從與他人的針鋒相對中，看見自己未來的道路。

❖ 水星木星中點

水／木＝日

這些人期望透過嘗試不同的事情來了解自己，像是到遙遠的地方去旅行求學、追求更高深的學問。他們希望展現的是一個積極有未來的形象，而這樣的想法將帶給他們更多的生活動力。

水／木＝月

你可能還未意識到在你的生活中，有種非常積極正面的強烈動

力，這樣的特質讓你非常想要去探討未來的可能性。於是你可能花很多時間在盤算美好的未來，有時候會不會因為太有把握，而把未來當作現在了呢？

水／木＝金

透過與國外有關的交易、學術探討研究、與國外的交流溝通、外語的教學與學習等，逐步提升個人的價值，這當然也包括了提升個人的財務收入。在朋友當中，此人通常扮演著討喜的溝通角色。

水／木＝火

有自己的一套世界觀點，容易與他人爭論。對於信仰的事物感到相當的積極，有時候甚至會使周遭的人感到稍微帶有侵略性或不適。對海外求學旅遊相當積極，甚至在海外特別活躍。

水／木＝土

信念上相當保守，不容易相信那些自己沒有親身體驗過的事物。通常會在學習外語或宗教哲學的相關事務上感受到緊張壓力，但是透過長久的練習，有可能反而成為這方面事務的專家。

水／木＝天

此人容易在宗教哲學、探討形而上學和人與宇宙的關係，以及探討國際關係上有著與眾不同的觀點。透過與異國文化的接觸，可徹底改變個人的生活方式，而這也是此組中點常見到的狀況。

水／木＝海

對異國旅行常抱有一些幻想，在實際生活中有可能為了到國外去而瘋狂的準備。對於信念或信仰這樣的事情採取較為包容的態

度，不希望因為不同的信仰而與他人衝突，相反的能夠接受不同信念的一切。

水／木＝冥

這一組中點較適合出國學習心理、考古、礦物、石化工業等等與冥王星有關的挖角、調查探索、深入研究等主題。在出國時需要多注意自身所處的環境，容易因為言語的誤解而發生一些不愉快。

水／木＝凱

對他人不容易採取信任的態度，特別是信念、信仰和宗教相關的事物，很可能是因為年幼時有過不愉快的經驗。對於相信他人這件事情採取極端的不信任，對未來也不容易抱持樂觀的態度。

水／木＝南北交

此人可以構築一個美好的未來，並朝著這個方向前進，這樣的能力似乎是天生的。在眾人眼中，此人具備帶來歡樂的特質，他的想法以及口語表達會讓人不由自主的圍繞在他身邊。

❖ 水星土星中點

水／土＝日

可能曾因為與長輩之間的溝通狀況，而對言語的表達感到有謹慎的必要，也認為透過謹言慎行，才能達到成功的目標。但同時，這樣的狀況也可能透過言語表達的困難來展現在他人面前。

水／土＝月

在生活中以及面對女性時特別容易產生溝通上的壓力，謹慎思

考每天生活中的每一件事情，是此人明顯的人格特質，這也可能造成他在生活中明顯的放慢步調。對於他人承諾的事物特別敏感，相對地不容易給予承諾。

水／土＝金

此人重視經驗的價值，透過嚴肅看待文字溝通、學習等事務來提升自我價值，或者也可能從事類似的工作來賺取金錢。不輕易與他人產生互動，在社交生活中也不是很容易開口，謹慎思考是朋友給他的評價。對於金融財務、社會互動有近一步專業探討的趨勢。

水／土＝火

這樣的行星配置組合，暗示著一種對於言語敏感的特質，但多半對於權威般的語言、父母師長的話、或者官方說法等特別的敏感，若有人用類似的語調對他說話，可能會引發明顯的刺激或衝突。這樣的組合也可能暗示著將運動表演等特質當作學問研究。

水／土＝木

這樣的星盤暗示著對於社會發展、國際關係、外國語言甚至是哲學等課題的專注興趣，他們將嚴肅的看待這些議題。此類人對外的互動也容易展現出謹言慎行以及審慎的態度，因為他知道這可能為自己帶來好運。

水／土＝天

他們不是畏懼改變，只是認為面對所有的改變應該更加小心謹慎，必須仔細的思考。他們對於許多事情都抱持著一種超越現在、並且更客觀的角度來面對。在學習課題上，他們有可能深入研究與科學有關的事物。

水／土＝海

這樣的人有一種將幻想、夢想謹慎的描繪出來，並做成計畫的高度可能性。對許多人來說，難以描繪的未來與夢想，或者那些無法捉摸的事物，他們都有辦法落實並且具體化。而他們與其他人最大的不同之處，便在於懂得運用審慎的思考，而非空想而已。

水／土＝冥

冥王星成為水星和土星的中點，帶來了一種深度透視他人言語架構的能力，他們可能擁有分析他人書信、文本作品，或是從中探討細節影響與動機的能力。這種深入探討的能力也可能涉及了心理分析或者政治權力、金錢資源的內容。

水／土＝凱

因為過去的不愉快經驗，帶給此人溝通上的困擾，甚至產生言語表達上的障礙，或者面對特定人士（父母權威）時會採用兩極化的言語態度，可能絲毫不在意、反之則是相當畏懼他們。但此類人可以透過書寫與言語達到安慰他人的效果。

水／土＝南北交

透過認真的學術研究，可能帶來與他人互動的機會，從而發現人生前進的道路。不過這當中也可能暗示著在言語表達上常出現無法自由發揮的狀況。

❖ 水星天王星中點

水／天＝日

個人的成長與自我意識的建立，必須經歷一段重要的思想轉

折，在這個重大變化之後將帶來明顯的個人成長，也可能明顯的抱持一種客觀與抽離的態度來看待自己的世界。

水／天＝月

在處理情感、情緒與家庭議題上，很明顯的有著與眾不同的想法，最常見的是抱持一種客觀疏離的態度。這種態度容易讓周圍的人認為冷漠冷淡，但卻是此人保護自己隱私以及個人空間的重要模式。

水／天＝金

對此人來說，異想天開的想法並不只是虛幻的夢想，這很可能帶來金錢上的收入，或者提升個人的自我價值。但對於人際之間的互動，此人習慣保持一定的距離，對於喜歡的人事物也希望盡量保持客觀的態度。

水／天＝火

此人一旦冒出新的想法、或是涉及與未來有關的規劃時就很容易衝動，對他來說，生命的動力來自於這些與未來改革有關的念頭。這代表此人腦袋總是轉個不停，不過同時也需注意在衝動行事的同時，是否也能兼顧安全性。

水／天＝木

這樣的人很強調未來與自由，可能總是在計畫思考著未來，或是腦筋總是動得比別人快一些，他總是不斷的思考，不喜歡受到教條化的侷限。一些國外的事物或者信念上的探討，總是能夠給予這些人相當大的啟發。

水／天＝土

值得探討的是，為什麼你每次面對新的想法時總是恐懼害怕？或是急著說不？是否嘗試新想法的動作曾經造成你的不愉快？這個心結不打開，你就只能原地打轉，不斷的拒絕嘗試改變。別忘了，經驗會幫助你採取適當的步驟，無須畏懼或抗拒改變。

水／天＝海

靈性上與藝術上的啟發將徹底改變你的想法，透過這些事物，可以帶來一些改變現況的好想法，當你需要改變或突破時，或許可以多接觸這些領域。不過有時也可能因為對身心靈與藝術的狂熱，而讓你冒出許多衝動的計畫或想法。

水／天＝冥

對這些人來說，面對改變需要無比的勇氣，他們不輕易談論未來，或者對未來總是語帶保留。這樣的特質暗示著透過生命中的危機才能認真的思考未來，而危機也可能帶來徹底的生命轉變。

水／天＝凱

對於大多數擁有這種組合的人來說，改變與傷痛畫上了等號，一些重大的社會改革事件可能曾經帶來不愉快的體驗，所以他們總是盡量避開改變的念頭，盡可能的維持現狀，兩極化的態度也可能導致他們絲毫不在乎周圍的變動。

水／天＝南北交

此人的想法、突破性的觀點、以及對未來的計畫，都很可能把周圍的人吸引到他身邊來，讓人們一同分享這些與眾不同的想法，而這也是此人人生重要路途的啟發。

❖ 水星海王星中點

水 / 海＝日

在思考個人的追求以及追逐的目標時總是容易混淆，也很容易受到他人的影響，並非沒有定見，但或許需要在多方嘗試之後，才能夠找到個人的成就之路

水 / 海＝月

這樣的人總是善體人意，對於照顧他人這件事相當熱衷。無論此人對外如何表現，這樣的星盤組合帶來了纖細敏感的特質，很容易在生活當中受到他人言語的影響，對他人的話語相當在意，甚至在無形中認同他人的需求而不自覺。

水 / 海＝金

這樣的星盤特質很容易產生價值觀的混淆，或者對自我價值的迷惘。我哪裡好？我穿什麼好看？我值不值得人愛？這些特質都很容易因為他人的一句話而產生自我懷疑，但也可能為了追求自己認為有價值的事情而付出。

水 / 海＝火

因為夢想與幻想而產生動力，擁有追逐夢想的熱誠，也具有某種烈士特質。同時，也容易因為與他人之間的溝通模糊而氣憤。如果可以，請盡量避免在情緒衝動或服用藥物酒精之後採取行動，因為這些行動很可能帶來危險。

水 / 海＝木

有夢想才有希望、有夢想才有未來，這是此類人的寫照。有時

候容易誤解他人所說的話，特別是外語、他人的信念、或者關於未來的計畫，都很容易誤解或是被誤解。這些人傾向把生活寄託在未來的夢想上，至於有沒有實現，得觀察星盤上的其他元素搭配。

水／海＝土

這樣的相位很符合「人生有夢，築夢踏實」這句標語，因為在他們的腦子裡，許多夢想和計畫在早期可能受到過挫折，這使得他們相當認真的研究現實社會的運作，以至於他們在築夢的時候，可以更為踏實一些。

水／海＝天

這是另外一組因為夢想帶來希望的相位，只不過這樣的特質比較傾向人類福祉與人文關懷。這些人思考的未來比較傾向於全體人類生活的改善，同時他們也對改進生活的科技抱持著夢想。

水／海＝冥

在面對危機時，或許你可以選擇逃避，或者你可以透過熱情與想像力來克服這樣的危機。同時，理想化的心態或渴望超脫的想法，將引導你走向人生重大的轉變，但過程卻不一定舒適。

水／海＝凱

這樣的組合有一種強烈的治療能力，透過言語、聲音、書寫，透過對他人處境的同理心，產生出一股治療撫慰他人身心靈的能力。同時透過治療他人，也明白自己的創痛同時需要撫慰。

水／海＝南北交

無論是好是壞，真摯的理念或強烈的想像力，都是引導你走向人生的重要工具。但你也必須記得水能載舟亦能覆舟的道理，理

念除了可以用來突破困境與轉變之外，也可能讓你因此而受到損害。

❖ 水星冥王星中點

水／冥＝日

在成長的過程中，面對犀利言語與思想考驗是必經的過程，這帶來清晰的洞見、審愼的思考與精闢的言語。無論在那個層面，思想的挖掘探索，將成爲榮耀你一生的重要目標。

水／冥＝月

從如何處理、面對危機的方向來思考，是每天生活當中少不了的事情，你必須弄清楚其實你並非眞的活在危機中，或許你只是習慣這樣的思考模式而已。此外，這樣的組合與女性有著緊張且密不可分的言語思想交流。

水／冥＝金

這種組合的人，可能會透過一種神祕的直覺而贏得美名，但這也可能因爲揭穿他人的隱私，而干擾到你的人際關係。這種特質可以是研究、調查、偵察或者深入心靈的諮商，這些相關行業也極可能帶來金錢收入。

水／冥＝火

這樣的人對於諷刺性的言語特別敏感，成長過程中尤其容易察覺到他人隱藏在心中不說的話。同時，他人對你的祕密刺探很容易引起你的憤怒與防衛，適合在生活當中練習與深度冥想有關的運動，例如瑜珈。

水／冥＝木

或許你會以爲好運總是不請自來，但事實上，你是相當有預先察覺能力的人，在你的無意識中可能已察覺到那些對你有利的機會。如果你是一個不畏懼挑戰且追求不斷成長的人，那麼愈是危機的時刻，愈可能是你的機會所在，路途雖不輕鬆但是絕對值得。

水／冥＝土

就算你不想成爲重要人物，但你的人生體驗將在適當的時候，讓你有機會帶領大家度過難關。這樣的行星組合相當有危機意識，且可以在無意識中挑戰自己的恐懼極限，相當適合成爲處理危機的專業人士。

水／冥＝天

當別人看到危險與毀滅時，對你來說卻像打開了新的一扇門一般的激動。你往往可以看見別人看不見的轉變機會，就在他人苦惱執著放不下時，你可能早已準備好開創一片新天地。

水／冥＝海

本質上，你是一個相當有深度見解的人，但是在不同的環境裡，會促使你用不同的態度來面對。有人因看見他人身處危險處境而生出同理心，有人卻會因爲處於危機之中而有出世的念頭，這些經歷都會引導你超越現在的處境。

水／冥＝凱

看著當下你所擁有的幫助他人的技巧，你是否感到驕傲？但這些能力是否與過去生活的困難窘境有著密切的關聯？不要害怕面對這些舊的事物，它們反而能夠讓你在幫助他人與自己的路途上更上層樓。

水／冥＝南北交

謹慎檢視自己的每一個念頭與想法，具有深層覺醒的、威脅性的、毀滅性的想法、語言，都可能在重要的人生轉折點出現。人生的成功與從榮耀中消退的事件，也都與這樣的念頭有關。

❖ 水星凱龍星中點

水／凱＝日

要克服那些與語言或溝通相關的問題並不容易，如果你能跨過這道檻，那麼你將擁有幫助他人的能力，甚至在這方面成為頂尖的人物或領導者。這包括了心理諮商、語言治療或計畫分析等工作。

水／凱＝月

情緒上的不安可能與溝通、或是兄弟姊妹的相關問題有關，這也使得你在情緒波動時，特別需要有對象可以討論。此外，你是否已經察覺到，你的言語和文字能夠安撫人心？

水／凱＝金

從心理的層面上來看，你對自身價值的看法很可能受到他人的言語影響而改變，或者不覺得自己值得他人所愛，甚至容易貶低自我的價值。但同樣的，你也能用類似的經驗幫助他人。

水／凱＝火

對於言語溝通相當的敏感，他人若在言語當中有所不敬或諷刺的意思，都相當容易被你察覺到，同時也會讓你感到憤怒。對於兄弟姊妹或鄰近的人的傷痛，有一種渴望保護他們的正義感。

水／凱＝木

　　你對於他人所相信的事物，抱持著兩極化的態度，要不就聽而不聞，要不就是盲目的跟隨。事實上，在成長的過程當中，你可能與他人有些信念上的衝突而對你造成傷害，以至於你會用完全接受或完全不接受的態度來看事情。

水／凱＝土

　　無論你是否有印象，你與他人之間的溝通並不順暢，特別是跟長輩或者擁有權力的人，更容易感受到那種心理上的壓力。這樣的特質促使你對言語和溝通更加敏感，並且對這些事物具備更加謹慎的態度。

水／凱＝天

　　可能有段時間，你會苦惱於與他人溝通的問題，這或許也是你一直百思不解的困擾。若能透過諮商找到困擾的根源，你將有可能徹底的改變自己的生活態度。

水／凱＝海

　　你的願景、夢想、或者你的善良、慈悲的想法，有時候會是讓你誤解他人的主要原因。如果你總是不斷的遇到類似的困擾，或許這正提醒你在運用語言文字表達自我時要更謹慎小心。不要因此而害怕表達，有時真情流露更勝於文字上的理性表達，這種感同身受的渲染力往往讓你更具療癒的力量。

水／凱＝冥

　　有些事情埋藏在你的心底深處，是你不願意去觸碰的，那和過去不愉快的記憶有關，或許是兄弟姊妹或者被人斥責、誤解等事情。這讓你對於和別人溝通有著一種警戒心態，但在適當時機到來

時，瞭解背後的原因將能帶給你巨大的覺醒。

水／凱＝南北交

　　言語和溝通的幫助或傷害，對你來說是一體兩面的。你無法避免的從這樣的方式中獲得許多利益，但也可能因為說錯話，而使你選擇與他人斷絕往來，活在自己的世界當中。

❖ 水星南北交中點

水／南北交＝日

　　父親或師長的角色在尋找人生的道路上占有重要的影響地位，他們的言語影響著你人生前進的方向。而透過與眾人討論或者寫作影響大眾，可以贏得榮耀。

水／南北交＝月

　　相對於太陽之於父親，這一行星組合的人受到母親影響較為明顯，同時也將影響此人對大眾賦予較多的關懷與照顧，或是可能從事類似的工作或從政。

水／南北交＝金

　　和眾人討論關於金錢、財務、價值、美麗、舒適生活、享受生活等主題，會是人生當中重要的事情，也可能以這樣的方式工作。

水／南北交＝火

　　關於人生要怎麼過、要何去何從，你都相當的敏感，你不是很願意聽到別人對你的未來指指點點，不過你卻可以協助別人在這一點上堅持自己的主張。

水／南北交＝木

用一種樂觀愉快、有自信的心態與眾人交流，你將有可能找到自己想走的人生方向。生命中的信念對你來說超乎尋常的重要。

水／南北交＝土

在對外的言行互動上保持一種踏實與實際的態度，這是你容易帶給大眾的印象。你的確可能受到過去環境的影響，並對自己的未來該怎麼計畫抱持謹慎的態度。

水／南北交＝天

出人意表的表達方式，是你常帶給他人的印象，特別在面對一些重要的抉擇之後，你可能採取冷靜抽離的態度觀察，但有時也會用一種極端的態度面對，讓人捉摸不定。

水／南北交＝海

你對未來懷抱著理想性，如果能夠找到這個理想，你將全力以赴。但是尋找理想的過程很長，而且可能充滿了困惑，卻是幫助你瞭解人生道路的重要過程。

水／南北交＝冥

在面對群眾或公眾事務時，你擁有神奇的觀察力，這份觀察力有人用來魅惑他人，有人用來操縱他人，有人用來服務他人，這或許也讓人對你感到又愛又怕。而如何呈現獨特的觀察力，全由你自己決定。

水／南北交＝凱

大家對於你有一種極端的印象，或許你正扮演著公眾傷痛投射的被害者或加害者，或者你擁有治療大眾心靈的文字言語能力，也

或許這些形象在不同的時間展現。

金星中點

金星中點透露出我們認為哪些事物的特質是美麗和諧的，哪些事物是有價值而值得我們去珍視珍藏的，以及哪些事物可以提昇我們的自我價值。金星中點也可能透露出我們因為想維持和諧，而去妥協讓步的層面，以及在哪些層面上與他人產生金錢物質、享受歡愉、分享交換的互動。

❖ 金星火星中點

金／火＝日

相當注重人際互動，會積極參與各式社交活動來證明自己的存在價值，也可能透過追求外在物質所帶來的安全感，或是渴望贏得他人的讚許，以證明自我的價值。家庭背景有可能較重視男性的價值，若身為女性，則必須在成長過程中透過不斷的挑戰，才能提昇自己的價值。

金／火＝月

相當重感情，因此會費心努力維繫。對於喜歡的事物會展開積極的行動，以滿足內在的情感和對於美感事物的需求，不過也可能因為太過激進而引起周遭人的不快。對於社交互動和金錢財務有著某種本能的直覺反應。

金／火＝水

對於人與人之間的關係互動有很敏銳的直覺，如能善加訓練，可以從事需要臨場反應的工作。這樣的組合若能以一種藝術形式來展現，或許可將內在的衝突與競爭特質，轉化成一種具有和諧動力的傳播方式。例如將音樂、詩歌、文學等藝術活動應用在日常生活當中，很適合從事文創等相關行業的企劃與行銷。

金／火＝木

慷慨大方和樂觀的生活方式是這些人的生活哲學，奢華的享受之餘，也要留心過度浪費恐會讓自己產生財務上的危機。自信、積極、樂觀、和諧的社交圈是讓自己成長的養分，但別因過度取悅和配合的傾向，失去自己的原本的價值體系。

金／火＝土

對於自己喜愛的事物往往太過小心謹慎而無法輕易展開行動，或是容易將情感視為一種責任，而無法盡情享受輕鬆歡愉的時光。認同權威或是專業形象所帶來的價值觀，背後的動機可能來自於渴望得到父執輩的認同。

金／火＝天

在情感生活和人際關係互動中，需要正視的是關於自由、空間、刺激以及獨立性。這樣的人對於事物的價值觀、外在的裝扮、甚至是擇偶條件都獨樹一格，常常讓身邊的人有著驚奇與極端反差的感覺。

金／火＝海

這樣的人帶著一種浪漫情懷，往往因為期待美好的事物，而忽略該看清現實生活的真實面貌。很容易展開和進入一段關係，但要

留心過度美化的虛幻形象而成爲受害者或救贖者。若能將這種追求完美的心態發揮在關於藝術和美感相關的工作，將很容易吸引大眾的共鳴和欣賞。

金／火＝冥

強烈或是禁忌的情感對這樣的人來說有一股莫名的吸引力，也可能過度重視金錢物質和權勢所帶來的力量。投注很多心力在金錢和權力的獲得，認爲這是在現實生活中得以生存的必要條件。

金／火＝凱

對於情感的議題相當敏感，在生活中透過競爭和妥協來練習內在的協調，是一門需要相當長時間努力的功課。透過對於價值、力量、魅力、人際關係的互動，可以成爲一位對兩性關係有療癒專長的人。

金／火＝南北交

這也是一個富有創意的組合，透過展現自己的喜好和興趣而讓大眾所認識，或是擅長發揮自身的魅力與吸引力，積極展開人際關係的互動。同時，也可能透過勇氣的呈現，來吸引眾人的目光。

❖ 金星木星中點

金／木＝日

對人生總是懷抱著樂觀、自信與美好，喜歡和身邊的人分享自己對於宗教哲學或是關於生命意義的想法。人生採取一種輕鬆、享樂、自在隨意的的態度，即使面對困境也能一笑置之並從容應對。

金／木＝月

善於將溫暖、慷慨的特質展現在情感上，會是一個很善解人意的伴侶。這也暗示著具有重要影響力的人通常與女性有關。若能將柔和、和諧、美麗的特質應用在工作中，可以輕易地在與女性特質相關的產業中嶄露頭角。

金／木＝水

喜歡將思考的觸角伸向各個領域中，對學習充滿了樂趣，尤其喜歡心智上的刺激與活動。發揮自己的喜好與興趣，往往可以在玩樂、旅遊、娛樂的行業中賺錢或是獲得成就感。

金／木＝火

對此人來說，生命的本質在於尋求一種擴展，希望接收不同的生命經驗和宗教哲學的思維，進而拓寬生命經驗，因此很容易被不同宗教信仰的異國人士、或是較年長的人所吸引。為自己所喜愛或珍視的人事物而戰時，記得包容與寬容將會使自己擁有更多。

金／木＝土

認為這個世界的運作方式就是透過金錢財力來展現，可能會透過展現實質財富，例如：名車、名錶、房子等，或是另一種以分享手上的資源，將自己對於理念、信念、或是對於美好事物的創作與大眾分享，而成為美術、美學理念的佼佼者。

金／木＝天

不一樣的審美觀與價值觀，會替你帶來全新不同的視野與人生規劃。生活的改變往往是透過人際、社交關係而帶來的改變。嘗試將自己的觸角伸向更高更遠與未來規劃有關的事物上，不要侷限於當下的狀況，你會更容易找到自身的價值。

金／木＝海

對於情感以及浪漫的生活懷抱美好憧憬，用一種單純、美好的渴望來對待生活周圍的人事物。但這樣的浪漫情懷，往往會在面臨現實狀況時感到困惑以及迷惘。對美有一定的鑑賞力，並嚮往溫情和諧的關係，容易將身心投注在藝術、宗教領域中去啓發他人或展現無私的愛。

金／木＝冥

具備自然而然展現自身魅力與取悅他人的能力，希望獲得身邊人的大量關注，但內心深處可能抱著害怕不受歡迎、被人拒絕的擔憂，於是人際關係變成了衡量自我價值的判斷。內在也有一種期待透過人際關係，而能得到益處的一面。

金／木＝凱

透過正義、眞理與意義的追尋來找到讓自己成長的方向，雖然目標雄遠高大，但可能在實踐的過程中脫離了日常生活的根基，不要忘記「平凡」、「簡單」才是一切的基礎，沒有什麼是永遠的救贖。

金／木＝南北交

眾人是透過你對於生命意義的追尋，或是你樂觀自信的處世哲學而認識你。透過建構你的愛情觀、價值觀、善於分享生活中美好一面的特質，有助你走向成長的道路。

❖ 金星土星中點

金／土＝日

務實、踏實、牢靠、穩健是你自小就建立的價值觀，甚至很早就確立了人生的目標或階段性目的。例如：存到人生的第一桶金、成為一個權威、一個具有影響力的人，習慣透過追求人生的目標來定義自己的成就。

金／土＝月

這是一個能夠將美學和美感應用在實際生活中的一組中點，可以說是生活的藝術家，能將日常平淡的生活，加入特別感性優雅的氣氛。

金／土＝水

認為證明愛的最佳方式，就是維持一種實際、穩定的規律性。會對喜歡的人所表現出的一言一行都很在意，尤其是與承諾有關。可透過心智、語言的架構，或是建築等講求結構性的能力而獲得金錢與地位。

金／土＝火

會對喜歡的人事物採取一種比較保護的態度，但有可能會對某種階級制度或是過於現實的人心生不滿，若能夠將怒氣轉化為動力，就可以完成階段性的計畫。

金／土＝木

容易對愛情、金錢、人際關係抱持比較嚴肅實際的態度，或許看在旁人的眼裡會覺得此人行事風格太過現實或狹隘，甚至無

趣。但對你而言，愛、紀律和責任是畫上等號的，你會將它當成是自己的信念與真理而奉行不悖。

金／土＝天

若能將獨特、新奇、富有創意的想法放在激發靈感與發明上，將有突出的表現。可能對工藝設計有興趣，或透過社交、人際網絡連結、團體或群眾而獲得金錢收穫，但相對的也會希望在金錢和情感上保持一些距離以及自由。

金／土＝海

可以透過實際的行動與規劃，來完成心中所設定的理想。將美與和諧充分落實在宗教、藝術、身心靈等相關領域中，可以得到最大的發揮。在愛情與人際關係上，多半會透過藝文、美術、音樂、或是精神性的啓發理解而有更多交集。

金／土＝冥

對於情感、自身的價值可能感到懷疑，而讓心理產生很多的畏懼或是壓迫感，進而對人際互動感到恐懼。這樣組合的人需要了解安全感並非只是一味的控制自己與他人，練習柔軟才能克剛。

金／土＝凱

透過挫折，可以讓我們看見愛、情感、伴侶關係、價值觀所帶給我們的人生考題，雖然帶來傷痛，但「接受與經驗」可以帶給我們更大的力量。經歷傷痛之後帶來更豐盛的生命體驗，可替我們帶來同理與療癒自己和他人的能力。

金／土＝南北交

透過否定愛情、金錢、美麗、人際關係在生活中的影響，由一

開始的質疑沒自信，而逐步建構出自己對於情感與美麗的定義，或是金錢財務的規劃保障。很適合從事與美容或是公關、婚禮顧問或是理財避稅的企劃與專員。透過自身經驗的分享，可帶來精神的成長與物質的回饋。

❖ 金星天王星中點

金／天＝日

認為生命當中最重要的，是保持人際互動與情感關係上的自由和獨立，希望保持價值和情感上理性的態度，過多的約束與承諾，都會讓這種組合的人覺得不自由。

金／天＝月

在人際互動時，剛開始會因為興奮與刺激，不斷尋求新奇感，所以容易有很多不同族群的朋友社交圈，一旦感覺到互動開始產生束縛與限制，關係也容易突然產生質變。如果能將自由與獨立的特質融合在人際互動之中，也許內心的孤寂感會減少許多。

金／天＝水

極具變動性和不穩定的特質，容易出現在人際關係、金錢、學習、溝通表達上。別人眼中的你可能是起伏不定的，但對你而言，生活就是要有不同的面向來活化，尤其是心智上的刺激，才能讓你踏出既定框架去看到新的可能性。

金／天＝火

不喜歡受到任何規範與制約，強調行動力與開放式的關係。認為一段感情關係或是在友情中，最重要的是自由自在的展現自

己。透過不同的關係與獨特的價值觀，不斷證明自己的存在並不需倚靠外界的認可。

金／天＝木

成長過程當中可能產生價值觀的變化，亦或突然改變對某個人事物的觀點。實驗性的嘗試不同文化與生活方式，能替自己帶來不同的視角並獲得更多成長。

金／天＝土

重視個人的自由與空間，喜歡透過新奇的創意以及科技的方式來體驗生活。周圍的人也許當你是個唱高調的理想主義者，但透過時間與經驗以加強你的實踐力，你也可以成為一個引領新生活思潮的專家。

金／天＝海

容易因為過度投入與迷戀，而一股腦的將自己完全投入一個興趣或是一段感情當中，甚至企圖切斷與過去的連結。因為價值觀的不同，容易在人際關係或是情感的互動中產生迷惘。唯美、浪漫的事物，可以展現在情感或是設計靈感當中。

金／天＝冥

生命會在某個時間點面臨到自我價值的轉變與衝擊，這是一個省視與汰舊換新的時刻，不需要害怕自己的價值觀與社會有所衝突或抵觸，甚至擔憂自己的想法與眾人不同，唯有經歷過衝突挑戰之後，才能釐清自己內心真心想要的。

金／天＝凱

不用害怕自己的觀點被孤立，每一個人都是單獨獨立的個

體，有時站在一旁不屬於任何一派，反而可以看見事物的全貌。自由與超脫可以是你在受到挫折與傷痛時的一帖良藥，透過幫助他人，也能找到自己內在的價值。

金／天＝南北交

可能因爲自己獨具的形象或是美感而受到眾人矚目，但這樣的美感不一定是世俗認定的那種美，有可能是因爲展現出強烈的自我特質，或是不媚俗、帶有人道主義式的獨特魅力。

❖ 金星海王星中點

金／海＝日

當生活在充滿和諧完美、藝術氛圍、浪漫美感的環境中時，會特別覺得自己充滿生命力。追求一個沒有戰爭與醜陋的人性考驗的世界，往往因爲過於慈悲良善而容易妥協自己配合他人，失去了自己的主體性。

金／海＝月

這是一個孕育陰性能量色彩的行星中點組合，與女性特質有關的事物強烈影響此人的生活。纖細敏銳的感受可以在設計、社交公關、藝術、宗教或是身心靈等領域中得到生活的養分。

金／海＝水

透過文字與聲音的傳達來展現自己獨特的魅力，這種充滿浪漫詩意的說話表達方式，有些時候會非常受人喜愛，但有時也要留心表錯情，而帶來的一些人際互動上的誤解。

金／海＝火

對於愛情以及自己的興趣喜好，有時就如同飛蛾撲火般奮不顧身，聽不見身邊人給的規勸與忠告。不喜歡大張旗鼓而偏好低調的做事方式讓旁人難以捉摸，有時會因為過於衝動執拗而造成遺憾，但也可能因為孤注一擲而在最後展現出成果。

金／海＝木

這組中點強調與內心心靈、精神自由、宗教等相關層面，生活環境容易和藝術、神祕學或是宗教領域產生連結。強烈的浪漫主義容易在關係中失衡，因為容易將對方視為仰慕的神或是需要救贖的受害者。

金／海＝土

一旦找到讓自己覺得有價值的人事物，就會透過時間和經驗的累積來證明自己的理想不是幻夢。或許有人會笑你愚公移山，但最終你會用徐緩的步調與實際的方式建構出自己的烏托邦。

金／海＝天

渴望關係當中的溫情感覺，通常能夠很迅速的進入一段關係，但有時也可能完全不要實質的關係，而是期待一種如霧般朦朧的柏拉圖式關係。情感與金錢關係的變化往往會讓你措手不及。

金／海＝冥

熱情與意志力會主導整個生命的進行，渴望在關係當中得到大量的關注，並將力量傾注於其中。人際互動中往往涉及了禁忌、金錢、權力的角力，透過這些事件的淬煉、轉變，而重新獲得力量與價值。

金／海＝凱

想像力、夢想、幻想、超脫現實的能力，可能是恩寵也可能是詛咒。因爲區別眞實與現實往往是一線之隔，適合從事與繪畫寫作或是電影劇場等帶有抒發與療癒內心的工作，亦可得到最佳的發揮。

金／海＝南北交

相信世間萬物充滿仁慈與和善，能敞開悲憫的胸懷來面對生活，並獲得幫助與成長。透過慈善、宗教、藝術、影像、心靈世界產生的吸引力，可將人們聚集在一起而得到成長啓發。

❖ 金星冥王星中點

金／冥＝日

人生的目標是要成爲一個在物質與權力世界成功的人，包括金錢、力量、愛情、人我關係。或許因爲極力要求自己在各方面都表現極致，因而相當懂得操控的技巧，知道如何展現出自己最好的一面。

金／冥＝月

在情感上需要大量的關注力，如果無法清楚知悉對方的一切就會覺得沒有安全感，甚至認爲這段感情沒有價值。不要企圖去改造對方來符合自己，騰出一些空間給對方也給自己，發自內心尊重與喜愛彼此眞實的本性，這才是愛的眞諦。

金／冥＝水

這是一組非常適合發展公關、外交或是文字工作的中點組

合。懂得將思考溝通的重點放在彼此互利的層面，得體的應對和社交手腕，能讓你得到想要的結果。另一方面，能夠精準地掌握語言溝通上的奧妙力量，並吸引人們深思金錢與價值的議題。

金／冥＝火

懂得深入心靈的力量遠比外在施壓來得更爲有用，於是容易將一切獲得金錢與權力有關的法則，全部應用在如何發揮自己的吸引力與人際關係的運籌帷幄上，無論自己是否有意識到。

金／冥＝木

這是一組對經濟、物質相當關注的一組中點，有可能在金融投資行業中展現自己特長，也可能在精神領域中發展。無論涉及什麼行業，工作的特質都包含了改造、重組、整合的性質在其中。

金／冥＝土

內心對於秩序與權力有著無比的吸引力，在尚未意識到之前，可能會透過抗拒權威或是恐懼擁有權力，而寧願屈居第二，不願擔任主事者。但總會在面臨存亡關頭時搖身一變成爲責任者，展現出自律與自制的一面而得到認同。

金／冥＝天

透過一些細微的事件，讓我們感受到社會的變遷與歷史改變的壓力就在眼前。特別是在財務以及人際互動上，我們可以看見觀點上的不同，在個人生活上要做出選擇，在群體中必須溝通然後一起做出選擇，雖然掙扎卻能帶來更多凝聚的力量。

金／冥＝海

雖然深信人與人之間應該是充滿美好和諧的互動，但總會在某

段人際關係中看見醜陋與難堪的一面，這就像是天使與魔鬼同處一室，你將會在兩種極端中去不斷地檢視思考，並且修正自己的價值觀。

金／冥＝凱

過往曾經因傷痛而獲得的禮物，就是能夠深入地認識自身的價值，體悟到真正的價值與力量並非藉由外界來界定，而是不盲從不跟隨、不強制不執著，與過往的傷痛並肩平行，那才是最珍貴的禮物。

金／冥＝南北交

周圍的人會爲了你所散發出的神祕氣息而被吸引，或是你與生俱來對於金錢的直覺能力、美感的穿透力，將受到眾人的認同，進而成爲引領潮流的人。金錢、權力、親密關係像是等腰三角形的三個點，若能善加整合與管理，會是你人生之旅的最大資源。

❖ 金星凱龍星中點

金／凱＝日

很難對別人說出拒絕與否定的話，於是在人際關係互動中常常遷就、迎合對方的喜好，深怕關係中出現「不和」而讓自己不受歡迎。當你愈深入的認知與覺察時，就不會爲了要成爲人見人愛的玫瑰而抱憾，會因爲自身的獨特芬芳而綻放。

金／凱＝月

可能因爲身爲女性的身分而遭到忽略，或是因爲情感的需求沒有被滿足而感受到被冷落，因此對於價值觀或是情緒感受上的議題

特別敏感。日後有可能投身在跟照護、養育、情感與人際關係有關的療癒工作上。

金／凱＝水

曾經因為說錯話或是溝通不當而讓人產生誤解，這種恐懼會讓自己日後說話時常常口不由心，對於有爭議性的話題往往採取迴避的態度。建議可以發展非語言性的表達方式，例如：音樂、詩歌、戲劇、詞曲、默劇、直覺力等，可重新找到自己的價值。

金／凱＝火

帶著粉紅色的鏡片來看待身處的環境與身邊的人，不免充滿了期待與憧憬，這樣很難看清現實，甚至可能自欺欺人，並忽略了自己的價值。在成長過程中有可能因為察覺自我價值的議題，而走向療癒之路。

金／凱＝木

朋友眼中的你是一位能夠啟迪人心與幫助他人尋找生命意義的人。你可以在悲痛的時候找到生命的信念，因為對你而言，樂觀、開朗、自信的特質往往是療癒的最佳夥伴，也是面對困境時最佳的老師。

金／凱＝土

很容易觸動他人內心深處，瞭解他人在情感上所遇到的坑洞，這是一份來自於感同身受後的經歷轉化而獲得的禮物。容易在物質財物、人際關係上面臨考驗，謹慎處理所有的經歷，這些都會變成日後的生命養分。

金／凱＝天

可能會展現出兩種截然不同看待金錢財務的態度。一種是認為物質金錢可以快速的改善人們的生活，提供更多便利性；另一種則是曾受限於經濟條件，而視金錢如糞土，鄙棄物質世界的運作。

金／凱＝海

內心當中對於精神性與心靈上的事物有著強烈的渴求。在日常生活中會對於人我相處之間的分界、界線、隔絕感到害怕和恐懼，希望藉由彼此心靈上的連結，來消弭外在現實環境因為分裂而帶來的傷痛。

金／凱＝冥

對於事物美好的一面有著直覺式的反應，但同時也可以嗅出事物當中潛藏的危機。這種深入的直覺能力可讓你在人際關係中面臨兩面的評價，但無論如何，真實在你眼中永遠都無所遁形。

金／凱＝南北交

可能因為獨特的審美觀與價值觀而被大眾所熟知。工作經常涉及與美術、藝術、設計、美化等相關主題。

❖ 金星南北交中點

金／南北交＝日

在他人眼中，你的生活品味或是對於藝術的鑑賞力，像是磁力一般吸引周圍的人向你靠近，樂於分享的特質讓你在人際互動上容易留下好印象。由於你不認同強勢的作風，採取柔性領導的風格將替你帶來成就。

金／南北交＝月

因為你的善體人意、良善與愛心，往往可將周遭環境創造出一種安祥與和平的氛圍，這樣的薰陶有可能來自於善於照顧的父母。這樣的中點組合很適合從事居家布置、室內設計、花藝、餐飲等將生活品味與藝術相互結合的行業。

金／南北交＝水

懂得透過自身的魅力來創造、提升自己的價值，尤其是語言文字的表達相當適切得體，雖然謙和溫順卻又不失理性與公平的特色，很適合在金融、社交、美容、公關等行業中發揮這項特質。

金／南北交＝火

對於自己喜愛的人事物，往往會很積極地採取行動，周圍的人也會因為你率真、果敢、直接的表達方式而被你吸引。無論是男性或女性擁有這一組中點，即使不刻意都很容易散發出某種性感吸引人的魅力，往往可帶來精采熱絡的社交生活。

金／南北交＝木

對你而言，廣結善緣就是用友善、樂觀、慷慨的處世哲學來對待身邊的人，但也須留心過於輕鬆隨和易讓人誤解你太過輕佻不在意。重視生命經驗當中的意義，因此喜歡接觸不同的哲學和宗教來擴大自己人生的視野，相信形而上的哲思能帶來生命的成長。

金／南北交＝土

對人際關係互動的和諧與否特別敏感。這可能來自於小時候在情感或是物質需求上有被排拒的經驗，成長過程中既害怕不受歡迎，又渴望擁有面面俱到的情誼，所以對於情感與金錢物質抱持的態度是嚴謹認真的。學會在關係中看見自己的價值，正是成長的關

鍵。

金／南北交＝天

透過自由、獨立的行事風格，表現出前衛獨特的審美觀與價值觀，大眾容易因為這種鮮明獨特的個性特質而被你吸引，你的原創性將帶來自我以及社會風潮的創新與轉變。在人際與情感關係互動中，需要大量的獨立性與自主性。

金／南北交＝海

這是一組充滿浪漫與理想色彩的中點組合。若是從事藝術創作，可充分發揮並滿足人們對於浪漫與美感的需求。大眾可能投射完美典範的夢幻形象在你身上，或是被你具有穿透力的感受與純粹的情懷所感動。因為渴求關係當中的完美和諧，若不符合期待，亦很容易幻滅。

金／南北交＝冥

透過美與權力的結合，將自己認為最美好、最有價值的一面呈現在公眾面前，但在這之前難免遇上金錢權力的挑戰，往往愈是危機的時刻愈是能激發你的本能。

金／南北交＝凱

對於人際關係中涉及金錢的部分相當敏感。或許家族中有人因為在金錢物質的處理上曾經有過不愉快的經驗，而讓你特別小心謹慎。透過經驗與教訓的累積，往往會讓你成為處理金錢財務的高手。

火星中點

　　火星的中點顯示出我們容易對哪些事物展開行動，我們對於生存的看法，以及透過競爭的法則來爭取表現自我的機會，亦可透露出哪些事物容易威脅到我們。火星的中點也象徵做事的膽量、勇氣、捍衛保護自己的方式。

❖ 火星木星中點

火／木＝日

　　在他人眼中你就像個傳教士一般，渴望透過宣揚自己的理念來影響周邊的人。認為生命就是要不斷地往前邁進，帶著理想和熱情來追求自己的人生目標。

火／木＝月

　　保護的議題是生命當中一件相當重要的事情。這可能來自於過去的生活經驗，不是被過度保護，就是缺乏保護。情感和情緒的自在表達與生活空間的自主性，是有這組中點的人認為生活需求的標準配備。

火／木＝水

　　你不僅對生活中的任何事物都充滿了想要一窺究竟的好奇心，同時也是思想上的實踐者，尤其對心智活動充滿了興趣。博學是你成長的動力，你相信學習不該侷限於書本，會是一個行萬里路勝讀萬卷書的信仰者。

火／木＝金

你需要透過冒險與擴展生活圈的方式讓自己成長，不斷地發掘自己的喜好與嗜好，並且將它分享在生活周遭，爲了呈現出自己更美好的一面而努力。但要留心「過度」可能帶來的潛在危險。

火／木＝土

有可能爲了權威而戰，或是向權威開戰，成長過程中關於和權威之間的對抗與制衡，將成爲主要的生命議題。若能深入探索關於競爭、勇氣、意志力、紀律與控制的能力，相信你距權威之路已不遙遠。

火／木＝天

爲了捍衛自己的信念或理想而奮戰雖然是件熱血的事情，但無須去挑戰他人的信仰。將改變成長的動能放在改善生活，以及切斷那些不需要的人事物的連結上，用和諧溫和的方式執行，則能讓自己更接近目標。

火／木＝海

容易爲了自己的期待與理想，而展開一場旁人視爲浪漫的冒險。如果能夠將精力發揮在藝術、宗教、心靈、美感等相關領域，會是最好的方式。否則須留心慈悲心遭受欺瞞，或是無法接受現實所遭遇到的挫折。

火／木＝冥

如果你很容易在生活當中看見衝突與危機，不妨問問自己，究竟爲什麼如此渴望超越他人？其實這都是來自於生死存亡的隱憂與恐懼，而過度的焦慮往往是內心呼喚轉變的前兆。

火／木＝凱

多少有些彌賽亞情結，以爲自己可以拯救身邊的人，或是可以輕鬆的朝著夢想翱翔。直到在現實生活中受到挑戰或是背叛時，才會認眞思考究竟自己有多少能耐。不過也別輕易放棄，每一道傷痕都是你成長的軌跡。

火／木＝南北交

當你展現出樂觀正面的態度時，很容易吸引大眾向你靠近，並且很容易被你激進的熱情給感染。但在行動前除了考慮速度之外，也該兼顧品質，那麼你的成果必定會更豐盛。

❖ 火星土星中點

火／土＝日

這是一組陽性特質強烈的中點組合，強調了生命中男性與父權關係的影響。透過競爭的特質可以激發出勇氣活力，並相信成爲權威是生命當中重要的成就表現。

火／土＝月

對於安全感有著強烈的需求，善於保護自己和照顧他人免於衝突，但有時可能因爲防衛過當，而讓人倍感威脅。憤怒往往來自於情緒上的安全失去保障。

火／土＝水

說話溝通表達非常謹愼小心，不輕易表露出自己的想法，但有時會在關鍵時刻果決說出令人震撼的話。可能跟兄弟姊妹之間有著競爭性或是相處上的壓力。

火／土＝金

自我的價值很難清楚釐清，尤其是在施與受時很難自在表現，對於外界對自己的評價很敏感。經過時間和經驗的累積，往往會從事婚姻諮詢、兩性關係、社交、美容、設計行業。

火／土＝木

成長的過程中會有很多道德上的訓練和規範，被告誡應該要做些什麼，哪些事絕對不能做，可能對父母或是權威言聽計從，或是宣揚自己的理念而對權威宣戰。

火／土＝天

在高壓之下，你能夠快速的採取行動來處理緊急突發事件，像是在急診室工作的人員、消防員、警察、需要與速度競賽的工作都是你能夠勝任的。同時這也是一組適合從事改革的中點，會對社會不公平之事提出改革的方針。

火／土＝海

可以為了實現自己的理想而犧牲一切，或是為了那些深陷不幸遭遇或是弱勢的人，挺身而出抗爭。同時這組中點也透露出對電影、影像、戲劇的高度興趣，若能投身於此，將可獲得很好的發揮。

火／土＝冥

雖然爆發性的力量可以讓我們勇往直前，但深思熟慮的控制力量卻是意志力的最佳呈現。學習用運動來控制意志與培養耐力，相信你同樣可以應用在組織規劃中。

火／土＝凱

因爲曾經有無法站出來捍衛自己的主張、或是保護自身安全的傷痛，對相關的議題很敏感，以至於在採取行動時總是縛手縛腳無法放手一搏。練習表達憤怒並非不文明，而是證實自己有能力保護自己。

火／土＝南北交

透過生活中不斷地試煉並成爲某種形式的權威，這絕非一蹴可幾，而是像是打一場持久戰，每當你想放棄時就會出現一絲曙光，堅持到最後，才能展現出優秀的自控能力和實力，並讓社會大眾明白你的專業。

❖ 火星天王星中點

火／天＝日

這是一組強調陽性動能的中點，快速的行動與果決的意志往往是這個人的自我表徵。有可能是成長過程中父執輩的影響，並且認爲成就榮耀來自於冒險與革命的行動。

火／天＝月

對於私生活領域的事情比較敏感，有一種強烈想要保護的欲望，希望能夠保有自己的獨立性與空間。期待生活富有變化性，所以對於束縛相當反感，往往會在生命的某個時間點切斷與過去的連結而促成成長。

火／天＝水

思考快速而敏捷，不喜歡拐彎抹角的溝通方式。生活當中需要

大量心智上的刺激，往往想到什麼就直接採取行動，不會因為考量到其他人而停頓下來，所以比較難與他人合作。

火／天＝金

人際互動存在著一種競爭的特質。容易快速地進入一段關係當中，但若關係一成不變，也很容易快速的切斷連結。這是因為這類人的生活中需要大量的刺激與興奮的吸引力，太過平淡會抹殺生活的活潑性與趣味性。

火／天＝木

強調獨立和自由的精神，不想受到身邊人事物的束縛，渴望能夠嘗試新奇的事物、突破舊有的框架，將自己的生活空間與生命的層次擴大，當一個生命的冒險家。

火／天＝土

壓力多半來自於長輩、或是我們所尊敬的人士對我們的否定。但從另一個角度來思考，當我們受到動搖並舉棋不定時，是否也意味著我們的內心其實還沒有百分之百的肯定？這也不失為一個檢測自己的好方式。

火／天＝海

與其消極的對立對抗，不如確立目標展開行動。有這組中點的人很適合從事藝術、編劇、攝影、電影、舞台等工作，可以將想像力、同理心徹底發揮出來，並成為幫助他人改變與成長的動力。

火／天＝冥

這組中點與大破大立的革新行動有關。將改革的動力展現在改善生活、切斷不需要與不切實際的連結。縱然可能會有巨大險

阻，但深入挖掘究竟「無法割捨」背後隱藏著放不下的是什麼？才能運用破釜沉舟的力量來應對。

火／天＝凱

充滿爆發力的能量，可用最快速的方式去完成自己想要做的事情，很難聽從他人的意見。適合發展、推動與改革有關的事物，同時也能激發他人採取行動，或是與冒險、機動性、速度、器械有關的能力。

火／天＝南北交

透過人道或是改革創新的議題，而被社會大眾所認識。最佳的展現方式是讓他人看見你的勇氣，勇於選擇與他人不同的人生道路或是職業，但也要留心過度衝動與突發狀況而帶來的危險。

❖ 火星海王星中點

火／海＝日

渴望能跳脫平庸單調的生活，活出一種更富於精神性、理想化的境界。因為這樣高度理想化的色彩，很容易對現實生活中的一切感到幻滅。

火／海＝月

如果沒有將自己的想像力發揮在創意或是戲劇表演上，就很有可能會對自己，或是身邊有著受苦經驗的人感到憐憫同情，視自己為救贖者或是犧牲者的角色。

火／海＝水

較難用邏輯架構的方式來表達自己的思考和觀點，可透過非理

性語言式的溝通，呈現情感層面的敘述。例如：音樂、戲劇或是影像方面的才能，更能感動與啟發人心。

火／海＝金

大眾會投射一種理想的典範在你身上，可能是大眾情人的形象，或是新好男人或女人的模範。在處理情感或是金錢時要格外小心，因為過度的期盼往往容易因為一丁點失望而挫敗。

火／海＝木

對於確信的觀點或是理論，有著一種狂熱的追求，如同傳教士一般推廣自己的理念給其他人。對於靈性生活有一種憧憬，希望人與人之間能夠沒有界線的彼此互助。也許立意良好，但要留心善意是否被有心人士濫用。

火／海＝土

就算是別人認為閒聊的靈感、或是自己內心曾經有過的理想，你都會將事情具體化並努力付諸行動。此外，也有可能會將這股力量轉換成鍛鍊身體的執行力而努力健身。

火／海＝天

可以將天馬行空的幻想力放在科技或是電影、編劇、視覺影像、多媒體裝置藝術的呈現中。將藝術與人文的精神透過電腦科技的應用，提升人們對於未來的視野與感受力。

火／海＝冥

內心有動力要往前衝，但往往會失去準頭，容易被周圍的環境與人的誘惑而變更方向。生命當中會有一兩次奇特的經歷，這是藉由考驗你的意志力來徹底轉變你的身心。

火/海＝凱

過往受過的苦與傷痛，讓你敏感的想緊緊保護自己，你也會為那些和你有相同遭遇與經驗的人抗爭奮戰，希望可以幫助他人脫離類似的困境。

火/海＝南北交

會透過自身勇氣或是慈悲心、同理心、善良的特質而與社會大眾互動接觸。有可能對社會工作、慈善、社福工作充滿熱忱，尤其是幫助他人脫離受困受虐，或是熱衷於協助陷入困難的人。

❖ 火星冥王星中點

火/冥＝日

有著堅強的意志力，渴望透過自己的行動力來證明自己存在的必要性。成長過程中，關於意志力、行動與男性之間的議題需要釐清。有時陽剛不見得一定來自征服，臣服有時能產生更大的力量。

火/冥＝月

強烈的保護本能會想要安排控制身邊所有的事物，一旦超出預期，很容易就當成了某種危機警訊。若是長期讓自己的身心都處於備戰狀態，人際關係容易充滿煙硝味，身體也會超出負荷。

火/冥＝水

言語與知識被你視為某種權力的象徵。你會仔細深思他人的言語，並挖掘出其中未說出的真相或是祕密。若能深入探究語言文字所帶來的力量，可以在學術上或是演說上表現出自己獨特的觀

點。

火／冥＝金

情感上很容易一拍即合，但也容易因爲涉入情感與金錢上的競爭、嫉妒、權力角逐而有戲劇性的轉折，似乎認爲沒有張力就不足以彰顯情感的深度。關係上的危機往往也是另一處的轉機。

火／冥＝木

適合從事與改革和整合有關的工作，心靈改革、政治、法律改革，或是與經濟金融相關的併購整合與規劃。當專注在目標上時，往往能夠帶來龐大的效益。

火／冥＝土

行進當中的事物容易遇上阻力，這是考驗耐性的最佳機會，千萬不要心急，即使每次只前進一步也要嘗試。這組中點就是來考驗你的意志力和毅力，成功總是給堅持到最後的人。

火／冥＝天

沒有辦法停留在一種固定模式當中。生活上需要大量的新鮮感，或是強烈如電光火石般的興奮刺激感，一旦感受到生活或是工作陷入淤滯，會立即想要透過行動來改變現況。

火／冥＝海

對於宗教、藝術、靈修與精神層面的事物，有著一種想要深入專注鑽研的熱忱，因爲這是一種將理想化爲行動的中點組合，爲了目標理想，你會傾注全力，專注到讓人廢寢忘食。或許別人會認爲你太痴狂，但唯有你自己清楚地知道你最在乎的是什麼，力量就會自然地湧現。

火／冥＝凱

這種組合具有兩極化的展現方式，站出去捍衛他人或是幫助他人去爭取自己的權利；另一種則是否定他人的堅持和保護。當深入了解自己為什麼會對堅持、保護、行動等議題特別敏感的同時，更能深入療癒整合的關鍵。

火／冥＝南北交

內心擁有爭取勝利的強烈欲望。這種力量源自於人類本能對於存活權力的取捨：適者生存。影響力與控制力會是你讓大眾認識你的方式，通常也容易發揮在管理學上。

❖ 火星凱龍星中點

火／凱＝日

對自己的表現顯得相當在意，這可能是在成長過程中，因強烈的展現出個人特質而受到敵對衝擊的緣故。在自我認知與發展上曾有過不知道如何展現的困擾，或許是在成長過程中，較缺乏男性父系權威力量的支持與引導的關係。

火／凱＝月

這組中點的組合與童年時期的情緒表達與安全感有關，如果小時候的家庭氛圍像是戰場一樣，很可能對自己或是他人的情緒會十分謹慎小心。透過整合往往能夠帶來管理憤怒或是控制情緒的能力。

火／凱＝水

因為對語言或文字上的攻擊非常敏感，在經歷過深思熟慮的訓

練之後，往往可以成為在溝通和文字表達上，善於傳達力量來激勵人心、鼓舞士氣的人。

火／凱＝金

如果能夠避免推卸責任、或是改善將矛頭指向他人的習慣，這將有助於人際關係的修復。如果是女性，須留意這股能量往往會帶來與和男人之間的生存挑戰、或是競爭的議題。

火／凱＝木

這種組合的人會以兩種方式展現，一種是讓自己逃避競爭與衝突對立的場面；另外一種則是用生氣憤怒不回應，來做為反擊的方式。練習平衡、適度的表達自己，展現意志與勇氣，有助於成就自己與未來的理想。

火／凱＝土

練習平衡兩種極端的力量，是生命中最大的禮物。例如：恐懼與勇氣，衝動與紀律。成長過程中可能會有關於意志力受挫、或是與權威衝突的議題值得探究。

火／凱＝天

對於舊有傳統的事物容易產生質疑與不耐煩的態度，渴望透過快速的行動來達到變革與創新突破的目的。可以將科技、行動力、先進前衛的特質，運用在療癒與改革的方式中。

火／凱＝海

這個組合強調了與夢想、想像力、幻想世界有著強烈的連結。若能應用在與想像力有關的領域當中，例如：電影、戲劇、音樂、繪畫等，並結合在治療、療癒與教育等工作中，必能充分發揮

這種精神力量。

火／凱＝冥

這種組合的人可以試圖想想，自己為什麼總是跟危險刺激、金錢權力以及情感上深層複雜的情緒有關，而非一味的抗拒、或是採取攻擊性的態度。這些心理上過度的緊繃，或是情緒上的過度反應，需要你學會放手，進行改變、轉型、轉化的自主行動。

火／凱＝南北交

透過展現出保護者或是行動主導者的形象而獲得大眾的矚目，可能發揮在軍事、體育、英雄與領袖氣質上。但在此之前，身邊的人很有可能會投射、攻擊或是與你對立。練習體悟正確勇氣的力量，是開啟人生關卡的鑰匙。

❖ 火星南北交中點

火／南北交＝日

能夠堅決地為了爭取自己「想要的」而付出勇氣與行動，周圍的人會因為你的熱情與活力而受到感染，當你明確訂定行動方針之後，可如勇士和戰士一般，引領身邊的人朝向目標前進。

火／南北交＝月

情緒與感覺往往是讓你開始一件事情的動機，當下激起的過度反應，可能是強烈保護的心態，這種不矯揉做作、直接的情緒表達方式，有些人會覺得你是個性情中人而被你吸引，有些人則會覺得你的競爭心太強烈，必須與你保持距離才安全。生活與工作可能具有保護和照料、照顧有關的特質。

火／南北交＝水

這組中點顯示出心智上的頻繁刺激與觸動。有可能是敏捷的思考速度，或是帶有譏諷、犀利的語文表達與溝通模式。這種言簡意賅又切中核心的思考模式，很適合發揮在需要快速臨場反應的工作，像是時事評論、辯論演說、機智問答、主持等，需要富有機智機敏的語言表達特質。

火／南北交＝金

對於自己的人生目標很清楚，喜歡單刀直入、不迴避的爭取自己想要的利益，也懂得運用自身的魅力與吸引力，施展在人際關係的互動當中。或許在他人眼中你是個情感上的冒險家，但眾人也會因為看見你在生活與情感上的活潑與激情，重新激活自己的人生。

火／南北交＝木

似乎天生為了某種信念而生存。這組中點往往出現在那種對於宗教信仰或是政治主張有著狂熱的人身上。因為對自己想法理念的堅持與捍衛，迫不急待想去推廣、想要擴大自我的領域。必須注意的是，可能因容不下他人的觀點而產生的衝突。

火／南北交＝土

對你而言，人生似乎是一場持久耐力的馬拉松考驗。愈是年輕時愈是渴望用百米衝刺的方式達到目標，但經歷會慢慢訓練你去分配速度與體力，學會如何去操控自己，讓自己可以確實的達成目標。

火／南北交＝天

對於人道議題與社會公益事務相當關切，很適合從事改革、改

造運動的領導者。生活中若能將競爭激勵的心態，與行動執行的能力充分發揮出來，就能跳過冗長的步驟直達核心目標。這組中點特別適合發揮在組織改造上面。

火／南北交＝海

這組中點，結合神祕、影像、幻術、行動的特質，透過親身參與其中，以展現藝術幻術的實際行動，進而帶給大眾啓發，很適合行動藝術、行為藝術者、魔術師表演工作者。有時這樣的人亦很容易受到某種直覺的神祕的感召，而採取行動。

火／南北交＝冥

喜歡透過積極競爭的方式，不斷地激勵自己朝目標前進，背後的驅動力往往來自於挑戰身體與心靈的極限，以證明自己的力量。像是登山、極限運動、舞者、武術等具有超強意志力與持續力的人。可將勇氣由內而外的展現並獲得成長。

火／南北交＝凱

無論是男性或女性，都會展現出陽剛的特質而受到矚目。對於保護議題的在意，有些人會透過鍛鍊肌肉來強化自己的力量，有些人則透過確立自己的目標來捍衛自己與他人。無論何種方式，都很容易激起自己與他人的熱情與生命能量。

木星中點

木星中點透露出我們對於社會的觀感、社會發展的期待，以及我們的世界觀和宇宙觀。在個人層面上，則暗示著個人的信念與哲學觀，我們的信念具有哪些特質？我們會用何種態度來實現自己的

信念？我們會用什麼樣的態度來面對個人的成長或生命當中的冒

險？木星中點也透露出我們在哪裡可以得到幸運和發展的機會。

❖ 木星土星中點

木／土＝日

透過世俗的成就來定位自己，並且尋找人生的意義。樂觀與悲觀交錯的人生信仰往往是成就的動力來源，特別容易透過教育、教化相關的工作來奠基物質成就。

木／土＝月

生活習慣的養成有著嚴格的道德意識和規範，很多事情一旦被冠上紀律、責任，就有著現實的無奈感，但這是提早步入社會化的開端。母親或是身邊的女性在你社會化的過程中有很大的影響力。

木／土＝水

透過文字、寫作、旅行、遊學以及對異國文化的觀察，而對政治、經濟、社會議題有著強烈的關注，若不是積極的投身於發展未來理想的制度，就是堅持舊有體制的捍衛者。

木／土＝金

相信人際關係是奠基於社會的基礎，相信人脈就是錢脈，往往將社交活動視為必須學習經驗與責任之所在，所以在人情世故上表現的較一般人圓融成熟。

木／土＝火

可能曾經因為過於急躁或是過於保守的表現，而讓長輩或是權

威者有過對自己感到失望的經驗，於是每當要行動前總是思慮再三，以致錯失先機。學習堅持信念並行動不懈，絕對勝過躊躇不前。

木／土＝天

對你來說，生命的自由與生活的空間，是你視為一個成年人獨立自主的條件。或許身邊的人認為你叛逆、反傳統，但這就是你尋求真理與生命意義的方式。

木／土＝海

慷慨的氣度會讓你結識到各式各樣的朋友，這也是你對生命不設限所獲得的冒險成長經驗。或許別人只看見你勾勒出希望與美好的夢想，但其實你已從現實面開始慢慢著手進行了。

木／土＝冥

周圍的人總是在最後一刻才知道，原來你位在權力的核心。鋒芒不外露的處世原則，往往來自於家族隱而不宣的祕聞、禁忌，或是過去的生活經歷所造就。

木／土＝凱

在你的成長過程中，父親或是權威形象曾經帶給你失望或是傷害，日後在相似的人際關係互動上，仍有可能重複這樣的模式。這些過去你抗拒、拒絕的，在日後都可能再次經驗，你必須相信，接受自己就是療癒的開始。

木／土＝南北交

樂觀開放的態度，加上具有前瞻性的遠見，若星盤中也強調土元素的話，便能善用謹慎的態度於實務的基礎上，雖然進度不如預

期，但相信你終能堅持並達成目的。擁有這組中點的人往往強調與社會的互動，特別是與道德、宗教信仰、法律等有關的議題，能與公眾接觸而持續成長。

❖ 木星天王星中點

木／天＝日

渴望透過更偉大的目標來展開人生的追尋。或許旁人視你為叛逆的異議份子，但其實你只是需要更多的空間與自由來發展自己的獨立性，因為唯有你自己清楚知道，你所要追尋的人生不在主流的價值中。

木／天＝月

伴侶、情感關係會是一個生活重點。因為內心對於自主與自由有著強烈的需求，不希望被情緒或是固定的關係束縛。如果生活沒有新鮮元素的刺激，很難讓一段關係維繫。

木／天＝水

重視心智上的交流和活動，是個天生的思想家，大至天文地理，小至街坊鄰里的八卦都能滿足你思考聯想的樂趣。尤其關切社會的脈動，認為過去的歷史與未來的發展都是奠基於教育思想上的啟發。

木／天＝金

認為一個人的價值就是能夠無所畏懼的做自己。情感上或是在生活層面中，都相當重視享樂與自主性。可以很快進入一段關係，但流於形式化之後也很可能很快的切斷連結。或許朋友之間的

相處互動會比伴侶關係來得更自在。

木／天＝火

對於自己堅持想要做的事情，往往沒有任何人可以阻擋。行動力強，有可能因為輕率的行為而讓周圍的人替你捏把冷汗，如果能將這股動能轉化為需要機動性強的工作，或許可以降低生活當中的突發狀況。

木／天＝土

生命當中常常遇到相互對立的狀況，例如：保守與擴張或是創新與守舊。不要因為改變來得太快太突然而心生抗拒，只要願意踏出改變的第一步，接下來也就不難了。

木／天＝海

對於心靈或是宗教哲學上的思維抱持著開放的態度。在情緒、身體、心智上渴望如遼闊的天空般自由，冀望於神祕的經驗而有可能逃避現實生活，嚮往吉普賽的流浪生活。

木／天＝冥

雖然習慣可以帶給我們熟悉的安全感，但打破舊有的限制信念、有意識地做出改變，以新的觀念迎接改變，自然會帶來不一樣的選擇和生活。

木／天＝凱龍

實驗創新的思想與看法讓你對未來充滿憧憬，但很可能招致反對的聲浪，並讓你覺得受挫。激進的方式會吸引改革的目光，但也可能帶來一些需要注意的傷害。

木／天＝南北交

這組中點具有相當強烈的自由與獨立特質。若是來自於重視道德規範或是權威掌控的家庭，往往會屏棄舊制約與傳統的思維模式，而以特立獨行的方式去突破窠臼，帶來自我的成長。社會大眾也會透過你的反叛與創新精神而認識你。

❖ 木星海王星中點

木／海＝日

宗教與身心靈方面的事物，可能是這組中點的日常生活重點。你所實踐的是一種自由的生活理念，不願意被綑綁也不願意被定型。雖說如此，但當周遭人需要幫助的時候，你仍會挺身而出給予需要的人幫助。

木／海＝月

許多人都在討論犧牲奉獻與分享，這對你來說並不是一種空談，而是實際發生在生活當中的事情。當你身處於一個家人會為了彼此的幸福與需求而犧牲付出的環境中時，同樣也會促使你用同樣的方式來對待周圍的人，因為你深深了解分享和付出是一種幸福。

木／海＝水

世界如此美麗，這一組中點暗示著可能透過文字的書寫與閱讀，傳播你所深信的美麗世界。就像是深信自己的足跡能夠傳播天國福音的傳教士，你有可能把一種幸福的聲音傳遞到某一個角落去。

木／海＝金

這是一種內在的美感，對人的信任、和善以及包容，將突顯出你的善良與真誠。或許你善意的行動，正告訴別人真誠分享的快樂來自於一種內在的滿足之後，並不在意是誰將溢滿出來的幸福分享走，更不在意他們拿去做什麼。

木／海＝火

這一組中點很可能暗示著因為有太多的想法與目標，使得力氣沒有辦法專注在一個焦點之上，有時更可能因為徘徊迷惘而憤怒。但如果你是深刻地受到震撼並感動，將有可能用盡一切的力量去保護與實踐。

木／海＝土

這一組中點帶來對世俗、政治、經濟相當敏感的態度，或許我們已聽了太多過度理想的態度而導致的失敗，但這真的值得我們就此放棄美夢嗎？或許應該思考的，是如何將理想和理念一步步實踐的規劃。

木／海＝天

用「眾人皆醉我獨醒」來描述擁有這一組中點的人再適當也不過了。當社會一窩蜂地追逐某些事物時，你可能會往旁邊一站，試圖用一種更客觀或科學的態度來檢視，人們很可能認為你掃興，但對你來說，獨立思維更重要。

木／海＝冥

群眾所相信的事就是真的嗎？傳播媒體所發布的內容就應該照單全收嗎？傳播媒體對你來說有一種魔力，但是卻讓你又著迷又謹慎，你總是用一種獨特的觀察角度，去瞭解傳播媒體所擁有的力量

以及對人的影響。

木／海＝凱

　　有一些痛苦需要遺忘，有一些痛苦讓我們不願再受約束與限制，有一些傷痛讓我們用如履薄冰的方式度過每一分每一秒。這一組中點很可能讓你在這兩種極端的療傷模式中迷惘，你是否能做到原諒但不遺忘？當平衡時，療癒也就出現了。

木／海＝南北交

　　在生活當中，你能察覺到自己的觀點如何受到周圍朋友的影響，也知道不同的生活背景，會給予我們不同的生活哲學態度。有智慧的你可以擷取不同的智慧來幫助自己，並用一種不偏不依的態度，來看待周圍人們的互動。

❖ 木星冥王星中點

木／冥＝日

　　個人追求的是一種至高無上的權力，領導的魅力會讓你像是獲得全世界最棒的寶物一樣。不過在擁有權力之前，你需要先通過身心靈的全面挑戰。

木／冥＝月

　　來自成長過程中原生家庭的創傷，很容易在日後也捲入情感與情緒的暴風圈中，因為唯有深刻而激烈的存在才能滿足內在的需求。心理學、神祕學以及身心靈課程的學習，是轉化這些破壞性情緒的最佳工具。

木／冥＝水

對於知識有著一種迫切著迷的欲望。這種對於真相的渴求，如果能朝學術上發展，將會有相當不錯的展現。否則事事太過鑽牛角尖，容易替生活帶來過度的操煩。

木／冥＝金

人際關係中會因為涉及到價值觀、金錢、權力、宗教、信念以及觀點上的衝突而有角力出現，透過每一次的掙扎，都有機會吸收他人的見解，認識更多元化不同面向的世界觀。

木／冥＝火

孤注一擲的行動往往不成功便成仁，或許你的觀點與行動帶有前瞻性，能夠啟發他人，但也可能讓自己陷入麻煩。靜極思動會是最佳的行動方針。

木／冥＝土

新舊交接的衝擊即是改變的開始，當你意識到應該改變時，或許已是被改變的浪潮往前推著走。與其等待被改變不如主動迎接改變，相信這樣的心態轉換，將幫助你有另一番體驗。

木／冥＝天

一方面渴望改變，但又被內心的恐懼隱隱牽絆。改變對你而言是大刀闊斧全面擴展性的革新行動。應善用文化傳播或是心靈的力量，不僅有助於成長，同時更可有效率的擴展。

木／冥＝海

對於宗教心靈改革的議題非常關注，跟社會大眾有著強烈的連結，透過非語言式的表現，更能達到心靈上的連結，例如以文

學、藝術、宗教、電影、戲劇、音樂的感染力來呈現。

木／冥＝凱龍

當我們想要展開一個新的計畫，或是在人生旅程中冒個險時，卻發現自己被困在糾結的關係或是生活瑣事當中走不開，恐懼擔憂便如影隨行而來。學習放手讓某部分的自己死去，才能啓動重建內在的意義。

木／冥＝南北交

可能因爲過往的生命歷程中，和金錢、道德、宗教、禁忌、祕密與權力之間的角逐，而帶來生活當中的危機與挑戰。但這種經歷過高壓淬煉出來的行事風格，正是引領你翻轉人生的重要信念。透過強烈意志力的執行，將爲你帶來精神上或是財務上的豐收。

❖ 木星凱龍星中點

木／凱＝日

現實生活當中的波折與險阻，會讓你不斷地尋找一個具有意義的人生。也因爲透過不斷追尋眞理的過程，讓你體悟到眞正的意義不在外面絢爛的世界，而在我們曾經經歷過的苦痛。英雄往往是能堅持做自己，並相信自己的人。

木／凱＝月

認爲生活當中最有意義的事，並非那些至高無上、形同王公貴族般的神聖儀式，而是在尋常百姓、稀鬆平常的日子中，去體會生活的點滴眞諦。這種生活哲學來自於家族或是祖先曾經的經歷，而透過你的實踐，進而影響你身邊的人。

木／凱＝水

或許在求學的階段中曾經歷過困難，有話直說的表達方式或許並不討喜，特別是在需要文字或口語表達的學科上。由於對思考、學習、文字的敏感度，透過訓練之後，反而能透過語言文字及溝通表達上散發希望，給人很多啟發並帶來療癒的力量。

木／凱＝金

雖然你的人生哲學是盡情享受當下的美好，但這種輕鬆過關的念頭可能會讓你摔跤，畢竟壓力與責任是讓你學會替自己負責的功課。學會適可而止，將能讓你的生命有很大的成長空間。

木／凱＝火

對於保護的議題很敏感。回想一下，是否在童年時，曾經因為無法站出來捍衛自己的主張與想法，而覺得怯弱無法保護自己？因為曾有這樣的經驗，於是你會教導身邊的人必須勇於捍衛自己的理念，爭取自己應得的東西。

木／凱＝土

或許因為曾經的期待與希望落空，或是樂觀與信心遭受打擊，讓你對於如何穩固於當下，並同時能夠發展未來感到擔憂。這組中點強調出對政治、經濟、文化與社會時事的關注與互動。

木／凱＝天

這組中點會讓我們對自由抱持強烈的信念。因為渴望掙脫現實加諸於我們的限制與束縛，往往以快速、突然轉變的方式，投入改革創新的活動，也因此容易對新型態的社會改造運動、政治創新理念、新興宗教感到興趣。

木／凱＝海

或許很多人認爲你是在癡人說夢，嘲笑或是排擠你的觀點，甚至質疑你夢想的眞實性，而讓你一度畏懼去相信自己的直覺。但當你願意再度連結想像力、面對內心世界時，你將能透過圖像、影像這類抽象的工具，來從事與療癒或教育相關的工作。

木／凱＝冥

唯有偏執才得以成功，這句話或許在你身上可以看見明顯的效應。這組中點很適合發揮在轉型或是組織改造的工作型態當中，改變需要極大的力量，這也暗示著通常會先由抗拒開始，而抗拒產生的阻力，會讓我們先從破壞開始，但破壞殆盡之後就是新的契機。

木／凱＝南北交

過往傷痛的經歷，讓我們發展出自己的哲學觀點，並非任何事情都只能採取正面、積極思考的方式，接受自己陰暗脆弱的一面，如同黑夜接續著白日而來，這是宇宙的中庸法則，接受自己的不足，才能迎來更多的可能性以豐富生命。

❖ 木星南北交中點

木／南北交＝日

由於成長背景的開放與自由，使得你在面對任何事情時都很自信樂觀，或許也正因爲這樣積極的心態，幸運之神似乎也特別眷顧你。這是相當具有領導特質的中點，往往可以透過熱情宏觀的遠見帶給大眾啓發。

木／南北交＝月

家庭除了給你實質溫情的照料，也提供你精神的滋養與心靈上的啓發。在這樣的耳濡目染之下，你也具有照料與保護他人的特質，隨和親切並受到歡迎。但必須留心凡事過度的習慣，可能帶來日後的麻煩。

木／南北交＝水

心智的力量是你成長的最大動力。由於對身邊的事物充滿好奇與探索的心態，於是涉獵的知識很廣博，尤其對生命探索、宗教、哲學主題感到興趣，但不一定會嚴謹的考究。有些人則會透過旅行、遊學、宗教朝聖來接觸異國文化，以擴展人生的視野。

木／南北交＝金

透過對生命的信任，可爲你帶來無形的資產。當你鼓舞他人追求自我發展與成長時，也帶來了內心的滿足與平靜。對你而言，有價值的東西並非只是數字增加的組合，而是內在意義所能帶來的感動和豐盛。

木／南北交＝火

無論是宗教理念或是新聞的熱門話題，你相當在意的是人們所相信的事情，是否經過了自己獨立的思考判斷，特別是那種人云亦云的態度、或是盲從的迷信，都很可能讓你怒火中燒，並用犀利的言詞攻擊。

木／南北交＝土

你用一種非常謹慎的態度去面對信仰、信念、新聞、傳說的內容。無法證實的事情你不屑一顧。這是一種科學而且實事求是的態度，這樣的態度也將替你贏得一些名聲與好運。

木／南北交＝天

與他人閒聊的時候，身邊的人可能會驚訝於你的言談，你對社會的觀察相當的獨特，但不明就裡的人或許以為你只是一種荒誕的批判，但事實上，你採取一種客觀而且有遠見的態度在觀察人與人之間的交流，你的獨特觀點將帶來一些震撼。

木／南北交＝海

佛家說，當人們歡樂的時候你也歡樂，這是一種慈愛的表現；當人們痛苦時你也感到痛苦，是一種慈悲的表現。慈悲用現代的話語來說就是一種同理心，人群互動時，同理心能夠增進交流與融合，這也是你在面對外界時最常表現出來的態度。

木／南北交＝冥

你神祕的洞悉能力將看穿人們的過度的樂觀與自信，也深知不顧後果、毫無警覺的下場是什麼。若你嘗試提出警訊，必須知道未必討喜的下場，甚至很少有人會感激你；但如果要你什麼都不做，你也未必能夠逃過自己良心的譴責。

木／南北交＝凱

凱龍的議題可訓練我們在人生當中保持均衡，不因為痛楚而陷入極端的反應。對社會的信任，或對宗教、信念的信任，在這一組中點出現時成為挑戰。而自身是否毫無自信，或是太過狂妄，也是你需要調整的重要課題。

土星中點

土星的中點通常暗示著我們容易在哪些層面懷疑自己、對自己

不夠自信、受到限制壓力、容易感覺受困的方式。但也同時暗示著因為受到挫折，而不斷努力學習到的生命智慧以及專業技能。在社會互動當中，象徵著我們對於社會架構、社會規範的看法與態度，我們如何與政府或是權威互動的方式。

❖ 土星天王星中點

土／天＝日

　　成長過程中，父母師長對你的要求較高，可能會有很多紀律和規矩要去遵守，但是內心中卻又嚮往著自由，因此日後與權威的關係互動，將成為一個重要的人生課題。

土／天＝月

　　或許情感、情緒的表達對你來說是件需要學習的事情，優點是責任心重於玩樂，缺點是很難在情感上獲得安全感。伴侶關係或是人際關係上的互動，雖然可用成熟的態度去面對，但也有可能表現得太過謹慎而有距離感。

土／天＝水

　　思考的角度與做事情的態度都是中規中矩，但有時會突然靈光乍現，跳脫既定的模式，突破思考的盲點。別以為這瘋狂的想法在現實當中不可行，許多新發明往往就是這樣來的。

土／天＝金

　　不一樣的價值觀會讓你展開反傳統的關係，尤其是當你在對方身上找到你要的安全感，或許這是你內心呼喚改變現況的一種方式。在金錢財務投資方面，需留心大幅度的波動也會影響自我的價

值評斷。

土／天＝火

　　一個聲音要你拚命往前衝，因爲機會稍縱即逝，另一個聲音要你小心謹愼，必須把力量要用在最恰當的目標上。或許很辛苦，但這樣兩難的訓練，會鍛鍊出強大的心志與自制力。

土／天＝木

　　你所相信的是人人生而自由，每個人都是獨立的個體，不應該被傳統的思想或是禮教所制約。非常崇尚自由的精神，但這自由是有限度的自由，也就是要能爲自己的行爲負責任，這才是眞正的人道精神。

土／天＝海

　　這種組合的特質有可能呈現在兩個層面，一個在身體上，可能是抵抗力較弱；一個展現在心理層面上，特別害怕失控。或許透過這兩個層面，讓你更具備同理心並感同身受。

土／天＝冥

　　此人的生存法則，就是適者生存，不適者被淘汰。你或許不必太杞人憂天，活在繪聲繪影的恐懼當中，但保持警覺卻是應該的。

土／天＝凱龍

　　童年時被制止的聲音讓你在日後渴望掙脫一切的束縛限制，尤其是在人際關係和情感關係的限制。外在的你或許表現出毫不在乎的態度，但獨處時你才會知道眞正的自由是解開思想的枷鎖，學習和自己好好相處。

土／天＝南北交

或許正因你身負傳統與革新兩股力量，往往容易在新舊與世代交替的狀況下，因為自身嚴謹踏實又具有前瞻性的獨特觀點，而被眾人推舉出來。雖然頗有時勢造英雄之感，但局勢也可能瞬息萬變，不偏不倚是你成就自己人生的重要關鍵。

❖ 土星海王星中點

土／海＝日

認為生命中最重要的，是能夠超越世俗定義的成就。或許你認為能夠無差別的對待任何生命就是一種慈悲，你可能會將受虐兒童，受到饑荒所苦的人、以及流浪貓或狗當成是自己的責任而全心付出，這是你認為人生重要的目標之一。

土／海＝月

也許你的外在形象嚴謹認真、一絲不苟，但內在的你卻是個情緒豐富，心思感受非常純淨敏銳的人。母親或是女性在你的成長過程中位居重要地位，你的生活模式與習慣都在不知不覺中受到影響。

土／海＝水

曾經因為溝通表達上的誤會，讓你日後總是想要先將規矩和規則弄清楚，或是別人說的話你要確認再三。或許在剛開始時容易造成人際關係上的疏離，但表達出自己的感受時，仍可受到他人的理解認同。

土／海＝金

　　或許別人的拒絕、質疑態度，正是協助我們看清自身的夢幻和過度的期盼，直到我們認清並找到屬於自己的內在價值，才是別人奪不去的光彩。

土／海＝火

　　或許大眾會將理想化的特質投射在你的身上，視你為生命的鬥士或是具有領導權威特質的人。另一方面，在成長的過程中，累積了許多對權威者的憤怒或是不滿，轉而替那些處在弱勢的人們挺身而出、挑戰權威。

土／海＝木

　　成長過程中，自己或是家人在信念信仰上曾受過傷害，或是有被欺騙的經驗，因而讓你很難輕易相信他人。對於安全感很在意，處事相當低調，不希望讓別人看見自己的意圖與野心。

土／海＝天

　　性格上的衝突來自於積極與保守並存，因此很容易在精神上累積過多的壓力。重視理論與實務並行的方式，若能應用在科學研究、商業管理、社會制度與社會福利上，將會有相當不錯的展現。

土／海＝冥

　　理智分析雖然可以讓我們避開一些可能遇見的風險，但如果你沒有冒險翻越一面圍籬，又怎能看見花園裡綻放的花朵？有時打破慣性可以讓我們有不同的體驗。

土／海＝凱龍

所思所想都是與人毫無隔閡、沒有分別與界線所帶來的心靈連結，而身處在這個物質世界中，卻又需要層層分明、定義清楚才能保護自己。於是這種內與外的交融整合，正是你必須去面對的人生課題。

土／海＝南北交

這是一組非常適合藝術家去活用的中點。當捨棄小我而傳遞出集體的感受時，透過憐憫、慈悲、犧牲、奉獻的情懷，將內心的觸動具體應用在宗教、藝術、音樂、文學的創作上，可獲得大眾的共鳴，激盪出集體意識連結的感動。

❖ 土星冥王星中點

土／冥＝日

對於世俗的物質欲望，有著強烈的成就動機。在你尚未意識到這股動力時，往往會選擇低調行事，精準掌控身邊可以應用的資源，來幫助自己成為權威。

土／冥＝月

習慣用一種實事求是的態度來看待人事物，強調實務的經驗法則。這種嚴謹冷靜的方式在職場上很適用，在面對生活與情感層面時可能就需要再多些柔軟，練習一些情緒與感受上的表達，或許會讓你的生活增加一些輕鬆愉悅感。

土／冥＝水

思考上的嚴謹與認真，讓你在溝通表達的時候言簡意賅，或許

不是那種討人喜歡的說話方式，但語言文字中流露出的責任感讓人信賴，同時也容易產生些許距離感。

土／冥＝金

若能將計畫管理的能力運用在金錢財務的規劃安排、理財投資上，將可發揮最大的效益。人際互動上，一開始容易被你神祕的特質所吸引，但在關係進展過程中卻可能因為你強烈的愛憎而產生變化。

土／冥＝火

在面對與處理事情時，你偏向目的性導向。或許一開始看不見你的熱情與行動力，但只要有威脅或是危機感出現，你的衝勁與意志力會像馬拉松選手一般讓你堅持奮戰到底。

土／冥＝木

對於神祕未知、禁忌、宗教教義與人生哲理等事物採取兩極化的觀點，有可能完全不相信、不接受；也可能特別想要深入了解而投身在其中。這種組合往往在危機發生時，可能有臨門一腳的好運道。

土／冥＝天

無論是對心靈改革、社會運動、人道人權的改革，都有著強烈的使命感。在改革之前必定會面臨對舊有事物的極度厭倦，想要大刀闊斧的扭轉情勢，或許在改變的陣痛期間，運用和諧的手腕會推動得更順利些。

土／冥＝海

擅長將藝術、影像、宗教、心靈、、精神層面的事物與物質

世界做結合，可能透過慈善、募款、商品化、或是文化扎根的方式，將這些虛無飄渺又深具影響力的事物擴展出去。

土／冥＝凱龍

會花很多心力關注那些無法彌補的傷痛，或是無法保護自己的傷痛，而將自己隔絕於他人的關懷之外。也可能讓自己投身在忙碌的工作中，忽略過往的傷痛，將自己視爲一個局外人。這種兩極化的存在方式都是極端的，當你意識到自己的極端，才是開啓療癒的起點。

土／冥＝南北交

生命的挑戰來自於對權威的恐懼與生存的擔憂。或許這些經驗並沒有眞正發生在自己身上，可能是透過家族或是集體意識而帶來的影響。無論是來自於自身或是外界的經驗，都會讓你必須肩負起責任，重新檢視權威的定義，摧毀那些制約所帶來的疑慮，並重新了解權威也可以帶來新的管理與保護的力量。

❖ 土星凱龍星中點

土／凱＝日

這一個中點組合強調了明顯的權威議題，與家中長輩（特別是男性長輩）之間的不愉快，已成爲生命中需要認眞面對的課題。在生活當中延續的影響可能會讓人無法輕易伸張自我的意志，或是對於命令與服從感到不悅。

土／凱＝月

受到壓抑的成長與家庭環境很可能促使你採取不同的方式來抒

發情感，無論是不願受到綑綁，或是來者不拒的不斷承擔他人的情感束縛，這都與童年的所見所聞有關。責任的界線如何劃分，是一段成熟親密關係的主要挑戰。

土／凱＝水

經驗與教訓在校園生活與同儕互動當中顯得相當重要，一朝被蛇咬的狀況十分容易出現在你的生活當中。這樣的狀況也暗示你可能比起同齡人來得早熟，總是能預先考慮到即將面對的問題與挑戰。

土／凱＝金

對於自己存在的價值，以及自己是否受到別人的欣賞十分敏感，長期的否定讓人不容易發揮自身的長處，很可能造成即使他人稱讚你，也會讓你無法輕易地接受讚美。挖掘自身存在的價值，將會幫助你在金錢社交與情感方面的成長。

土／凱＝火

是否總在最壞的狀況發生之前，你就已經做了放棄一切的決定？這一組中點帶來強烈的自我保護特質，過多的防禦無法讓生活開闊，毫無防備也非你所願，如何做好最壞的打算卻又願意冒險嘗試，很可能需要長久的磨練。

土／凱＝木

或許長輩與家族中所承受的痛苦，讓你對未來卻步。或許你從不知道自己對自己的限制，來自於家中神祕的氛圍，若能回顧家族的歷史，解開自我限制的謎題，將可能讓生活帶來自由的空氣。

土／凱＝天

社會中的壓抑氛圍，造成這個年代的分裂。這一個年代的人們可能因為歷史的無解因素，分裂成不同的陣營彼此對峙。當受到重創的壓抑遇上了不顧一切的衝撞，仰賴的是對彼此的包容互助與尊重。

土／凱＝海

沉痛的生命課題將促使人們不斷地尋求解脫，有人尋求精神與心靈上的成長，有人透過藝術創造出一個療癒的烏托邦，海王星的解脫也可能是沉溺於某些事物的迷惘。學會記取教訓與放下該被遺忘的，這並不是一件容易的課題。

土／凱＝冥

莫名的恐懼被深刻的壓抑在腦海當中，這不是心理遊戲就能夠輕易窺探的祕密，長時間的心靈療癒，可能讓你在生活中的每一個階段放下一點束縛，而人生便是永無止境的療癒過程。將心比心，你將會比任何人都有能力洞悉他人身上的傷痛。

土／凱＝南北交

南北交象徵著群眾之間的互動與交流，擁有這一個中點組合的你，能夠清楚了解權威對於群體的重要性，也能夠瞭解過度的權威將造成什麼傷害，透過適當的權威所帶來的領導，可以走出生活的方向，但也會對權威所帶來的傷痛感到戒慎。

❖ 土星南北交中點

土／南北交＝日

　　根深蒂固的傳統可能在你的生命當中占有重要的地位。根源、傳統、歷史這些字詞與你的身分密不可分，雖然責任頗重，但如果你願意肩負起來，將能利用過去的資源重新開創出一個重要的局面。

土／南北交＝月

　　許多過往的事情將纏繞在你的生活當中。生活中的回憶，或者身心靈所討論的業力與過往經歷的牽絆，與家族中長輩的互動也十分的密切，他們的經驗滋養和保護著你，你也可能扮演過去傳承的守護者。

土／南北交＝水

　　這樣的中點暗示著歷史的重要性，或許在你求學的階段，會對歷史與傳統文化相關的內容產生興趣，並當作學習的焦點。但成年後，所謂的歷史不再只是一門科目，而是從過去的自己與他人的經驗中，學習如何處理正在面對的問題，你也才會開始深刻理解「經驗」的真正定義。

土／南北交＝金

　　大多數人都背負著來自於家庭或社會文化的過去，有些人引以為傲，有些卻成為沉重的十字架。你怎麼看待身上所承接的遺產與贈與？你是否引以為傲？你是否能找出這傳承當中的價值與美？如果你是顆鑽石，那麼試著去切割出最璀璨的光芒。

土／南北交＝火

當火星的攻擊向外展開的時候，這一組中點暗示著對於社會文化的保護，並且對於外來侵略與改變的抗拒。但這一組中點也可以是對內的衝突，對於自身文化與社會結構的嚴厲批判。

土／南北交＝木

未來和希望，有時候不一定是全然的改變，這一組中點暗示著在這當下，人們很可能在人群與社會的過去歷史當中，找到對未來有幫助的想法。這一組中點往往會突顯一種對於過去美好回憶的嚮往。

土／南北交＝天

這是一組頗具衝突的中點，這樣的人很容易看清在人群當中沉積已舊的弊病並加以批判。挑戰社會大眾的習性並不是一件容易的事，相當有可能被社會貼上怪胎或背叛者的標籤，或者因為這樣的分裂衝突，而讓你對社會採取疏離的態度。

土／南北交＝海

這一組中點具備某種感動大眾的藝術特質，若實踐在藝術創作當中並以普羅大眾為對象時，將引發群眾的共鳴。在其他層面可能暗示著對於權威或過去的嚮往，對於傳統文化或者當權者的行為給予熱情的擁護。

土／南北交＝冥

你知道這個社會存在著許多不願意被討論的過去，而你為了弄清真相也可能觸怒大眾。挖掘出來的祕密禁忌與真相，可能帶來巨大的利益與權力，同時伴隨著巨大的危機，請謹慎對待。

土／南北交＝凱

由於成長過程當中的不愉快經驗，讓你不斷學習不同的應對處理方式。久病成良醫的你，最終將發揮這些技巧幫助別人度過困難。但你必須思考的是，你要如何面對自己過去的傷痛？如果忽略與耽溺都不是最好的方式，那你又該怎麼辦？

天王星中點

天王星中點，象徵與自己相同世代的人，對於彼此共同的夢想、共同理想與希望的特質。也暗示著這個世代的人對於改變的態度和方向，以及我們會用什麼樣的方式來打破舊有的規範，而帶來自我改變與成長。

❖ 天王星海王星中點

天／海＝日

認為自我的改造與革新成長，不單單只是外在裝扮的改變，或是身分地位的晉升，而是必須實際參與社會制度、政治、宗教、心靈上的改革，或是透過新思潮的刺激，運用心靈力量來引導。

天／海＝月

有時希望保有自我的獨立空間，有時又希望和別人有更多的連結，這樣情緒上的波動可能會影響到情感與人際關係上的互動。關係互動中涉及親密安全感與舒服的間距感，是需要深入練習的功課。

天／海＝水

　　心靈與心智上的發展似乎無法以一般的方式來定義，可能被視作天才，也可能被視爲怪咖。思想觀念上往往超前，或是有一些直覺式的啓發。應用得當的話，可以展現在跟直覺或是心靈能力有關的工作，若運用不適當則很容易自欺欺人。

天／海＝金

　　社交生活的多面向，讓你在情感上較無法穩定，愈是具有挑戰性的情感反而能夠吸引你。若是能將你獨特的審美觀還有對於音樂藝術方面的鑑賞力，透過創新的方式發揮出來，往往會帶來一股美感與時尚的仿效風潮，帶來金錢或是價值的提昇。

天／海＝火

　　很難安住在一個既定的環境當中，期待不同的生活狀態，將精力放在對新鮮事物的追尋上。情緒上很容易緊張激動，留心過於激進而帶來的意外傷害。

天／海＝木

　　富有慈悲心、同理心，強烈的認同四海一家的概念。對於宗教奧義與心靈方面的事物有龐大的興趣，可能花很多心力與金錢投入其中，藉此獲得超凡的神祕體驗。

天／海＝土

　　對於世俗定義的功成名就並不是太在意。有可能驟然放棄大家欣羨的工作或是地位，選擇過淡泊名利的生活，或是將自己所擁有的一切奉獻出來，成立或加入社福團體，爲共同的目標努力。

天／海＝冥

會透過外在那些我們認為重要不可缺的事物，來提醒我們存在的真正意涵。不是你在乎的金錢，或是你在乎的親人，你放不下的伴侶，而是你內心中放不下的情結，這種轉變才是心靈上的無價之寶。

天／海＝凱龍

當你要催生一件新的事物，最棒的禮物就是你不會抗拒任何新創意、新思維帶來的不適應。同時，生活中發生的任何可能性也都變得可以被包容。或許這就像是有教無類的老師，接受並包容學生的差異性。

天／海＝南北交

運用你獨特的理念與創新的思維，結合社會文化的趨勢走向，往往能夠為藝術、心靈、宗教等領域帶來改革嶄新的經驗。眾人會因為你獨樹一格的形象，而接觸到新文化、新流行的概念，亦很適合在娛樂流行產業中發展。

❖ 天王星冥王星中點

天／冥＝日

透過社會的改革與驟變，意識到時代的變遷與自我的成長，是息息相關密不可分的。只要發揮自己的重要性，小蝦米也可以對抗大鯨魚。

天／冥＝月

如果生活或是情感上缺乏刺激，很容易覺得日子索然無味。同

樣的，在人際互動上既要求獨立性也同時要有獨占性，這都涉及了
內在深層的安全感議題。練習收放自如才能真正得到內心平靜。

天／冥＝水

思想溝通方式看起來特立獨行，但自有一套縝密且觀察入微的
方式。或許兄弟姊妹當中有人說話言詞犀利，帶給你壓力，讓你覺
得很難與他溝通互動。

天／冥＝金

透過細微的事件讓我們看到歷史與社會變遷的巨大壓力，像是
浪濤一樣一波波襲來，尤其是在金錢財務和人際關係互動上，個人
的力量也可能撼動整個社會。

天／冥＝火

以迅雷不及掩耳的方式開始展開行動，一旦有變化，會以最快
速的方式切斷連結保持距離。非常適合從事機動性和隱密性特質的
工作，或是高風險、擅長危機處理能力的工作性質。

天／冥＝木

對於異國文化或是科技相關事物相當著迷。也要求在發展心智
上的自由與空間。認為改變必須是全面的，亦有可能加入一些神祕
性的宗教、政治有關的改革團體。

天／冥＝土

即使改變已然在你眼前，但來自於過去經驗的教訓，卻讓你一
直徘徊在新舊之間難以前行。第一步是最艱難的，跨出一步之後就
沒那麼辛苦了。

天／冥＝海

在某個時間點，你會突然受到精神或是靈性層面的感召，而決定做出令人驚奇的改變，或許旁人會覺得你觀念迷糊、被混淆甚至被欺瞞，但只有你才能聆聽到自己內在呼喚改變的聲音。

天／冥＝凱龍

太關注在傷痛上會讓我們看不見未來發展的可能性，但如果只關注外在，又有可能忽略了我們的內在隱微變化。學習內在平衡才能順應外來的時代變遷。

天／冥＝南北交

生命中可能會面臨突如其來的大環境考驗與變動，讓你體悟到並非所有事物都能靠一己之力來掌控。這或許帶給你一種宿命的感受，但善用你的直觀力與洞悉事物真相的透視能力，將控制身邊人事物的力量，轉而向內學會接受自己，這種轉變再生的力量將引導你走向一段不一樣的人生道路。

❖ 天王星凱龍星中點

天／凱＝日

親子關係當中的切割與疏離議題成為個人生活的中心，進一步可能延伸到工作職場或政治領域上與權威的對抗、衝撞。在成長過程中明顯的疏離感受，可讓你變得客觀，這也是取得個人成就的祕密武器。值得深思的是成為權威之後高處不勝寒的感受。

天／凱＝月

客觀與疏離，在親子關係與親密關係當中並不容易拿捏，或

許在外你能夠突顯出個人的客觀與清晰的洞見，但在親密關係當中，同樣的態度很可能帶來交流的阻礙。我們對親密關係的認識都來自於過去親子之間的互動，或許深入探索這個回憶對你的影響，可有助於親密關係的增進。

天／凱＝水

這樣的行星配置可帶來跨時代的洞見，只要你願意，你將有能力跨越不同世代的鴻溝，成為人群的橋樑。水能載舟也能覆舟，對你來說，思考與溝通的技巧可以是職場與學業上的最佳利器，但是卻也可能在某些時候成為與他人關係疏離的主要原因。

天／凱＝金

情感與情慾上的激情和傷痛，將緊緊的捆綁在一起，興奮激情的另一端是冷漠與拒絕，這樣的相位組合，可能使人在兩個極端中做出選擇，或是來回徘徊。深入內心檢視自我價值，將有助於調和在親密關係當中的兩極化表現。

天／凱＝火

火星在占星學中象徵著生存主題，在這行星組合當中，暗示著因為人群中的疏離，而有生存受到威脅的感受，並可能進而起身爭取生存的權利。天王星與火星都同樣的具備了切割的特質，分離的傷痛可能在個人生活當中占有重要地位。

天／凱＝木

這一個世代的行星組合暗示著一整群人對於不同社會理念分歧的樂觀態度，認為人群中的不同意見將將有助於社會成長，但同時也可能暗示著過度樂觀的態度以及過度的開發將可能帶來的社會傷痛。

天／凱＝土

這一個外行星組合，突顯出社會中的壓抑與疏離對個人的影響，你將有可能夾在新與舊的衝突中，如同不同世代的代溝，或是對自由與保守的政治經濟理念的分離。或許這會讓你產生撕裂的痛楚，但深知此傷痛的你，卻最有能力彌補分裂對他人所造成的傷痛。

天／凱＝海

這一個世代會用一種超越形體與言語的方式，來陳述他們對疏離傷痛的感受，也因此，疏離與冷漠的主題很可能在藝術、音樂、影像表演中大量呈現。這樣的時代也可能透過宗教與身心靈來取得分離所帶來的不適應。

天／凱＝冥

被遺棄所帶來的無從保護自我的感受，將在這一個世代當中被廣泛的觀察到，從強烈的退縮傾向，到試圖掌控周遭一切以取得安全的渴望，都可能來自於成長過程中因為分離而產生的不安感受。透過深入檢視與療癒，讓生活中的控制與放手主題得以均衡。

天／凱＝南北交

你對於社會中的冷漠與疏離相當敏感，某些人採取同樣的態度保護自我，某些人致力於促進社會的互動，以消解彼此之間的冷漠。無論是疏離或和解，這些行為都相當容易受到周遭人群的關注。重點或許不是被貼上什麼標籤，而是你是否能用平常心看待。

❖ 天王星南北交中點

天／南北交＝日

對你來說，疏離人群的主要原因或許是想保持一種客觀的態度，但事實上你對於許多事情都保持著距離。這或許來自於成長環境的養成，也或許在你的腦海中英雄應該都是孤獨的，也只有看清這樣的幻影，你才可能再次享受與他人親近。

天／南北交＝月

或許你自己並沒有意識到，但周圍的人都與你保持著一定程度的距離，或者反過來，你刻意的與周圍的人保持距離。親密、親暱在你的成長的環境當中較少出現，甚至成為你不太擅長的態度。

天／南北交＝水

這是一組帶來特殊思考模式的中點，你的言論思考往往具有驚人的效果，與眾不同的思路將可能讓你對某些議題的觀察有所突破，相當適合將這樣的能力放在學術研究的方向。

天／南北交＝金

你對金錢與情感的態度不容易預測，也或許只有你自己清楚，在不斷地跳躍與變化的背後，存在著一種不喜歡被牢牢綁住的特質。越是人群聚集、眾所矚目的地方，你越是需要自由。

天／南北交＝火

獨立與自主是這一組中點強調的特色，從家庭生活當中不倚靠父母，到社會生活當中不願意被他人所拘束限制，若處於某種壓抑的時代或環境，你很有可能挺身而出，為了自己與群眾的自由獨立

而奮戰。

天／南北交＝木

　　需要自由與空間，是你給他人的特殊印象，也是你在與人互動時相當在意的條件。或許打從心裡你就信奉著人人生而獨立的信念。當與眾不同的人出現的時候，你尊重他們，當你做出與他人不同的決定時，你也希望別人尊重你的選擇。

天／南北交＝土

　　並不是你老古板，但是對於許多改變與改革，你可能會先抱持質疑的態度，希望再三確認是否會危害到社會大眾。你認為許多事情沒有必要為了改變而改變，更沒有必要為了求新而改變。公眾的安全應該置於優先。

天／南北交＝海

　　這是一組相似於革命分子的中點組合，有些人對於改革有著許多的憧憬，願意拋頭顱灑熱血，為了烏托邦而犧牲。在其他方面則可能暗示著對於新的事物、新的想法、新的科技有著一種探索的熱誠。

天／南北交＝冥

　　這樣的組合與這樣的時間點，很可能暗示著一群人因為某些重大的社會事件而採取警戒的態度。這是一段陰暗與傷痛的時刻，這些人的內心當中很可能遭受過去重大分離的影響，不斷在內心當中掙扎，並渴望走出這個陰影。

天／南北交＝凱

　　改革可能帶來一部分人的犧牲，革命也可能帶來骨肉分離，這

些狀況相當容易出現在這組中點的時間點，或擁有此中點的人身上。你們的議題是如果改革會帶來傷痛，那麼我們是否要拒絕所有的改變？

海王星中點

　　海王星的中點，象徵著這個世代的人共同的夢想與冒險的方向，或是容易引發我們狂熱投入而犧牲的事物，以及我們容易因為哪些事物與特質，特別容易感到迷失與失落。同時也可能透露出我們對於藝術與宗教、精神世界的觀點與看法。

❖ 海王星冥王星中點

海／冥＝日

　　那些無法以個人力量征服的課題，以及在有限的生命無法完成的挑戰，都對你有著莫名的吸引力。成就來自於挑戰不可能的事物，但也許有一天，生活將可能從人定勝天的雄心壯志，走向了解自身的卑微，並產生對於宇宙力量的臣服。

海／冥＝月

　　如果你已經看盡了人的卑微以及無情力量對人的影響，那麼從生活當中逃脫隱藏，是許多人選擇的道路。如果你仍對生活懷抱著希望，那麼對他人的關愛將會引導出強大的力量與命運對抗，將不可能化為可能。

海 / 冥＝水

對你來說，溝通與文字不僅僅存在字面的意涵，那些沒有被說出口的、神祕的言語，不爲人知的訊息，隱藏在故事與謊言之後的真相，也將會一併被你吸收。這樣的中點帶來探索隱藏的訊息、解開謎語與密碼的能力。

海 / 冥＝金

愛是偉大的，對你來說這不是一個口號而是生命的主題。並不是沒有說出口的就不是愛，並不是沒有白頭偕老的就不是愛。愛裡頭有太多的背叛與祕密，愛裡頭有太多的包容與原諒，而你存在這世上的價值更需要長久深刻的挖掘。

海 / 冥＝火

你對於奴役控制以及犧牲感到敏感，對於無力保護自己感到憤怒，這樣的行星中點組合，相當可能被人生當中的神祕給吸引，並因此走上探索的道路。無論是宗教、哲學、政治經濟或身心靈的成長，你試圖找出人存在的深層意涵，且重新取得生存的力量。

海 / 冥＝木

無論出世或者入世的情節，這一組行星中點將替你帶來寬廣的生命格局。如果你願意去探索了解，生命將不會只是柴米油鹽，透過對於歷史文化的變遷，透過對於傳說與神話的研究，你將找出屬於你的獨特人生觀。

海 / 冥＝土

對於許多人來說，這不是一組樂觀以及輕鬆的中點，但卻有助你了解歷史中的宗教、政治等組織，如何透過權力影響個人。透過對於史實的挖掘與了解，你的世界將不狹隘，根據先賢的智慧，踏

實的安排你的人生。

海／冥＝天

這是一組外行星組成的中點，將會出現在一整個群體當中，人們面對更巨大的自然力量所帶來的改變。對個人而言，那些超越你所能控制的事或許讓你心碎，但卻也同時徹底的改變了你對生命的看法，並開創出新的人生。

海／冥＝凱

過去沒有解開的謎題，生活當中不再會有答案的神祕事件，將會是你生命當中永遠存在的傷口。這或許讓你與眾不同，也會替你帶來獨有的處事能力。但更重要的課題是，當你發現自己不再特殊時，你該如何自處？

海／冥＝南北交

這樣的人對於群眾的抉擇與反應有著特殊的洞見，你非常清楚人群的集體反應背後的原因，你能預料人群將會選擇哪一個共同方向，你也很清楚社會必須一起承擔的共業是什麼。

❖ 海王星凱龍星中點

海／凱＝日

擁有這一組中點的人，不一定記得因為什麼原因開始承擔起他人的責任，或許能者多勞，或許包容與原諒可以點亮人生的光明，但在遭遇到無名的冤屈與莫名的責任時，你是否有聽見內心的質疑：「為什麼是我？」

海／凱＝月

年幼時被忽略的缺憾，可能很久很久都記不起來，但卻在友誼與愛情出現裂痕時給予你重擊。或許你現在明瞭爲什麼你總是對被人忽略的弱者特別有同理心。仔細呵護自己被忽略所帶來的傷痛，或許可以讓你在重要的抉擇時刻做出更明智的決定。

海／凱＝水

你的言語文字能夠莫名的感動著周圍的人們，因爲你像一塊海綿，吸取著周圍人們沒有說出口的傷痛。無論你要怎麼解釋前世今生、通靈或超能力，若你不願意被這些莫名的過往干擾，那麼區分出這些傷痛屬於誰、來自於哪裡，將變得相當重要。

海／凱＝金

深入了解愛與分享的意涵，對你來說是相當重要的。我們從小就被教導著要與人分享才會快樂，我們從小被教導著愛不是占有，但直到你眞正了解只有對自己擁有的一切感到滿足時，你才眞的了解愛不是占有，你才能眞的嚐到分享的甜美。

海／凱＝火

在許多時候，這樣組合的人大多不被認爲能有什麼作爲，也可能被視爲做著大夢的理想主義者。直到你眞的看見生命的卑微與掙扎，以及對於周圍的痛苦深刻地感覺共鳴時，你才會找到人生奮鬥的力量。

海／凱＝木

在這樣中點組合的時空下，木星象徵的富裕很可能讓人感到朱門酒肉臭的浮誇，也讓人因爲更多的同理心而願意伸出善意的手。這個世界或許不盡完美，但是每一點付出的善意，都會療癒這

不完美所帶來的傷痛。

海／凱＝土

這一個中點組合強調著界線所帶來的傷痛，以及權責劃分所帶來的幫助，我們將學會沒有任何事情是絕對的好，也沒有任何事情是絕對的惡。區別有時候有著相當模糊的界線，這條模糊的界線可以帶來傷害，也可以療癒傷痛。

海／凱＝天

這一組中點的時空，像是全世界的人都看見了新世界一樣，重大的改變出現在這時候，也促使人們邁向新的領域。獲得自由與救贖的人，可能同時品嚐著孤獨與倖存的罪惡感，或者拒絕面對過去。也或許真正的解脫，存在於承認我們的未來是來自於他人犧牲的感激。

海／凱＝冥

無論你是否在每天的生活當中表現出你的善意，內心裡的確存在著對於周圍不公義所帶來的敏銳覺察。這樣的洞悉能力可以讓你擁有影響他人的能力，也讓你深知無力自主可能帶來的痛楚，謹慎地使用上天賦予你珍貴的禮物。

海／凱＝南北交

模糊而且神祕的形象，可能讓人們朝你聚集靠攏，人們賦予你愈多輝煌榮耀的同時，也投射愈多的渴望在你身上，無論這是否是業力，來自於群眾的，總有一天必須歸還給社會，或許當你願意放下（失去）一切回饋於眾人的同時，也是你超越自身限制的偉大時刻。

海王星南北交中點

海／南北交＝日

在這一段時間當中，社會可能出現對於強而有力的領導人有利的局面，很可能社會正經歷一段混淆或悲傷的時光，需要強勢領導人給予撫慰。在個人星盤上，很可能暗示著個人身分的不確定，以及生活方向的不確定。

海／南北交＝月

如果你知道該怎麼對待自己的傷痛，你也會很明白該怎麼對待他人的傷痛。這樣的中點多半暗示著一種強烈的同理心，很容易感受到群眾的渴求。

海／南北交＝水

對於潮流，你像是嗅覺靈敏的獵犬，非常清楚大眾的狂熱正往哪個方向發展。對於群眾心理的熟悉，或許將引導你走上社會研究或政治文化相關的學習領域。傳播媒體、政壇、學術都是很適合你發展的方向。

海／南北交＝金

究竟什麼是完美？你很可能關心這個議題。或許我們該問究竟這個社會有沒有完美？模範生、模範家庭？模範母親？完美可能是群眾們設定出來的理想條件，但你手上握有的、你眼睛觀察到的那些事情難道都不完美嗎？

海／南北交＝火

這樣的中點很可能暗示著爲了某些理念付出的強烈熱誠，就算犧牲也在所不惜。若作爲時代的描述，很可能會有這樣的人出現。但是火海交點的中點，也經常是公共衛生體系需要提高警覺的時刻。

海／南北交＝木

一種樂於與他人分享的態度，可能來自於家庭當中耳濡目染的慈善行爲。生活中的基本信念也是相信人們是善良的，在必要的時候願意與人們分享一切。不過海王星的虛無，也可能暗示著此人容易迷失生活方向。

海／南北交＝土

土星與海王星的議題往往是與人爲善，還有界線、責任之間的衝突。當我們幫助別人時，有時卻不免抱怨著，爲什麼他可以放手不管，而我卻要承擔一切責任？或許土星要我們找出犧牲時的實質獲益，好止住心中的埋怨。

海／南北交＝天

這可能是對社會當中鄉愿風氣的反思，一種對於一窩蜂心態的批判，或是對於概括承受態度的檢討。爲什麼我們沒有辦法做出獨立的判斷？爲什麼不能找出眞正該承擔問題的人？有時你寧願保持距離也不願盲從。

海／南北交＝冥

這一組中點暗示著危機與危險藏在群眾的瘋狂之中。當一個社會的居民集體對某些事物產生狂熱追求或崇拜時，危險很可能就會出現。有這一組中點的人，在參與集體的行動時需要特別謹愼。

海／南北交＝凱

　　這一組中點也是一種對於狂亂與騷動的警戒，但我們可能不容易看清楚擔憂的根源，可能正來自於家族或族群的共同歷史傷痛。對於這個族群來說，或許和解與承擔共業的重要性，大過於追究哪一個群體該替這個傷痛負責來得重要。

冥王星中點

　　冥王星的中點象徵我們內在最深層的恐懼、害怕和擔憂的事情。面對這些過去的陰影，我們要如何透過深度的探索來了解，並帶來生存力量的再發現？同時這也暗示在哪些特質與事物中，容易讓我們感受到攻擊和威脅，甚至帶來生存的危機，而想進一步去保護的地方。

❖ 冥王星凱龍星中點

冥／凱＝日

　　對你來說，權威隱約地帶著一種恐懼與不愉快的感受，或許是長輩給予你過多的壓力，或許是經歷權威的高壓統治帶來的不愉快，連帶的讓你對成為權威感到卻步。相對的，你也最能了解權力可以怎麼傷害人，或者可以怎麼幫助別人。

冥／凱＝月

　　對某些人來說，母親與女性照顧者有關的恐懼讓人難以承受，但另一種情況，則是緊密的關係讓你害怕失去母愛。許多人在每天的生活當中學習如何面對這種無法抗拒的痛楚，以及無止盡的

擔憂，而這也能引導你成為一個治療者的角色。

冥／凱＝水

或許你不知道從什麼時候開始，你就擁有洞悉他人祕密的能力。你體會過祕密被公開的難堪，所以就算你擁有這樣的能力，也不代表你有公開他人祕密的權利。如果你不願意他人這樣對待你，那麼你該學習的可能正是如何與他人的祕密共處。

冥／凱＝金

對你而言，愛是深刻的療癒，正因為深刻，所以不能夠膚淺，正因為深刻，所以你的愛不容易找尋。但當愛成為一種無法忍受的痛楚時，或許你該再次思考一下，真的愛你的人會這麼做嗎？換作你，你會這麼做嗎？

冥／凱＝火

你的機警與靈敏，讓你在職場上有著處理危機的能力，這樣的能力不是上天免費送你的禮物，而是你用生活的痛楚交換來的。當你與生命的痛楚和解的時刻，你的危機處理能力不會消失，而將昇華到更完美的境界。

冥／凱＝木

對於某些擁有此中點人來說，贏家最大，贏者全拿是一種世界運行的法則，並且被他們積極地奉行著。但是另一部份的人看見了這貪婪世界所同時帶來的不公義而起身對抗，善意可能透過謀略與俠盜式的行為進行。

冥／凱＝土

描述你的可能經歷或許並不是對你最有幫助的，但如果你相信

生命有其意義，那麼請你努力找出這一個意義，並且認真地將它活
出來。生命中一連串的挑戰將有所回報，你將是一顆鑽石，但你必
須有足夠的抗壓性。

冥／凱＝天

這樣的中點帶給人們看見許多隱藏在傷痛之後的原因，由於時
代與文化風俗所帶來的傷痛絕非一個人可以改變，但是如果你願
意，你將會是阻止傷痛再次發生的其中一個因子。或許惡行不會在
你的時代終止，但你的行動與參與有其意義。

冥／凱＝海

在騷亂中，並不是每個人都有本事拋頭顱灑熱血，受到同理心
的驅使，卻讓你覺得需要去做些什麼，好讓世界更美好。從積極為
了爭取實踐理念的抗爭，到善意的言語撫平人心，都能夠符合海王
星的定義。

冥／凱＝南北交

權力並不一定是醜惡的，你也不一定要背負著過去（祖先或前
世）的負債。人們或許從過去來定義你，但你不必走上過去的道
路。如果你深知某種力量可能帶來的傷害，那麼你也能夠找出它帶
給人們的幫助。

❖ 冥王星南北交中點

冥／南北交＝日

尼采說，當你遠遠凝視深淵時，深淵也在凝視你。擁有這組中
點的人，很可能在群眾深陷沉重傷痛時成為領導者與保護者。不

過從另外一個角度來看，這也暗示著權威很可能在某一段時間之後，成為群眾內心的陰影。

冥／南北交＝月

這組中點會帶來生活當中的沉重，一些不愉快的回憶可能糾纏著你，卻也促使你走上了探索內心之謎的道路，投入心理學或靈性上的探討，或是深入研究某一種學問以找出真相。心靈的安穩是唯一的目的。

冥／南北交＝水

從神話的意象來探討這一組中點，像是引導著受傷的人群走過傷痛的嚮導。或許許多人已警告你旅途中的危險，但如果你鼓起勇氣走向前，你將蒐集到許多的故事，那些都能夠在日後給予你和他人更大的力量。

冥／南北交＝金

這一組中點所帶來的美，有可能是危險並令人窒息的。但冥王星的另一層意涵是深度的隱藏，或許因為某些你無法抗拒的原因，你的美麗、財富與存在的價值，需要經過一番深刻的挖掘與探索，才能被自己所發現。

冥／南北交＝火

危險，或許是當你走進人群當中的感受，無論這是你親身的經歷或是來自於他人的故事，都已經不重要了。如果人群的互動代表著一種隱藏的危機，你可以選擇與人群隔絕，或是深入危機當中找出保護自己與他人的方式。

冥／南北交＝木

這一組中點組合很可能暗示著財富好運與危險有著連帶關係，可能是從危機當中獲得財富，也可能是面對危機時會有好的運氣。而你不妨想想，這是否也告訴你樂觀的態度是面對不可抗拒的命運的最佳方式？

冥／南北交＝土

你的恐懼來自於過去的經驗與教訓，不過並不是所有的事情都有跡可循，很多時候困擾你的是一整群人共同承擔的不堪回憶。找出困擾你的不愉快，去看見它、定義它，如果不能征服，或許我們必須學會接受它是生命中不可切割的一部份。

冥／南北交＝天

當整個社會遇到危機時，你並不是那個坐以待斃的人，抵抗、奮戰、強勁的天王星能量促使你採取行動。但如果你覺得這並不是屬於你的戰爭，而且這一群人是咎由自取的話，那麼你可能會選擇另一條道路來獨善其身。

冥／南北交＝海

可能是命運一般無法抗拒力量的驅使，使得不得不面對如同螳臂擋車，憑著一己之力無法對抗的狀況，讓人渴望尋求解脫。透過宗教藝術或者身心靈的學習而超脫當下的苦痛，或許被認為是逃避，但有的人反而能找出面對命運的大智慧。

冥／南北交＝凱

你可能相當熟悉人群當中因為權力爭奪而帶來的生存危機，也或許在成長的過程當中，你就曾面對過相當多這樣的威脅。你有能力熬過最嚴格的挑戰，你也有能力幫助他人通過考驗，但更重要的

是，不要讓這樣的痛苦完全占據你的生活。

凱龍星中點

凱龍的中點象徵我們內心中比較敏感與脆弱的層面，因爲在那裡我們有過傷痛，是需要多加關注和照護的地方。而這也象徵著我們是用何種態度來面對傷痛？如何學會與傷痛並存？如何領悟這傷痛所帶給我們的禮物？

❖ 凱龍星南北交中點

凱／南北交＝日

許多時候我們知道過錯並不在我們身上，但這也成爲無能爲力的藉口。或許你將會發現許多與你有相同困擾的人，透過群體的療癒可以找回自信。同樣的，你也能將這樣的療癒過程傳承出去。

凱／南北交＝月

你可以深刻了解被一群人誤解的感受，特別是那些你從沒有做過的事，卻莫名的由你承擔時。而你在這樣的成長環境當中，學會了該如何自處，以及該如何面對。當面對他人同樣的處境時，一點點的同理心將會是對方最大的支持力量。

凱／南北交＝水

在社會的兩個極端當中，你有成爲橋樑的本事，當一群人因爲不同的意見而分裂時，你擁有溝通的能力，當人們因爲撕裂而傷痛時，你能夠撫平這樣的痛楚。但你是不是也聽見了自己內心因爲撕

裂而發出的哭泣？

凱／南北交＝金

　　這一個中點可能會刻意避開衝突與紛爭，直到某天開始去思考所謂的社會和諧與富有，怎麼會是建立在某一群人的傷痛之上，如此才能夠真正替你所存在的人群，帶來真正的療癒與平靜。

凱／南北交＝火

　　某些心理治療會稱呼這一種人擁有鬥士的原型，當這些人面對社會的不公平時，將會採取積極的抗爭。而相對於這一個積極態度的原型，則是自我放逐、漠視不公義的流浪者。而你將學習到這兩種身分各自的優點並重新出發。

凱／南北交＝木

　　你的家世背景或許會帶給你一些困擾，但更重要的，是你從家人身上所學到的一切，建構了你對世界的觀點。請記住，你不必被這樣的觀點綑綁，而是應該站在這個觀點的基礎，找出屬於自己的生活態度。

凱／南北交＝土

　　有些人將感受到此中點所帶來的沉重族群壓力，也有些人將這中點視為一種無解的業力報應感受。我們無法改變過去已經發生的事，但若從積極的角度出發，將可發展出一種更為踏實的療癒態度。

凱／南北交＝天

　　驚人的言語或激進的態度，將可能使這一個中點的人面對被社會排擠的不愉快。但是出走與分裂可能是一個系統發展過程的常

態，有時這樣的族群分割在面對劇烈衝擊時，將帶來更多應變的機會。

凱／南北交＝海

這樣的中點將引導你看見許多社會中的不愉快，或是在社會發展中可能出現的不公平現象。甚或是如同佛陀一樣被人們有限一生的生老病死給觸動，積極的尋求解脫，並且進一步思考如何擁有更有意義的生活。

凱／南北交＝冥

你傾向於深入探索傷痛背後的真相，那些被隱藏起來的不願意被提起的祕密。有時候這樣的習慣可能會讓你陷入一些難堪或危機當中，在你下決定這麼做之前，或許必須先安排好後路。

Chapter 2
組合盤技巧
Composite Chart

　　《人際合盤占星全書》中所提到的「合盤」（Synastry）探討的是二人的互動，但兩個人仍是獨立的個體。

　　而組合盤，是將中點技巧運用在「關係」上，也就是將二人、甚至一個團體的人，各自的星盤融合起來，變成一個單一的星盤，代表整個組合／團體的能量，亦是大家混和之後的化學作用。

　　從組合盤上，我們可以看到一個組合（例如戀人、夫妻、兄弟、朋友、母親及兒子），以至一個團體（如一個家庭、一個部門、一家公司、一群朋友），做為一個單位，在個性、面貌、金錢、關係上等不同範疇的情況和發展。

組合盤簡介（Composite Chart）

在占星學上，組合盤是一個較爲嶄新的技巧，源自於二十世紀初的漢堡學派之中點學說。在本書的第一章，我們提到了中點技巧，就是找出一個星盤上行星之間的中點，而將此技巧延伸，就變成了組合盤。

「組合」的意思，就是將兩個或以上的星盤，合拼起來，變爲一個單一的星盤，代表了這個組合作爲單一個體的能量。

我們可以將任何兩個人的盤組合起來，例如戀人、夫妻、兄弟、朋友、母親及兒子；甚至將一個團體的人的盤組合起來，例如一個家庭、一個部門、一家公司、一班朋友等等。從中我們就可以看到整個組合／團隊的能量是怎樣。

「組合盤」的樣子，看起來跟一般的出生星盤完全沒兩樣，都是運用同樣的行星、宮位、星座和相位。只不過它代表的，不是單一個人，而是兩個或以上的人，混合出來的能量。我們常說，當兩個人碰在一起時，就會產生「化學作用」，而「組合盤」，就代表著這種「化學作用」。

你可以試著想像一下，當你自己一個人的時候，自然會有自己的性格、看法、感覺。而當你跟 A 碰上，二人一起時，彷彿自己有某些方面會變得不同，例如本來愛說話的你，對著 A 時總是變得較爲沉靜。可是，當你碰上 B 時，情況又變得不一樣，平時很冷靜的自己，可能突然間會變得很神經兮兮。又或你或許曾經聽過人說，某某本是花花公子，每段戀愛不超過三個月，可是一碰上某

甲，竟然收心養性，會乖乖的做出承諾，願意安定下來。

其實我們每個人，都有改變他人的能力，當然亦會被改變，視乎我們遇上了誰，而這個誰又跟我們混合出怎樣的結果。就像當牛奶混在茶中，就會變成奶茶；遇上了咖啡，就變了牛奶咖啡一樣，性質味道都會有很大的分別了。

我們在上一本書《人際合盤占星全書》中，主要是探討合盤（Synastry），將兩個人的星盤拼在一起做出比較，目的是看看二人的互動，A 對 B 產生怎樣的影響，B 對 A 又如何。可是，在這個層面，二人還是獨立的單位。而在組合盤當中，我們就將 A 和 B 二人合而為一，變成單一的個體，而當中所代表的，是二人在這段關係中，**都有相同的感受的地方**。

舉個例子，在合盤當中，A 的土星，跟 B 的火星合相，那麼 B 會覺得自己的行動力被 A 限制或控制著；而 A 又會覺得 B 可以推動自己，去落實一些事情。這是他們二人各自的感受。可是，換了在組合盤中，土星跟火星合相，可以說在這一段關係裡，二人都會覺得熱情可能被壓抑著，但也可以說大家的行動都很實際，可以一起去落實一些事情。這種感覺是二人在一起的時候引發出來的能量，當事人甚至覺得這種感覺是很理所當然、自然而生的。例如你跟某人的組合金星在金牛，可能就會覺得跟這個人一些時，老是去吃喝玩樂、享受人生，總是覺得跟他一起才可以好好享受。就是不必刻意，也會有這樣的結果似的。

所以，合盤的技巧，是將個別的星盤做出比較，看看大家可以如何合作，哪些地方容易變得緊張，又或哪些地方較容易相處。而到了組合盤，就是實實在在的告訴我們，這段關係到底整個性質是

怎樣，是二合為一的結果。

組合盤之操作

　　組合盤該如何計算出來？方法是運用中點的原理，找出兩個星盤行星和四角的中點。

　　首先，我們要將行星和四角在黃道上的星座度數，換成絕對度數，再除以參與這個組合盤的人數（如只有 2 人，則除 2；如有 4 人，則除 4）：

星座	絕對度數
牡羊座	0
金牛座	30
雙子座	60
巨蟹座	90
獅子座	120
處女座	150
天秤座	180
天蠍座	210
射手座	240
摩羯座	270
水瓶座	300
雙魚座	330

　　例：A 的太陽在巨蟹 23 度，那絕對度數就是 113 度。

　　　　B 的太陽在射手 15 度，那絕對度數就是 255 度。

將兩者相加除二（113+255）/ 2 = 368 / 2=184 度。

再換回黃道星座，184 度就是天秤座 4 度，所以他們的組合太陽就是天秤座 4 度了。

至於四角，計算方法也一樣：

例：A 的上升點在天蠍座 28 度，絕對度數就是 238 度。
　　B 的上升點在水瓶座 16 度，絕對度數就是 316 度。

將兩者相加除二（238+316）/ 2=554 / 2=277 度。

再換回黃道星座，277 度就是摩羯座 7 度，所以他們的組合上升點，就是摩羯座 7 度。

如此類推，就能把各大行星和四角的中點都找出來，變成單一的星盤了。

其實關於組合盤的計算，有不同的占星師提出不同的方法，現時主要有四種：

1. Midpoint Ascendant：計算方法是直接找出行星及四角的中點，如上面的例子一樣。

2. Derived Ascendant：行星方面，仍是直接計算中點。而上升點，則是根據天頂的中點換算出來。

3. Davison Relationship：這是由 Ronald Davison 提出的方法，考慮到時間和空間的概念，四角和宮頭都是以恒星時間計算出來。

4. Coalescent：這個則是以泛音盤的概念計算。找出兩個星盤最短的行星距離，除以 360 度，作爲泛音基數。然後找出最低的

絕對度數的行星，將其度數乘以泛音基數。至於四角和宮頭則是按天頂及恒星時間找出來。

在以上四種方法中，最簡單和最普遍的，是第一種方法。而現在我們有不同的占星軟體幫忙，就算以上的方法看似複雜，但運用軟體就可以很方便的計算出來。而且你還可以試驗不同的方法，因他們得出的結果會不一樣，你可以試試看最喜歡哪個方法，亦可做一個比較看看。

相位方面，可容許度比出生星盤會緊一點：

主要相位（合相、三分、四分、對分〉）：5度。

六分相：3度。

次要相位：1度。

組合盤中的行星意涵

無論是個人星盤還是組合盤中的行星，核心意涵都是一樣的。不過在組合盤中，我們形容的是一個混合了的能量、二人／一群人變成一個單位後的能量，所以在演譯方面會有一點不同。以下就是各行星在組合盤中的意涵。

太陽

太陽是我們的人生目標、發展方向、焦點活力所在。放在組合盤上，即是二人一起時，焦點、生命力會落在什麼地方、一起走這段人生旅程時共同發展的方向，亦是這段關係最基本核心的性質

（甚至可理解爲這段關係的一些特性、性格），以及大家共同的目標。

月亮

月亮是我們的情感、情緒反應，以及需要和滋養。在一段關係中，大家的情感、情緒如何？是很疏離還是很熱情？怎樣的情緒會被掀起？一起時有什麼樣的情感需要？彼此之間又可以如何互相滋養對方？另外，亦代表了二人的共同需要、生活習慣，特別是一些跟安全感有關的議題。

水星

二人相處，溝通當然相當重要。組合盤的水星，代表了彼此之間的溝通重點何在、模式如何。有哪些東西是大家都感到興趣好奇，有什麼可以一起去學習。還有彼此的思想模式和方向如何，一起時特別會討論一些什麼樣的話題，都可從水星的位置中看到。

金星

金星本身就是代表了愛情、關係，放在組合盤中，就代表了彼此愛的感覺，能夠接受及給予愛的能力。同時亦是互相合作的情況、是否能夠互相尊重，達到怎樣的共識和妥協。金星亦代表金錢，自然就代表二人共同的財務狀況、理財態度。所以無論是愛情關係，還是生意上的合作，金星也是重點之一。

火星

火星是行動力和熱情所在。在組合盤當中，二人一起的熱情程度、行動力是怎樣，一起時總是熱情如火，還是大家都沒精打采呢？在一起的時候，決斷力、意志方面又如何？會發生什麼衝突、因爲什麼而競爭吵架？當發生衝突時二人又會怎樣反應？如果

是情侶關係，火星也代表了性的動力和能量。

木星

二人在一起，除了講究水星的溝通外，還有木星的信念，大家會一起分享怎樣的信念、哲學，對人生又有怎樣的看法？這段關係會帶給雙方一些怎樣的意義？木星也跟成長、發展、擴張有關，所以也是二人一同成長的方向，在這段關係中，大家可以找出怎樣的成長機會。還有二人一起去旅行、學習、探索的潛能何在。

土星

對於一段關係來說，土星其實是很重要的，一段關係能否長久、穩定，大家是否能夠做出承諾，二人需要負起的共同責任，就要看土星的位置了。當然，土星也有他的限制和恐懼的一面。在這段關係中，恐懼感何在、哪裡備受壓力，又或覺得受到什麼限制，都需要看土星的位置。

天王星

天王星代表了自由和獨立，所以在組合盤中，是二人對自由和獨立的渴望，無論是對外面的人，還是對彼此。不跟隨傳統、打破常規的地方何在，一起時製造的驚喜、突發事情，還有不想安定下來的地方。如能了解到天王星在給合盤中的意涵，就容易在那方面給予雙方空間和自由。

海王星

海王星是我們的夢想所在，在組合盤中，代表了二人共同分享的夢想，很理想化的東西，又或對這段關係的想像、渴望。另外，海王星也是大家能夠融掉界線，互相融合、不分彼此的地方，但同時也可以是讓彼此感到模糊、迷失的事情。

冥王星

　　兩個人、甚至一群人在一起，都有機會改變大家，互相轉化。冥王星所在的位置，就代表了彼此轉化、蛻變的地方，自然也是一個經歷破壞與重生的成長方向。冥王星也代表了權力鬥爭，無論那是感情上的互相占有拉扯，還是一段工作關係上的權力問題，都可以在冥王星的位置看出來。

凱龍

　　凱龍代表了傷痛和治療，在組合盤中，那就是大家容易受傷的地方，就像是一個敏感點，如果被刺中這個死穴，會很容易掀起雙方的痛楚。當然，傷口也是可以被治療的地方，凱龍的位置，也可以是互相做出治療，又或通過這段關係，讓大家在傷口中學習，而接納彼此，並發展出同理心。

南北交

　　南交點是雙方感到熟悉自在、舒服的地方，而北交點，就是大家都感到陌生的一個部分，甚至覺得那是挑戰或困難，不過，同時也是一個成長的方向。這端看雙方是否能夠運用南交點的優勢，一起向著北交點去邁進，從而讓這段關係更進一步。

組合盤中十二宮位的意涵

　　組合盤中的宮位意涵，跟一般個人星盤一樣，不過重點在於這是二人或一個團體共同的經驗，而非單一個人。另外，在傳釋時，也要注意組合盤中成員的關係，不同的關係，在分析宮位時，重點會不一樣。例如生意夥伴，第二宮、六宮這些跟工作金錢

有關的宮位則會變得重要；又或如果是家人夫妻關係，第三宮關於親戚、兄弟姊妹的部分，亦需要考慮，但如果只是工作夥伴，在分析第三宮時，則可能只需考慮到跟溝通相關的部分。

第一宮

這兩個人或團體，整體上給外界一種怎樣的印象？形象如何？他們的待人處事態度、或看這個世界的角度又如何？第一宮是個人身分認同的地方，所以亦是這兩個人或團體怎樣看待自己、覺得自己是一對怎樣的戀人、或一個怎樣的組織。整體來說，第一宮（及相關守護星之位置）會告訴我們這個團體的重點、主旨在哪。

第二宮

在個人星盤中，第二宮是個人的財務和價值觀，第八宮是共享之財務。但到了組合盤，由於「二人／一群人」已成爲了一個單位，所以第二宮就已經是二人共同之價值觀、資產、擁有的物質、財務情況。亦關乎二人的安全感議題。如果二人或這個團體是跟工作、做生意有關，二宮自然是一個需要注意的宮位了。

第三宮

第三宮跟溝通、通訊、思想有關。所以是二人之思想交流、溝通的模式，一起感到好奇、想學習的事。二人一起計畫、討論時的情況會如何？以及代表了鄰居，或是親戚、兄弟姊妹（這一點特別針對家人、夫妻關係）。

第四宮

第四宮是根源，也就是這一段關係的根源、基礎，源自哪裡。所以無論是什麼關係，這個「根基」都是很重要的。另外，特

別針對伴侶、家人的關係，第四宮也代表了家庭相關的事宜，房地產，以及大家在一起時建立共同的家，或有沒有家的感覺。

第五宮

第五宮跟創意娛樂有關，這是大家共同的創意，以及可以一起去玩、享受的玩樂事宜，例如大家喜歡一起去看電影，還是去打球之類。對於戀人／夫妻，這個宮位也代表彼此的愛情感覺，以及生小孩相關的事。

第六宮

大家一起工作或生活時，會怎樣安排當中的規律、處理各項大小事務。是否可以分擔工作，互相為對方服務。同樣也可以看這兩個人／團隊，如何為其他人做出服務。

第七宮

在個人星盤中，第一宮是我，第七宮是他人、關係。但來到組合盤，第七宮難道變成了「關係的關係」嗎？這其實代表了二人對於「關係」這回事的看法，亦包括對於「身處的這段關係」的感覺、態度、看法。是否願意做出承諾，還是渴望有個人空間之類。另外，亦代表這兩個人或團隊一起時跟外面其他人的關係，包括共同的敵人、合作夥伴等。

第八宮

在個人星盤裡，第二宮是個人財務，第八宮是共享資源，那在組合盤中，第二宮已經是共同擁有資產、財務狀況，那麼第八宮又代表了怎樣的財務和金錢呢？那是二人跟他人分享的資源、財務合作上的事宜，例如一起的投資、股票、稅項、借貸等。第八宮也代表了危機和轉化，就是大家一起面對危機時的態度會怎樣，又或

在這段關係中，會遇上怎樣的危機或蛻變。第八宮也跟價值觀有關，所以這也關乎雙方能否互相尊重彼此的價值觀。另外，就是彼此之間的親密感。

第九宮

第九宮是大家共同的哲學、信念、信仰，一些知性上的交流，又或文化上的觀點等。大家在一起會怎樣去擴闊眼界，去探索未知的東西？在這段關係中是否可以增長彼此的智慧，從中學習和成長？同時也可以是跟法律、旅遊、政治相關的事項。

第十宮

這段關係的公眾形象、地位、名聲，是否被外人所認同。大家的共同目標、對於成就的看法，一起建立的事業。由第四宮根源的開始，如何向第十宮的方向和目標進發。對於事業上的合作夥伴，又或一家公司的組合盤，第十宮是特別需要注意的地方。

第十一宮

彼此之間的友誼，是否能夠互相支持，有共同的理念、對未來的規劃和想法。同時也是大家的朋友、社交圈子、團體活動。又或大家對於社會運動的態度和看法。這個宮位對於朋友關係，或團體的組合盤，更需特別注意。

第十二宮

大家在心靈、潛意識層面上的連繫，甚至跟整個集體意識的連結。第十二宮代表了隱祕，所以這也是這段關係隱祕、私密的部分，可能有些事情是彼此的祕密或隱藏了的部分，不讓其他人知道。另外，也是大家對於玄學、慈善這些事情的看法。

組合行星＊十二宮位

組合太陽＊十二宮位

太陽在第一宮

第一宮是給別人的印象，所以這兩個人／團隊走出來，很容易就能讓別人看到他們並成爲焦點，看起來也相當有自信。而如果這個組合是事業夥伴，甚至一些領袖型人物（如總統跟副總統），太陽一宮也更能讓他們展現領袖的風範，發揮領導才能。

而太陽在第一宮，也代表組合當中的成員會重視這段關係，又或因爲跟對方走在一起，而變得更有自信。當然，因爲受到別人的注視，如果彼此的關係產生什麼變化，也很容易成爲別人的焦點。

太陽在第二宮

第二宮跟金錢、價值、物質有關，太陽在第二宮，代表大家的焦點和注意力會放在物質和金錢上，雙方都會重視金錢、亦可能會渴望從這段關係中，獲得物質上的安全感。如果這是生意夥伴的組合盤，則相當配合這太陽二宮的能量，大家都會很重視賺取金錢、獲取利益，可以一起向著財務目標進發。

如果是愛情、伴侶關係，則大家都會重視要一起擁有一些財產、物質，就像要有共同的東西才代表這段關係是有價值的。不

過，既然金錢和物質那麼重要，也要多了解彼此的價值觀並加以配合，避免在金錢、價值問題上發生衝突。

太陽在第三宮

溝通在任何的關係上都是重要的一環，而太陽在第三宮，代表這段關係的焦點和能量，都會集中於溝通、思考的層面。大家可能會有不少共同的話題、興趣，總是很渴望跟對方交流、交換意見或討論。如果是朋友、伴侶等，大家可能有很多思想上的互動，至於是何種話題或說話的方式，則要看星座而定。而如果彼此是工作上的夥伴，則可以交換很多不同的意見，例如在會議中也會有較多的討論。

而第三宮也代表兄弟姊妹和親戚，如果大家是伴侶、家人的關係，則太陽三宮也代表彼此很重視身邊這些人，可能會有較多相關的活動，又或重視他們對自己的看法。

太陽在第四宮

第四宮是家庭宮，也是一個代表內心世界、感情上安全感的宮位。這段關係的焦點自然也會放在家庭上。除了是建立家庭、或一起過理想的家庭生活外，亦很重視分享彼此的過去，特別是內心的感受、情緒，還有一些屬於你們彼此的私人生活。

如果不是家人、伴侶關係，而是朋友、合作夥伴呢？這也可以代表大家都很著重內心的安全感，甚至是內心、情緒上的事情。在這段關係中是否能夠獲得安全感就變成了焦點所在。

而第四宮也是整段關係的過去、根基。太陽四宮代表了大家都

會著重一起建立一個情感基礎，對於整段關係如何由過去一路走來，也會相當重視。

太陽在第五宮

第五宮是一個玩樂、戀愛、自我展現的宮位。所以如果是情侶關係，太陽在第五宮，當然能量上很配合，焦點都會放在戀愛相關的事情上，跟對方一起可以去享受、玩樂。而第五宮亦是跟自我展現有關，所以在這段關係中，會覺得可以輕鬆的做自己。

第五宮也是子女宮，所以如果是夫妻，大家的焦點也會放在小孩身上。

第五宮跟創意有關係，如果並非情侶關係，而是一些創作組合，像音樂人之類，則可以一起發揮創意。

太陽在第六宮

第六宮跟工作和服務有關，這就是說，在這段關係中，大家的焦點會放在互相服務上，我為你做了一些事，你也最好為我做一點什麼，所以這關乎雙方是否能抱著為對方付出的心態。

如果是伴侶關係，可能會比較著重在日常生活各種事情上，合力調好生活節奏，處理各種大小事項。

如果是工作夥伴，則第六宮代表大家都會很注重工作，目標就是把工作辦得妥當完美。而如果是從事服務行業，更代表這個團隊會重視對他人提供的服務，從而得到認同。

太陽在第七宮

第七宮是大家對關係的看法，包括現在身處的這段關係。也就是說，太陽在七宮，代表彼此對這段關係相當重視，而且是樂於分享，大家會努力去建立一段平等的關係，並認為大家合而為一，會比自己單一個人更有力量。

所以太陽在第七宮，無論是伴侶還是工作上的合作夥伴，都可以說是一個較為有力的位置，因為大家都會為著這段關係而努力。

第七宮也代表這個組合對外的關係，例如一家公司的團隊如何面對自己的客戶；又或一個國家的領袖的外交事宜，甚至一些共同敵人。太陽七宮，即代表這個團隊的焦點會放在對外、他人身上，可能會跟其他人有較多的互動。

太陽在第八宮

第八宮是跟資源分享、金錢有關的宮位。太陽在八宮，代表了大家的焦點會放在資源分享上。跟第二宮的區別，在於第八宮的「金錢」，會跟投資、稅務這些涉及他人的財務有關，而不是純粹一起擁有的資產。

其實第八宮最重要的意涵，是「轉化」和「深層的情感連結」。太陽八宮，彼此都會覺得在這段關係中自我受到轉化，彷彿對方就是一個改變自己的人。而大家亦可能會一起去面對一些危機，如何一起去處理危機，成為這段關係的一個重點。

還有，這段關係亦很著重情感上的連結，是否願意將自己內

心深處的部分跟對方分享，建立一種親密感，亦是大家的重要課
題。

太陽在第九宮

第九宮跟知性、智慧的交流成長有關。太陽在第九宮，代表大
家會很著重彼此在哲理、信念、宗教、信仰上的交流，甚至通過相
關的探索，而讓大家一起成長。

而二人亦是可以一起去探索外地、去旅行的好夥伴，又或可以
一起去學習，在智慧上有所增長。

如果是事業的夥伴，太陽在第九宮更有利於一些跟外國有關的
合作，又或大家是異地的合作夥伴，可以更有效地運用九宮的能
量。

太陽在第十宮

第十宮是在社會上的成就、地位、名聲。太陽在第十宮，代
表大家會很重視這段關係在社會、公眾層面上的地位、聲譽、形
象，就像一些名人情侶、拍檔，總是很注重在大眾眼光下的形象一
樣。例如是否受到大家的認同、是不是公認的一對好情侶等等。

第十宮也代表了共同的目標和成就，大家會一起努力，為著
一些共同的目標進發，可以互相鞭策，亦可以一起分享共同的成
果。

當然，如果大家是事業上的夥伴，太陽十宮更是一個很適當的
位置，大家都會為著事業目標打拚，並尋求成功和認同。

太陽在第十一宮

第十一宮跟社交、朋友、團體活動有關，是「友誼」的宮位。這不單是大家對其他人的友誼，更重要的是彼此之間存在著的「朋友」成分。

太陽在十一宮，無論大家是什麼關係，都會重視彼此之間「友情」的成分，互相支持，並擁有共同的理念，甚至可以一起規劃未來。同時，亦會注重大家的共同朋友，或熱衷於參於團體、社會活動。

就算是事業上的夥伴，太陽在十一宮，也可能發展私下的友誼，關係不一定停留在工作的層面上。

太陽在第十二宮

第十二宮是一個隱祕、關於內心的祕密、甚至一些看不見的心靈層面的東西。太陽在第十二宮，這段關係可能觸動到雙方一些內在的祕密，甚至在心靈上一直否定的部分。而大家如何處理這些東西，是這段關係能否發展成長的關鍵。

如果大家都可以利用這個機會，一起去面對內心深處的陰影、連自己也不敢觸碰的部分，坦誠相對，可以藉此有一個靈性上的成長。但如果一直逃避、不願面對，那麼這些東西便有可能防礙這段關係的發展。

另外，大家也可能將焦點放在靈性、神祕學的東西，但同時也要小心彼此會有逃避、不坦誠的傾向。

組合月亮＊十二宮位

月亮在第一宮

月亮是感覺、情緒，如果在組合盤的第一宮，代表這段關係的其中一個重點，就是彼此情感上的連繫，以及彼此都會將感情投放在這段關係中，同時亦容易分享彼此的感覺。

至於給別人的印象，未必像太陽那般受到注目或顯得很有氣勢，倒可能讓人覺得是很會照顧人，又或有較多的自我保護。

不過，也要注意月亮一宮，大家在這段關係中的情緒起伏會較大，容易被掀動情緒。當然，在一段感情關係當中這是自然的事，但若是工作夥伴的關係，則要小心情緒上的波動或感情用事會影響工作。

月亮在第二宮

彼此之間的需求以及在情感上的安全感，會建立於物質金錢的擁有上。雙方可能很著重賺取金錢、累積很多的物質，因爲這樣才覺得安心，就像別人常說「麵包和愛情」的選擇，這段關係得要有麵包才能有讓人安心的感情。

當然，也要小心如果感情是建基在金錢上，大家在財務上出現問題的話，可能會影響彼此的情緒、感情；又或如果關係上出現狀況，亦有可能爲著這份金錢上的安全感而不肯處理問題。當然，這須考量整個組合盤的情況。

月亮在第三宮

在這段關係中，大家的滋養會來自彼此的溝通、思想上的交流，彼此的需要就是交換想法，或一起去學習。而彼此的溝通方式會帶著很多的情感／情緒，這有利於情感上的交流和表達。因為兩個人相處，能夠表達內心的感受，是有利關係發展的。但亦要注意說話時可能變得過度感情用事或情緒化。

而大家感興趣的話題，可能會是跟家庭、歷史、家居、過去、食物有關。

月亮在第四宮

月亮在四宮，就像回到自己的家一樣。所以在這段關係中，大家可以建立一個情感基礎，感覺對方可以給予自己一定的安全感，以及 一些熟悉感，而彼此的相處會感到十分舒適。

就算大家是初相識，也可能會有一種似曾相識的感覺，又或逐漸發現大家的背景、過去有一些共通的地方，因而建立出情感上的連繫和基礎。

月亮第四宮，對於家人的組合、或夫妻的組合更為相配，因大家可以一起建立家庭，並對家有一種歸屬感。

月亮在第五宮

月亮在一個玩樂、戀愛的宮位，代表情感上的滋養會來自一起去玩、享受，或參與一些創作活動。如果是戀人關係則容易帶來戀愛的感覺，而且在這段關係中感到舒服、安全。如果是夫妻關係，則會著重對小孩的照顧，對子女呵護備至。

不過要注意的，是第五宮始終只是一個玩樂、談戀愛的宮位，如果是情侶關係，可能會覺得大家一起玩得很開心，但如果想再進一步發展，例如結婚、做出承諾等，則需再看其他行星的位置，找出相關的可能性或潛能。

月亮在第六宮

無論在日常生活或是工作中，大家可能都會互相照顧，例如照顧對方的起居飲食、生活細節，又或在工作上特別願意爲對方服務，爲了把工作做得妥當。特別是當大家能夠一起工作／生活時，有助建立情感上的連繫。

如果這個團隊從事服務性工作，則月亮六宮可代表這個團隊能提供照顧周到的服務。

要注意的是，第六宮是跟「服務」有關，也暗示著要放下身段，以謙虛的態度爲對方付出。所以如果月亮在六宮，雙方最好能夠抱著這種心態，爲對方付出、照顧對方，有助感情上的滋長。

月亮在第七宮

月亮在七宮，代表大家都注重這段關係中的感情連繫，會樂於分享彼此的感覺，並認爲這樣可以令關係更爲完整。大家的情感依靠、安全感都會放在這段關係上，互相滋養，亦認爲對方是可以了解自己感情世界的人，在一起時會感覺相當有安全感和熟悉感。這樣看來，會特別有利於一些情感關係，因大家會注重情感上的交流分享。

不過，對於一些較著重「理智」的關係，如工作夥伴，或政治

拍檔等，雖然大家有較強的情感連繫，但也要小心把情緒、感覺的重要性放大，一起合作時不夠冷靜。

月亮在第八宮

第八宮是一個跟親密感、深層的情感連結相關的宮位，月亮位於此處，代表大家對對方都有一種強烈的情感，就算不用說話、不必表達，也可能感受到那份情緒和感情。這個位置有助於大家建立親密的感覺，但也要注意在過程當中，可能要先面對一些內在的恐懼，或一些很原始的情緒，如嫉妒、憤怒，以至源於童年的陰影等。只要大家在此願意互相支持、一起面對，有助於親密關係的發展。

反過來說，如果不願意去處理，則這些恐懼或強烈的情緒，可能會阻礙甚至破壞這段關係的發展。

月亮在第九宮

在這段關係中，大家可能都有一種需要，就是分享彼此的理念、哲學、世界觀、信仰。通過這一種交流，或找出當中的共同點，進而建立一份情感上的連繫，讓大家相處時有一種熟悉或舒適感。

如果大家一起去旅行，從中不但可以互相交流，一起去探索，還可以互相照顧。

如果這一段關係是跟外地、教育、旅遊、出版、宗教這些事項有關，則對於雙方的合作更為有利，因為彼此間通常會有十分良好的感覺。

月亮在第十宮

當大家有一個共同的目標或成就想達到，月亮在十宮代表了可以互相照顧和滋養，一起向這個目標邁進。

不過也要注意一點，就是第十宮是一個公眾形象、社會地位的宮位，所以雙方的情緒頗容易受到外界的影響，例如別人的指指點點和批評，可能會影響大家的心情和感情。所以可以將情感多投放在共同目標及彼此的努力上，避免過度受外界的影響。

月亮在第十一宮

雙方可能會因為有共同的理念、對未來有一樣的憧憬，而建立出一種情感上的連繫，就像大家都已了解彼此的心意一般。

就算是情侶、生意夥伴，但月亮十一宮都會讓雙方覺得對方是一個朋友、知己，可以互相照顧和支持。

而當大家一起參與一些團體活動、朋友聚會等，亦會覺得舒服、安全。這個團隊對於其他人（如其他的朋友、團體等），也可以擔當一個照顧者的角色，照顧各人的需要。

月亮在第十二宮

第十二宮是一個很抽象的宮位，因其涉及心靈上的連繫，一些觸摸不到的感覺，甚至潛藏在內心深處的部分。

月亮在十二宮，好處是大家彷彿不用說話、不一定認識很久，也好像已經有一種內在的連結、熟悉感，甚至很快就能建立一些默契，都是非言語或理智可以了解的。而大家也可以分享一些內

心的祕密，感覺對方可以很了解自己的心情一樣，亦會喜歡有多一些二人共享的獨處時間，這樣會感到特別舒服。

不過，如果大家不願意坦誠相對，亦容易將感覺、情緒收藏，害怕對方會發現自己內心深處的祕密或軟弱的一面。

一些跟靈性、神祕學、冥想相關的事情，有助二人一起去面對雙方的內心世界，並從中獲得滋養。

組合水星＊十二宮位

水星在第一宮

第一宮是給別人的印象，所以這兩個人／團隊，給人的印象就是帶著水星的特性：注重溝通、理智、講邏輯，輕巧、聰明，像有很多資訊可以交流一樣。

而第一宮亦是一段關係的舵手，帶領著這段關係向著太陽的成長目標進發。所以如果當中的成員，無論是伴侶還是事業上的夥伴，能夠好好地運用這種能量，例如多發掘不同的話題，給大家多些時間空間去聊天討論，甚至一起去短途旅行，都有助為這段關係保持生氣及有所發展。

水星在第二宮

第二宮是大家的共同價值觀所在，即是彼此認為在這段關係中，什麼是重要、有價值的。水星在第二宮，代表大家都會很重視彼此的思想交流，是否能夠好好溝通對話，如果有天溝通上出現了

障礙，又或大家覺得話不投機，就會開始認爲這段關係沒有價值了。所以多從事一些相關的活動，例如一起去學習、常常保持溝通，都可提升這段關係的「價值」。

第二宮也是跟財產、金錢有關的，所以水星二宮，大家感興趣的話題，或常常聊到的東西，可能都會跟金錢、物質相關。當然，如果彼此是生意上的夥伴，則這個位置更適合貿易、商業活動等事宜。

水星在第三宮

第三宮本身就是溝通的宮位，水星位於第三宮，也就是更加強調溝通在這段關係中的重要性。雙方會很著重思想上的交流，例如經常討論彼此的看法，有很多不同的話題，而通常談話的內容都是較爲資訊性的。

其實在任何的關係中，溝通都是很重要的一環，當然，如果是一段情感關係，除了這種理性上的溝通外，還要看組合盤中其他情感相關的位置，看看有沒有感情上的互動。至於一般的工作、朋友關係，水星三宮已可讓大家聊個沒完沒了，有助彼此了解。

水星在第四宮

第四宮是一段關係的情感基礎，代表這段關係如何走過來。水星四宮可以說這段關係是建基於彼此的溝通和思想上的交流，例如大家最初認識時，可能覺得有很多共通的話題可以分享，又或被對方的想法、聰敏所吸引，進而建立感情。

另外，第四宮也是內心情緒的部分。水星四宮代表了大家討

論、聊天的東西，可以是一些較爲內在情感的東西，會將自己的感覺表達出來。

這也是家庭、家居的宮位，如果是家人、夫妻，可能會很注重家中跟通訊、學習有關的布置，例如放很多書在家，又或會有良好的通訊設備等。

水星在第五宮

第五宮是跟享受、玩樂有關的宮位。對於雙方來說，在這段關係中最享受或覺得好玩的，可能不是什麼浪漫的事，而是可以輕鬆自在的跟對方聊天、討論，從中亦可以表達自己。一起時的玩樂活動，可以是去上課學習、逛書店、短途旅行之類，總之可以刺激腦袋的事情都可提供愉快的感覺。

如果有子女的話，水星五宮代表著重跟子女的溝通，又或對子女的教育。

如果是一對創作夥伴，五宮水星代表你們可以互相交流，透過討論而激發創意。

水星在第六宮

第六宮跟工作、服務有關，如果放在家人／伴侶這類關係上，也可說是在日常生活中，大家需要負起的責任。在第五宮玩樂完畢，到了第六宮就要處理實際的生活細節。

水星六宮，是大家在生活相關的事情上可以多做討論和溝通，可能平日的話題離不開柴米油鹽這些生活小事情。

　　而如果大家是工作夥伴的關係，則溝通變成了工作中重要的部分，如果維持有效的溝通，對於工作的效率和效果，都是一個重要的關鍵。假設這是一家公司團隊的合盤，水星在六宮，老闆可能就要多給大家溝通、說話技巧上的訓練，好讓工作更順利。

水星在第七宮

　　第七宮是大家對這段關係、或「關係」這回事的看法。水星七宮，就是雙方都認為溝通是關係中很重要的部分，而大家在這段關係中，不但會有很多想法上的交流，更會認為因為跟對方的討論、互相學習，而令這段關係更完整。

　　當大家變成一個組合、一隊團隊，特別有利從事一些跟水星相關的事，例如貿易、教育、學習，甚至寫書——非常有趣地，本書的兩位作者，組合盤中的水星就剛好位於七宮——也就是透過寫作去互相合作了。

　　第七宮也是對外的關係，水星七宮代表這個團隊會重視跟其他人的溝通，例如對外的合作夥伴、客戶等。

水星在第八宮

　　第八宮代表了一段關係中的深層情感部分，特別是一些深層的恐懼、陰影等。水星在第八宮，彼此的討論、話題，可能不是一般的風花雪月，而是一些較為深層的東西，像自己恐懼的情緒、一些禁忌的話題等，而如果雙方願意打開這個脆弱的部分，跟對方去討論，將有助關係上的發展。

　　第八宮也代表分享資源、跟他人有關的金錢事項，所以如果是

生意／財務上的夥伴，這個位置頗爲配合金錢上的交易、買賣事宜。

水星在第九宮

第九宮跟探索人生有關，所以代表了人生道理、宗教、信仰這些議題。水星在第九宮，代表大家所談論、感興趣的話題，都在於探索和了解人生，可以說是天文地理宗教哲學都會刺激著雙方的思考。當然，如果大家是教育、學術性的夥伴，水星九宮將有利大家在知性、思想上的交流和研究。

另外，這也可以代表跟外國的貿易、商業活動，如果大家是商業上的合作夥伴，甚至是異地之合作，則更配合水星九宮的能量。

水星在第十宮

第十宮是這一組人的公眾形象、名聲和地位。水星十宮，可能會讓人覺得這兩個人／這個團隊很有知識，掌握了很多資訊，又或他們會對公眾發表自己的想法、言論。反之，其他人也可能對這段關係或當中的成員有較多的談論。

第十宮也是這段關係的目標、成就方向。對於大家的共同目標，雙方也會多做討論、分析、思考。而這些目標，亦可能跟教育、學習、交易、商業活動、寫作等水星事宜有關。（詳細的當然要看整體的星盤結構）

水星在第十一宮

第十一宮是一個關於團體、朋友、共同理念、對未來憧憬的

宮位。水星十一宮代表大家對於一些理念、理想，關於社會的事情，以至對於未來都有一定的看法，並會多做討論和思考。

　　而彼此的溝通，就算是長輩跟後輩、上司和下屬的關係，都會較為朋友式的分享。

　　而大家亦會樂於跟其他朋友、團體多做交流，分享彼此的想法。

水星在第十二宮

　　十二宮是一個私密的宮位，水星十二宮，可能大家之間有很多祕密可以分享，又或這段關係中有一些祕密是不願意讓其他人知道的。

　　十二宮也是一個跟心靈、靈性有關的宮位，通過一起討論或學習相關的事情，有助二人互相了解。而靈性成長的東西，亦可成為大家連繫、溝通的橋樑。

　　當然，如果這部分發揮不良，也容易代表溝通上的障礙，不願意去表達自己，又或感到思想上不太相配。其實這都是源自於不願意說出內心的話，如能注意這部分，就有利於改善彼此的溝通。

組合金星＊十二宮位

金星在第一宮

　　金星本身就代表了愛情、關係、合作、吸引力。所以金星在第一宮，代表雙方很容易就被對方吸引，容易一開始就產生好感，並

認為大家走在一起就是一段良好和諧的關係。大家亦會努力去維繫這段關係中的和諧感，樂於去平衡、妥協，找出共識。

第一宮也是給別人的印象。這兩個人走出來，就給人一種漂亮、和諧的感覺，別人會覺得這一組很相配合襯。

如果這是一對創意組合，例如從事藝術工作的拍檔，會讓人覺得真的很有藝術氣質，當事人亦會覺得很容易一起發揮美感。

金星在第二宮

金星代表了金錢、品味、美藝，位於第二宮，也就是回到自己的宮位。大家都重視一些漂亮的東西，以及藝術、美學相關的事物。

另外，亦會看重金錢物質，二人還可以一起去累積財產和金錢。所以這個位置對於事業／財務上的夥伴相當有利，因為大家會共同努力去賺錢。

金星也代表了關係和合作，位於第二宮，代表雙方都會很重視這段關係，不過，亦要注意這段關係的價值，可能是建基於物質和金錢，這對於財務夥伴當然是很合理的，但對於一些情感關係，還需看看星盤上其他代表感情的部分，是否可做一個平衡。

金星在第三宮

第三宮是彼此的溝通、想法，金星在此宮位，代表大家相當重視溝通、思想上的交流，又或被對方的說話、想法所吸引。而且，雙方的對話會注重保持關係的和諧，例如有問題也會有商有量，說話的方式也可能會保持優雅禮貌。話題方面，有可能會側重

於談論關係、金錢、美藝的事情。

「溝通」總是人與人相處之間的重要一環，無論是什麼關係，如能像金星三宮般在溝通上保持平衡、能夠顧及對方的感受，凡事可商量而達到共識，都有助於關係良好的發展。

金星在第四宮

第四宮是一段關係的基礎，也就是這段關係源自何處。金星四宮，可說是這段關係的源頭，是基於彼此對對方的「愛」、好感、或吸引力。就算是非情侶關係，也可說容易對對方有一種良好的感覺。

如果大家是家人／伴侶關係，金星四宮代表大家會相當重視家庭生活，價值觀會放在維繫家庭的和諧。同時亦會合力打造一個舒適、漂亮的家，而大家所花的金錢，也可能會多落在家居上。

金星在第五宮

第五宮是戀愛、玩樂、享受生活的宮位，跟金星的能量頗為配合。金星五宮，容易為大家帶來一種愉快的戀愛感覺，一起時可以好好去享受生活，玩樂的節目也可以跟藝術、吃喝玩樂有關。

第五宮也是自我展現的宮位，金星於此，這兩個人走在一起時，總是可以展現自己漂亮、有吸引力的一面。

而這一對也可以是很好的創意組合，例如可以一起發揮創意，創製一些漂亮的東西，或從事各種藝術活動。當然，如果是生意、工作上的夥伴，更可以通過在藝術創意上的合作來發揮創意，甚至賺取金錢。

金星在第六宮

第六宮跟工作、日常生活有關，而且要求雙方都付出、爲對方服務。金星在六宮，如果得到正面的發揮，就是大家都會重視爲對方付出，並維持和諧的關係，在日常生活的細節、工作的分擔中，表達對對方的愛和感情。當然，這不像金星五宮那般享受，但是如能在日常事務中付出，也是另一種愛和責任的表現。

如果彼此之間是工作夥伴的關係，則工作當中容易維持和諧，雙方都會傾向妥協和找出共識。

金星在第七宮

金星位於第七宮，就是回到自己的宮位。無論是什麼關係，雙方都會相當重視對方，覺得對方有吸引力，並且在這段關係中視大家爲一個整體，而不只是兩個單獨的人。

這也顯示會傾向在關係中讓步、妥協，以維持和諧。正面的方向是彼此可以遷就對方，但亦要注意會變成過度的讓步，放下了自我，甚至最後會覺得有點委屈。這些是正負面的可能性，所以重點是學習去察覺這些事情，而你自己做出調較。

至於對其他人的關係，也會傾向於保持平衡、和諧，特別有利於一些經常要對外的合作關係，例如國家的外交隊伍，又或要常面對客戶的公司，金星七宮不但有利人際和合作，亦有利通過這些合作而賺取金錢。

金星在第八宮

第八宮是關係中親密情感的部分，金星八宮容易爲雙方帶來較

強烈的情感，或深層的情感連繫。

第八宮也是一個代表危機和轉化的宮位，金星是關係和價值觀，所以金星位於第八宮，這一段關係可能會經歷一些強烈的轉化、大家要一起面對一些危機，又或在價值觀上做蛻變。如果能夠一起去面對這些轉變，關係自然會變得更強壯。

另外，第八宮也跟共享財務有關，如投資、稅務、借貸等。例如大家一起去投資，又或彼此是財務上的夥伴，金星八宮會較有利於這些財政事項。

金星在第九宮

金星在第九宮，大家對這段關係，可能會傾向於做一些知性、哲理性的討論，特別是渴望從當中找到一些意義，而且更會重視彼此的信念、信仰、世界觀等是否能夠配合，並不是單純的談情說愛。

大家對於「關係」的期望，可能會希望彼此可以一起成長，而通過這段關係，大家的眼光會變得更廣闊，又或可以為大家帶來一些新的體驗。一起去旅行、探索這個世界，或一起去學習研究某些學問，都有助於關係有所成長。

若是商業／工作上的夥伴，金星九宮會較有利於一些國際業務。

金星在第十宮

第十宮是公眾形象，在社會上別人對此關係的看法。金星十宮，就像某些名人一樣，一起時就會被人看作是「金童玉女」，甚

至外界會期待這段關係是一種模範。而當事人在這段關係中，亦容易活在別人的目光或期待下。

第十宮也是共同的目標或成就，如果是工作／生意上的夥伴，可以通過達到事業的目標而獲得金錢上的收穫，又或雙方可以有平等、和諧的合作，而一起向著目標進發、打造成就。而事業上的目標，或許會跟金錢財務、藝術、美藝、人際的事情有關。

金星在第十一宮

第十一宮是社交宮位，而金星亦跟打交道、建立關係有關，所以這一段關係，可以是一段和諧的友誼，大家有著共同的價值觀和理念，互相支持，為著未來去創造價值。

而雙方一起時，會熱衷於參加社交、團體活動，一起結識朋友。亦可以是一起參加一些藝術、美藝，以至財務的團體。

其實無論是何種關係，金星在十一宮，都代表了有一份和諧、平等、愉快的友誼存在著，有利於整體關係的發展。

金星在第十二宮

第十二宮，是一段關係中較為隱密、看不見的部分。金星在十二宮，潛藏的問題可能是彼此看不到這段關係的價值、重要性，又或總是把這段關係隱藏，不願意讓人知道。

如能發揮正面特性，則可以是大家在心靈層面上，有一種愛的聯繫，就算雙方未必意識得到，但還是會感到一份情感在心中。而十二宮也是一個無私付出、犧牲的宮位，大家亦可能會為了這段關係，放下自我而無私的付出。

　　另外，亦可以通過從事一些靈性的活動，及多花一些時間一起獨處，去認識隱藏著的內心情感，並發掘大家的價值出來。

組合火星＊十二宮位

火星在第一宮

　　火星在第一宮，這是充滿活力的一對，一起的時候充滿了熱情，但同時又可能容易發生衝突，吵吵鬧鬧的。因為火星的能量可以是炙熱、激情、充滿活力的，也可以是衝突、競爭，這端看二人如何運用這些能量了。

　　所以火星一宮，大家可以一起檢視衝突競爭的源頭何在，然後一起去處理。同時也可以有意識地去運用火星的能量，例如一起去做運動、或參與一些競爭性的活動。

　　這也可以是一個充滿行動力團隊，例如若這是運動員的組合盤，又或公司成員的，那麼大家都可以發揮到火星的動力和活力。

火星在第二宮

　　第二宮跟金錢、價值觀有關。火星二宮，可以代表二人走在一起會很有動力和行動力去賺錢，但同時亦有可能花錢時很衝動。

　　大家可能會因為金錢、價值觀上的差別而發生衝突，例如在共同的財務上，誰負擔什麼，如何理財，都可能會引起紛爭；又或對於同一件事彼此的價值觀不盡相同，亦會因而有所衝突。

　　不過，我們總是要視乎不同類型的組合盤去做出詮譯，例如如果這是一隊銷售隊伍的組合盤，那麼火星二宮，可代表大家會在財務、爭業績上競爭，亦很有動力去賺錢，這個組合倒是對業務和公司來說很有幫助。

火星在第三宮

　　第三宮跟溝通說話有關，所以火星三宮，大家容易在言語上發生爭執衝突，各自都認為自己的想法是對的，很努力的去証明自己比對方的頭腦優秀。第三宮也是跟觀點有關，所以雙方也容易為某些觀點、消息、新聞等辯論。如果這是公司成員的組合盤，那麼大家在會議上，可能就會出現激烈的辯論了。

　　當然，從另一角度去看，火星三宮也代表說話之間充滿了火花，彼此的說話和想法可以刺激對方的頭腦。而通過熱烈的溝通，有助加強大家之間的熱情度。

　　無論任何關係，都要注意火星帶有攻擊性，所以要小心大家在說話上會互相傷害，損害關係，這點要特別留意。

火星在第四宮

　　第四宮是一段關係的源頭、基礎之處，火星在四宮，代表大家走在一起是源自最初的激情，相互之間有性的吸引力；又或大家在爭執、競爭之中，亦能擦出一點火花。

　　第四宮也是一個內在安全感、情緒相關的宮位，火星在四宮，或許在這段關係中，彼此之間的情緒，除了激情，還會有憤怒的情緒，容易為了安全感、家庭的問題而爭執。

從另一角度去看，火星四宮亦可以建立一個充滿活力、熱情的家，又或大家會很重視地保護家庭。

火星在第五宮

第五宮跟自我展現、創意和戀愛有關。如果這是伴侶關係的組合盤，則這段戀愛可說是充滿了激情、熱烈的火花，而大家在這段關係中，可以充分的表現自我。第五宮也是玩樂、享受生活的宮位，所以一起時，總是熱情滿載的去玩樂，尤其當大家一起從事一些火星的活動，如競賽、運動，都可以發揮火星的能量。

如果這是一個創作組合，則可以說在創作上充滿了動力，亦會以行動去執行，並不只是停留在空想的階段。

跟子女、小孩的關係，則要注意容易產生衝突，對孩子過於操控。

火星在第六宮

第六宮是一個關於服務的宮位，也就是在跟對方相處時要爲對方服務、付出。不過火星的能量較爲自我和獨立，所以火星位於第六宮，則可能大家爲了日常生活、或工作上的事務而產生衝突，這都是源自於火星自我的能量。所以，這需要學習第六宮所要求的謙虛、低調和付出，以火星的熱誠和動力去做，則有助發揮火星的正面能量，減低磨擦。

另外，火星六宮也代表大家會在工作上出現競爭。其實競爭也是一種推動力，如果能運用這種競爭性，有助互相提升表現。但如果變成一種惡性的競爭，則大家在工作上會容易發生衝突磨擦。

火星在第七宮

第七宮是大家對「關係」這回事的看法，包括身處的這段關係。火星七宮是大家都充滿了熱情和動力，情侶關係上亦有一種性的吸引力。不過火星代表獨立、自我，所以雙方也會希望在關係中保持自我，亦可能因此導致衝突。所以一方面彼此之間存在著一些激情，但同時也容易帶有攻擊或競爭性。

另外亦需注意在這段關係中的憤怒情緒，大家往往會將憤怒都投射在對方身上，認為問題和磨擦的源頭都是來自對方。所以得多注意這方面的投射，如能認清自身內在的憤怒，有助減少彼此之間的磨擦。

第七宮也代表對外關係，所以這個組合，對於其他人可能會帶著競爭的心態，亦可能覺得別人是在攻擊自己。也要注意跟別人之間的衝突爭執。

火星在第八宮

第八宮是大家進入親密關係的時候，對對方的親密感，同時內在的一些原始恐懼也會被引動出來。火星跟生存的議題有關，我們生下來便要積極的爭取求存，當中自然牽涉到被遺棄的恐懼。火星第八宮，往往就會引發出在親密關係當中的一些恐懼情緒，特別是妒忌和憤怒，害怕對方會離開自己，也容易導致在這段關係中的互相操控。

另一方面，火星八宮也代表了強烈的情感連結，彼此之間存在著激情的部分。

另外，第八宮也是跟他人有關的錢財。所以可能容易跟別人在金錢上出現競爭，又或爲著財務事宜而發生衝突。

火星在第九宮

第九宮是一個探索人生哲理的宮位，跟信仰、信念、宗教有關。火星在第九宮，大家可以充滿行動力和熱情一起去探索人生，例如一起學習、到外地旅遊，又或去找出共同的信念等。這些活動都可以燃起彼此的熱情。

另外，火星亦可代表大家會爲了信念、信仰、哲理、宗教這些問題而發生爭執，因彼此的想法信念不同而導致磨擦。所以到底如何去運用火星的能量，需要雙方一起調整。

火星在第十宮

第十宮跟事業、成就有關。大家可以爲一個共同的目標奮力拚搏，火星的推動力有助雙方一起達到這個目標。尤其如果這是一對事業上的組合，則更可推動這個共同事業的發展了。

不過，這也代表大家會在事業上成爲了競爭對手，例如都希望能擊倒對方以表現自己的優秀。亦可能爲了事業、成就的問題而發生衝突。

第十宮也是這段關係在社會上的形象、地位，這兩個人／團隊可能會給人一種充滿競爭性的感覺，在別人眼中亦是相當拚搏的團隊，彼此之間的競爭、衝突亦容易外顯給別人看見。

火星在第十一宮

第十一宮是大家的共同理念、對於未來的看法和憧憬。火星十一宮，代表大家可以為一些理念、為一個未來，或社會上的事務，而一起努力奮鬥。同時，亦可代表為了這些事情，因為理念不同而產生衝突。這些都可以說是火星的一體兩面，端看當事人如何運用相關的能量。

第十一宮也代表這兩個人／團隊在朋友、團體當中的表現。火星十一宮，表示這個組合會在團體當中渴望成為先峰、領導者，亦可推動整個團體採取行動。同時這也代表一群人中總是充滿了競爭性，視其他人為競爭對手，總是想超越對方。

火星在第十二宮

第十二宮是一個私密的宮位，亦是大家在這段關係當中，一些看不見、想否定、壓抑的部分。火星在十二宮，可能彼此間的熱情、憤怒、競爭的情緒都會被壓抑下來，大家不敢去表現。但壓抑的部分如果不去面對，往往會以其他的方式走出來，例如一些祕密的敵人，而當事人會覺得為什麼好像總是有其他人對自己不滿，或做出一些暗地攻擊的事情。其實這些都源自於十二宮被否定的情緒。

所以，火星十二宮的組合，可以以冥想、靈修這等心靈成長相關的方式，去處理彼此潛藏著的不滿或憤怒，透過了解和對這些情緒的肯定，有助這段關係健康的發展。

組合木星＊十二宮位

木星在第一宮

木星代表成長、探索、對於人生智慧的追求。木星在組合盤的一宮，這段關係當中，其中一個重點就是大家都會重視學習、哲理、一起去探索新鮮未知的東西，而且這段關係更有助雙方一起成長、擴闊彼此的眼界。

木星一宮的組合，一起看事情、在待人處事方面都會抱著開心樂觀的態度，而其他人看到這兩個人／團隊，亦會視他們為樂觀、有智慧的人。

如果這個組合是教學團隊、或從事出版傳播之類的工作，木星一宮相當適合這種傳播知識的工作，別人也會期待從他們身上學到一些東西。

木星在第二宮

木星二宮，代表大家在金錢、物質、資源上，會有一種豐盛的感覺，這不一定代表很有錢，但至少會有較多機會去賺錢，而且對於金錢總是抱著樂觀的態度，不會老是為金錢問題煩惱。

另一方面則代表有較多的賺錢機會，但同時也要注意對於金錢的態度也容易變得過度慷慨，總是認為財來自有方，於是花錢也會很豪氣。

第二宮也跟自我價值有關，木星二宮代表這段關係可令雙方都

更有自信，又或大家認為這段關係很有價值。

木星在第三宮

第三宮跟溝通、學習、思考、說話有關。木星三宮，可以說這
兩個人／團隊，總是有說不完的話，大家都樂於溝通、表達自己的
見解，而且所說的話題可以是一些較有深度的道理、聊一些關於信
念、信仰相關的議題，甚至是國際事務之類。

最重要的，是通過彼此的交流，大家都可以擴展眼界，在智慧
上有所增長。亦基於這種知性上的互動，大家可一同成長，一起去
發掘人生的意義。

木星在第四宮

第四宮是家庭宮，所以如果大家是家人／伴侶關係，木星四宮
可以代表家庭生活愉快，在家裡大家會著重個人的空間和自由。

第四宮也是跟內在的情感和安全感有關，亦是這段關係的根
基。這關係可說是建基於一種愉快的感覺，大家可以坦率地分享自
己的感受，亦可以有一些知性的交流，內在有一種豐盛的感覺。

如果大家一起投資，亦容易在房地產上有較好的機會，成為財
富的來源。

木星在第五宮

第五宮跟自我展現、戀愛、玩樂有關。木星五宮，可說大家在
相處時可感到開心愉快，因為雙方都可以自在地表達自我，有一種
無拘束的感覺。如果這是一段戀愛關係，更加強調了一種樂觀、開

心、自在的戀愛感覺。

　　大家一起時亦有很多玩樂的機會，而且一起享受的時光，可以是一起去旅行、學習、做運動，又或討論一些學識見解，交流意見。大家的共同興趣，可能是跟哲理、旅遊、宗教等有關。

木星在第六宮

　　第六宮跟工作和服務有關，亦是日常生活。木星在六宮，彼此在日常生活當中都會樂意並慷慨地為對方服務，願意分擔生活上的責任。而在生活當中，則會注意彼此之間的空間和自由。

　　如果這是一個合作夥伴、工作的關係，木星六宮會給雙方帶來愉快的工作環境，亦樂意為對方服務，不會過度的斤斤計較。

　　而這兩人／團隊對於其他人也會願意付出，特別是如果這是從事服務性工作的團隊，則可以提供優質、讓人感到愉快的服務。

木星在第七宮

　　無論是什麼關係，木星位於第七宮，大家都會覺得這段關係可以讓雙方一起成長，跟對方一起就會有所得，從中獲得一些智慧，又或得以開展眼界。而且，大家可以透過這段關係去學到一點人生道理，亦覺得這樣的關係富有意義。

　　一同成長的同時，也會給予對方空間，不會互相束縛，甚至覺得在對方身上總是有學習的機會，有很多東西可以探索，不容易沉悶。

　　而這兩個人／團隊對外的關係，也會有較多人際互動，相處時

也開心愉快。例如如果這是銷售團隊，則可能會有不少客戶。

木星在第八宮

第八宮代表了關係中的親密感，以及危機和轉化。在這段關係中，大家在親密感上不一定有很強烈、深層的連結，反而會傾向於知性上的交流，而且大家會保持一定的空間，同樣感覺愉快。

而在這段關係中，可能大家都需要面對不少危機和轉變，但通過這些轉化，有助雙方的成長，並可從中學習更多關於人生的東西。

第八宮也是跟他人在資源金錢上的關連，木星在八宮，代表在共同投資方面會有較多賺錢的機會，但亦要注意可能會過度的進取冒險。

木星在第九宮

木星在第九宮，就像回到自己的宮位一樣。這段關係的一個重點，就是大家一起去探索、去發掘新鮮的經驗，甚至一起去冒險，從中去探討一些人生的哲理，開拓眼界，進而達到成長的目的。

彼此可能有很多想法、見解可互相討論、交流，特別是關於信念、信仰、宗教、道德的東西，可以刺激大家的思維。

另外，也會有很多機會出外旅行或跟外國聯繫，所以如果這個組合盤是事業上的夥伴，也會有利於一些跟外國有關的生意，或教育、出版這類事業。

木星在第十宮

　　第十宮是在社會上的地位和形象，這兩個人／團隊，可能會一直渴望在地位上的提升，例如得到更多人的認同、或爭取到一定的名望、受到別人的肯定等。同時亦較容易在社會上建立一個知性、慷慨的形象。

　　大家的共同目標可能會相當宏大，同時亦會有不少的機會，讓大家去發展、爭取成就。而透過向著目標邁進，雙方也可以一起成長、互相學習。

　　如果是事業上的夥伴，大家可能都有很遠大的事業目標，並會全力發展，希望可以有更大的成就。

木星在第十一宮

　　第十一宮是友誼、團體，木星在第十一宮，代表無論大家是什麼關係，總是會像朋友一樣，為未來或共同的理念互相支持、向對方學習，並一起成長。大家對於未來總是抱著樂觀的心態，會為了理想而努力。

　　這兩個人／團體，也可能會身處不同的團體當中，又或大家有很多的朋友，社交生活相當熱鬧，亦會特別熱衷於參與一些宗教、教育、旅遊有關的活動。

木星在第十二宮

　　第十二宮會是這段關係的隱密宮位，一些大家都埋藏在潛意識裡、不太意識到的部分，例如一些潛藏的問題或感受。而木星在十二宮的一個優點，就是大家都會比較坦白直接的去討論彼此的感

覺，從而更互相了解，讓關係成長。

不過，由於木星在這個隱密的宮位，大家不容易在表面上看到這段關係的一些優點或益處，必須雙方願意探索內心，多些共處，才能夠看到關係中讓大家得益或成長的部分。

同時，亦可一起通過靈性的學習和探索，增加彼此的了解而讓關係有所發展。

組合土星＊十二宮位

土星在第一宮

土星一宮，這段關係給人的印象會是比較傳統、保守的，跟外界亦較爲疏離，讓人覺得有點冰冷。而二人之間的關係可能比較冷淡，大家著重的可能是一些較爲實際、現實的東西。各自講求空間、自給自足，不會過度依賴對方。

在這段關係當中，雙方可能會有一些對這段關係恐懼、不安，或覺得發展這段關係會有困難和障礙。但如果可以堅持下去，土星也會帶來安穩和長久，而且大家也可以做出承諾，發展出一段可靠的關係。

土星在第二宮

第二宮跟金錢物質有關，當土星落到這個宮位，這兩個人／團隊，對於金錢物質方面總是有恐懼感，常常覺得不足，害怕變得匱乏貧窮，爲金錢問題而擔憂。

　　但同時，亦可適當地運用土星的能量，就是因為常感到不足，對於金錢變得小心翼翼，並建立出謹慎的理財態度，亦因對財務的規劃，可以慢慢累積財富。

　　另外，第二宮也代表自我價值，需注意大家在這段關係當中，總會覺得自己不夠好，懷疑自己或這段關係的價值。可能需要用較長的時間慢慢去發掘和肯定當中的價值。

土星在第三宮

　　第三宮跟思想溝通有關。土星在第三宮，大家在溝通方面可能會感到有一些障礙，不容易或不敢於去表達自己，又或雙方都固執於自己既定的想法，因而造成溝通上的隔閡。可以嘗試以土星的能量，用一個有系統、有條理的方式，把想法說出來，這樣有助彼此的溝通。

　　如果大家是伴侶或家人的關係，因第三宮也代表了兄弟姊妹、親戚，土星三宮容易跟他們之間有距離、隔閡，因此亦需要時間去建立、改善關係。

土星在第四宮

　　第四宮代表了內心的情感及一段關係的基礎。土星在第四宮，可以說彼此的內心都有較強的恐懼感，對於這段關係不太信任，亦傾向隱藏和壓抑情感、害怕流露，所以在情感的交流會較為缺乏，彼此的交流可能只停留在一些實際的事務上。

　　所以，土星在四宮，需多花點時間和耐性去面對彼此的恐懼，放下防衛，加強情感的交流。不過，土星四宮其中的一個優

點，就是可以通過時間的歷練，建立出穩定的感情基礎。

土星在第五宮

第五宮跟戀愛和玩樂有關，應該是一個輕鬆、愉快的宮位，但土星的能量剛好相反，比較沉重、講責任和限制。所以土星在第五宮，特別如果是戀愛關係，好像不易感受到那份輕鬆的戀愛感受，甚至覺得不易表達愛意。

而大家也似乎較為拘束，不太會去玩樂、享受人生，總是在約束自己，不敢放輕鬆去享受。

如果是夫妻關係，對於子女會相當嚴格、要求高，但也要注意彼此之間容易築起一道牆，感情較冷淡疏離。

土星在第六宮

日常生活的宮位，土星在六宮，大家在日常生活或工作上（如果是工作關係）都會相當認真。第六宮是工作、認真、負責任，會努力的把事情做好，亦很有條理規劃。所以土星來到這個宮位，倒是可以好好發揮正面能量。不過也要注意，可能會覺得必須為對方負起很多責任而感到吃力，變成了一種負擔，所以要好好調較，以取平衡。

如果這是一個工作團隊，所提供的服務可以是相當專業和認真，亦很負責任，可說是土星優秀的一面。

土星在第七宮

第七宮是大家對身處這段關係，或對「關係」這回事的看法和

態度。土星在七宮，大家在一起會講責任、承諾，又或爲了社會約定俗成的規範去做，例如到了某個年齡就結婚之類。對於關係的看法或期望，也會是比較傳統的。而大家建立關係時，也會按部就班，不會太急進。好處是大家都會傾向於建立長久穩定的關係，但也要小心會被責任而規範。例如可能大家相處不來，卻爲了責任而繼續走在一起。

如果是工作夥伴，或對外的合作關係，土星代表關係可以持久，亦會重視承諾和責任，在工作層面上看來則頗有利。

土星在第八宮

第八宮是關係當中的親密感，土星在八宮會把這種親密感壓抑下來，這是源自己雙方對於親密關係的恐懼，害怕把情感拿出來，或跟對方融而爲一，一旦被遺棄就會相當可怕。

第八宮也是面對危機和轉化的宮位。在大家需要面對危機或轉變時，可能會比較抗拒，不願意改變。

而關於財務、跟他人的資源分享的部分，跟二宮一樣，對於這兩個人／團隊來說，會常常害怕資源不足，爲財務的事宜擔心之類。不過，如能因此而學習踏實地規劃，倒能夠在投資方面慢慢累積財富。

土星在第九宮

第九宮是二人關於信念、哲理上的討論與探索，在這方面，大家都是抱著小心謹慎的態度，而討論的方向或所相信的東西，都是比較實際，而不是一些太過虛無抽象的理念。

在討論一些學問、信念上的事情時，大家可能都會堅持自己的觀點，較不願從對方的角度去看事情。又或當大家要磨合一些觀念時總會有點困難。

土星雖然帶來壓力或隔閡，但如果能花些耐性和時間，慢慢培養出共同的信念，倒是可以建立出鞏固的信念基礎。

土星在第十宮

第十宮代表了共同目標和事業成就，土星在第十宮，大家都會十分努力、堅毅的，為這個共同目標前進，渴望做出一番成就。所以如果這是一個事業夥伴的組合盤，土星在十宮倒是相當配合，代表大家都願意為著目標去打拚，而且通過時間的磨練和建立，可以變成事業上的權威，或打造一個專家的形象。

在邁向共同目標的過程當中，土星難免會帶來困難和考驗，但如果大家能夠堅持下去，努力不懈，假以時日自能創出一番成就。

土星在第十一宮

第十一宮是彼此之間的友誼成分，就是大家能否互相支持，有一些共同的理想。土星在十一宮，一方面可說大家之間容易有一些隔閡，不會輕易的向對方伸出友誼之手。但大家的關係，如能經過時間的考驗，倒是能夠發展出長久的友誼。

而如果大家有一些共同的理想，又或一起參與一些社會事務，都會十分努力及堅毅地去達到相關的目標。

至於跟其他朋友、團體的關係，可能會較少共同朋友，又或跟

他們的關係較疏離冷淡，但這些朋友可能會是較爲成熟、或專業的人，亦可培養出長期的關係。

土星在第十二宮

第十二宮是兩個人在心靈層面，或潛意識上的連繫，特別是一些隱藏著，我們不容易意識得到的部分。土星在這裡，在這方面的連結，可能會有一些障礙和隔閡。甚至大家可能會覺得在關係上，似乎欠了點什麼，又或隱隱地覺得不妥，卻又不知是什麼，那就是土星在十二宮作祟。

第十二宮是我們最私密的部分，一段關係能否健康發展，就視乎大家能否打開心扉，好好去了解內心深處，並將心裡的說話，收藏的東西都拿出來跟對方分享，當中甚至可能包括那些平日我們不敢說的話，像對對方的不滿、埋怨等等這些阻礙著關係發展的東西。

所以土星在十二宮的，可能需要花更多的努力，去學習坦誠的了解和表達自己私密的部分，慢慢建立出心靈上的連繫。

組合天王星＊十二宮位

天王星在第一宮

這兩個人／團隊給人的感覺，就是很與眾不同，甚至很突出、捉摸不住，所做的事情總是讓人出乎意料之外。

而對他們自己來說，在這段關係中的其中一個重點，就是獨立

和自由，兩人會互相尊重彼此的空間、生活。而且會強調自己一個人的獨特性，不會因為進入關係而喪失自我，亦不會受世俗的規矩所限制，而會勇於去按自己的想法而為，感覺較為自我。

彼此之間的關係會較為疏離，冷淡，又或傾向理智的溝通。一起時可能會有些新的創意出來，所以頗為適合一些創意組合。

天王星在第二宮

第二宮跟財務、金錢、物質有關，飄忽不定的天王星來到第二宮，代表在一起時，金錢上總是比較多變化，可能突然有一筆收入，同時也會有不少預想不到的開支。不過，如果這是一個事業上的組合，則大家可以透過一些跟創新、科技、發明，憑著嶄新的創意去賺錢。

第二宮也是關於價值觀和自我價值。這個組合會較為重視一些新的意念，不會受傳統的價值觀影響，反而很有自己的一套，較為我行我素。同時亦會認為一些創意，反傳統的東西很有價值。

天王星在第三宮

第三宮跟溝通、思考有關。天王在三宮，大家走在一起就可以激發出創意，帶來天馬行空的想法，可互相刺激思維。當然，對話、討論也會較為理性、抽離和客觀。

而兩人在一起看事情的角度，也可能會較與他人不同，總是可以從新奇的角度出發，看出一些非一般的東西。

思想上亦較為開放，可以接受新事物。如果是一對創意組合，天王三宮可以引發很多的創作火花，以及嶄新的思維。

天王星在第四宮

第四宮是家庭宮，也代表我們的家庭觀念。天王星在四宮，大家在一起時會有一種非傳統的家庭觀念，就是不必一定要像傳統的電視劇那樣一家人溫馨地住在一起，反而可能強調彼此之間的空間和個人生活，就算大家是家人或夫妻，也可能常常要分隔兩地，又或各自有自己的生活之類。

第四宮也是內在的情感，所以這部分是比較疏離的，就算表達感情，也只停留在以理性的方式表達，對於一些情感關係，需要多注意組合盤上是否還有其他情感交流的部分。

天王星在第五宮

第五宮是自我展現、戀愛和玩樂的宮位。天王在第五宮，大家在一起時總是覺得有很多新鮮刺激的玩意，不會沉悶，所以在戀愛的時候也會覺得是好玩愉快的。大家在一起可以無拘束地展現獨一無二的自己，保持自我，感覺自由自在。

而如果有子女，對於他們也會採取較為開放自由的態度，大家像朋友一樣，沒有傳統的尊卑規範。

如果這是一對創意組合，則天王五宮當然可以帶來無限的創意，新穎又與眾不同。

天王星在第六宮

第六宮是跟日常生活、工作有關，是一個講規律的宮位，沒有第五宮的玩樂，而是要處理生活或工作上瑣碎刻板的事情。所以天王星位於六宮，可能會覺得面對生活或工作上的責任相當受困，常

渴望打破這些規矩，自由自在地生活。

又或者可以在生活和工作中打破舊有、特定的模式，以自己的方法去做，不必停留在舊有的框框中，這些都是活用行星能量的方法。

如果是工作上的夥伴，則大家在工作上會較爲獨立，各做各的，亦可在工作上發揮創意，但對於一些很講求合作性的團隊，則可能要注意各自爲政的問題了。

天王星在第七宮

天王在七宮，代表雙方對於「關係」的看法，是傾向於比較自由獨立的方式，就是大家可以有自己的空間和生活，較爲疏離，不必常常黏在一起；又或如果是戀愛關係，也認爲不一定要按著傳統的想法什麼時候結婚之類。會有自己獨有的相處方式，旁人可能覺得古怪、標新立異，甚至覺得有點反叛，但如果能堅持自我的方法，也就不必在意他人的眼光。

至於跟其他人的關係，會保持友善、朋友平等式的相處，但始終會有一段距離，不會太過親密。

天王星在第八宮

第八宮是關係中的親密感，很講求深層情感上的連結，是一個大家融而爲一的宮位。但天王星是一個理智、獨立的行星，跑到第八宮，可以說大家在情感上會較爲冷淡疏離，不容易放下自我，難以將自己內在較爲深層、軟弱的部分給對方看見。所以在建立親密關係上，要特別注意這方面的挑戰。

　　而在跟他人的財務關係上，較容易會有突發的事件，像突然的收穫、計算不到的支出等，當中的變化也會較多。如能在財務上保持獨立的財政，則較能呼應天王的能量。

天王星在第九宮

　　第九宮代表了大家的共同哲學、信念，而天王星擁有強烈的好奇心，所以位於第九宮，可說是大家對於一些新奇、獨特、富創意的學問會特別感興趣，亦可一起去探索，甚至創造出新的理論、想法。同時亦會打破傳統的信念，無論在宗教、道德觀、人生智慧、科學上，都會嘗試去鑽研一些新的概念。而大家在討論不同的想法和理念時，亦會較為理智客觀，抱持開放的態度。

　　第九宮也是學習和旅遊的宮位，天王在九宮，大家也會喜歡一起去學新的學問，又或到新奇好玩的地方去探索。

天王星在第十宮

　　第十宮是共同的目標和成就，在前進的過程中可能會經歷較多的變化和起伏，例如目標經常變換，又或達到某種地位後，不一定會一直持續下去，可能有較多的轉變。

　　天王十宮相關的目標和成就，不一定是世俗上大眾所認同的那種，而是有一種獨特性，破舊立新的成分在內。如能一起創製一些特別的東西出來，所獲得的地位成就也就是非一般的了。

　　第十宮也是名聲、社會上的形象。天王十宮的組合，在社會人士眼中總是有點特別、反叛、又或覺得這些人很有創意，但未必為傳統派所接受。

天王星在第十一宮

第十一宮是團體、友誼的宮位，天王在十一宮，就像回到自己的宮位一樣。

無論這是什麼樣的關係，這段關係中的友誼成分，會保持著平等、開放、自由、獨立的態度，大家可以討論一些共同的理念、對未來的看法。

而大家在團體、朋友之間，總是會與眾不同，在一群人中較爲突出，雖然跟其他人都會表現友善，但又會保持一定的距離。

天王星也代表推翻和反叛，在十一宮，如果這是個社會、政治的團體，則會帶著一種挑戰權威，或推翻現有制度的立場。

天王星在第十二宮

第十二宮是一段關係中，大家隱密、甚至不願意面對、否定的一些部分。天王星代表反叛、自我，大家在這段關係中可能不太敢於去將獨特的自我表現出來，害怕別人覺得奇怪、不合傳統規矩，而不接受自己。在心靈層面上的連結，亦會較爲冷淡、疏離。

但天王星有一個正面的特性，就是坦率、直接。如果大家願意打開心扉，將自己內心深處的部分坦白直接的表達出來，同時，學習去接受自己和對方自我與獨特的一面，將有助關係上的成長。

組合海王星＊十二宮位

海王星在第一宮

　　海王星在一宮，兩人在待人處事的態度上，會帶著夢幻、理想化的眼光去看世界，正面的是有慈悲心、同理心，樂於去幫助別人。但同時也需留意可能過度的理想化、不切實際，把一切都想得太美好。

　　第一宮也是給別人的印象，海王有一些綺麗、夢幻、理想化的感覺，所以這兩個人／團隊，可能成為別人的一種理想的投射，例如像電影中的戀人，又或所謂的「夢幻組合」。

　　而且，也需視乎這個是怎樣的組合，如果是藝術上的夥伴，又或義工團隊，則海王一宮有助大家一起發揮藝術或慈善的性質。

海王星在第二宮

　　第二宮跟金錢、物質的事務有關。海王在二宮，大家在理財方面可能會較為模糊、迷失，對金錢的掌控和概念不太清晰，所以要小心在共同財務上出現的混亂，甚至不知道錢總是花在哪裡。

　　如果是事業上的夥伴，則更要注意這些財務上的問題，但如果大家是從事藝術、靈性、慈善這類海王星的工作，那倒能夠呼應海王的能量，憑著這些項目去賺錢。

　　在價值觀方面，不會有太強硬的原則，反而頗有包容性。但要注意，可能對於這段關係不太清楚當中的價值所在，甚至不太肯定

大家走在一起有多重要。

海王星在第三宮

第三宮跟溝通思考有關，而海王星很容易讓大家在溝通上出現誤解、迷糊的情況，如果能夠覺察這個問題，則可嘗試改善溝通，凡事多做解釋，說個明白，以免產生不必要的誤會。當然，如果大家是工作上的夥伴，則更要注意一些文書、通訊上的錯漏。

不過，海王星也有他正面的地方，就是有一種包容性和同理心，大家在思想上會比較容易站在對方的立場想事情，或去包容不同的想法。甚至在溝通上容易建立一種心靈上的連繫，不一定什麼都要把話說出口。

海王星在第四宮

第四宮是一段關係的基礎，海王在四宮，可能大家對對方、或對於這段關係有一種理想化的渴望，覺得對方就是自己想要的人，可以一起建立關係之類。

而如果大家共同建立家庭，可能會有一個很美好、理想的家的畫面，一起為這份渴望去努力；但也要小心想得太美好，過度的理想化，到最後發現現實並非如此而變得失望。

另外，海王四宮也可能代表對大家的根和家庭有一種迷失感，就像不知哪裡為家，欠缺安全或安穩的感覺。

所以海王四宮在打造理想的家的同時，也要提醒自己踏實一點，別老是活在夢幻當中。

海王星在第五宮

第五宮跟戀愛、玩樂有關。海王五宮，對於情感關係來說可能會有一種夢幻、浪漫的感覺，就像在電影或小說當中那種，而且大家就像融而為一、不分你我。對於這段戀愛可能會過度夢幻化，直到有天突然面對現實，難免會失望而回。

第五宮也是一個創意的宮位，所以如果是從事創作的工作夥伴，海王五宮反倒能帶來很多的靈感和啟發。

第五宮亦跟子女有關，對於子女可以是無私的奉獻，亦可以說是過度的遷就，把自己看成拯救者，什麼都要幫子女一把。

海王星在第六宮

第六宮是日常生活及工作有關的宮位。這兩方面都比較講規律、責任，海王星卻容易讓事情變得不清不楚，甚至不太負責任，把事情弄得混亂。但同時，第六宮也講求在這段關係中，對對方的服務和付出，海王星的正面能量，就是可以為對方無私、不計較的付出，總是渴望能夠為對方做一些最理想化、最美滿的事情。

如果這是一個工作夥伴的組合，對於他人提供的服務，是會放下身段、帶著犧牲精神的服務，但也要注意當中可能會有混亂、不切實際的問題出現。

海王星在第七宮

第七宮是大家對於關係的態度和看法。海王在七宮，大家對於「關係」會有很理想化的期望，總是覺得應當像童話故事中的公

主和王子那樣；又或被對方吸引，可能只是因為對方符合自己的想像，或對方某些條件滿足了自己一些夢幻式的渴望。所以要注意，在進入一段關係時，先想想如果抽離這些夢幻的期待，是否能夠看清楚真實、現實中的對方？否則老是活在幻想中，一段關係是很難健康發展的。

海王七宮，也容易代表一種受害者與拯救者的關係模式，雙方可能扮演其中一邊的角色，渴望有人來拯救自己，又或自己可以當超人去救贖他人。

不過，無論是對對方，還是對於其他人，都容易帶著一種同理、慈愛的心態，總是可以從他人的角度去看事情，跟別人建立一種一體感。

海王星在第八宮

第八宮是關係中的親密感，講求大家在這段關係當中放下彼此的防備、融而為一的感覺。所以海王在八宮，可讓雙方在情感上更容易的連結在一起，甚至無分你我；而大家一起面對著危機或轉變時，亦可互相依靠。當然亦有可能是期望對方在危機當中拯救自己，或總是把自己看成是受害者。

第八宮也是跟他人的財務關係，海王在這裡，必須相當小心在財務處理上，容易出錯、混亂、數目不清之類，甚至被欺騙的情況。

海王星在第九宮

第九宮是對於人生道理、宗教、信念的探索。海王在九宮，大

家對於人生有崇高的理想，抱著一種渴望世界大同的信念，而大家在討論一些學問、道理的時候，也會比較理想化，有點像滿腔理想的哲學家，要小心往往只停留在空想的階段，卻忽略了現實或可行性。

對於一些靈性、神祕學、宗教的事情會特別感興趣，渴望從這些方面獲得一種心靈上的救贖或慰藉。

海王星在第十宮

第十宮關於共同的目標或在社會上獲得的成就，海王在十宮，容易為此而感到模糊，到底要往哪裡去？有什麼目標？似乎都不容易找到。

另一方面，亦可代表大家可以一起去追尋夢想，「人因夢想而偉大」，大家就是為著這一份遙不可及的夢想而努力。

第十宮也是這兩個人／團隊在社會上的形象、地位。海王在此，可能在社會上的形象不太清晰，容易被人忽略；但同時，海王亦是一種夢想的投射，另一種可能性就是成為社會上眾人眼中的理想組合，就像某些社會的名人，大眾會把理想、美化的渴望放在他們身上。

海王星在第十一宮

第十一宮是友誼、團體的宮位。海王在這裡，代表彼此之間的友誼，又或是跟其他朋友的關係，會有較多理想化的期望，亦可能是大家不分你我，沒有界限，能易地而處。同時，亦傾向於認識一些朋友，是比較藝術、靈性、或理想主義的。

第十一宮也是對未來的憧憬，海王在此，暗示一些對未來理想的盼望。這些盼望可以是一種推動力，讓大家爲此而努力，但同時亦可以代表夢幻一場，不切實際。所以這完全視乎大家如何去運用海王的能量。

海王星在第十二宮

第十二宮是一個跟心靈、靈性有關的宮位，海王在十二宮，就像回到自己的家一樣。在這段關係中，大家在心靈層面上可以有一個無界限的連結，比較容易將一些隱藏在內心的東西跟對方分享。

不過，第十二宮也可以是一段關係中，束縛著大家的地方。海王在此，可能大家都害怕受到傷害，覺得非常脆弱，在關係中，不自覺地覺得自己是受害者、或總是等待他人的拯救。多加探討和覺察當中的感覺，正面地運用海王的能量，像透過靈性、冥想、藝術方面來面對自己的心靈，以及這段關係受到束縛的地方，都有助這段關係的發展。

組合冥王星＊十二宮位

冥王星在第一宮

冥王代表權力和轉化，這兩個人／團隊，可能不其然的希望向外界展示自己的權力，而在待人處事上，傾向於去操控，希望獲得權力，亦帶著轉化他人的動機。

第一宮是給別人的印象，冥王在一宮，給人的感覺可能會比較

神祕，別人總是看不清內裡的葫蘆在賣什麼藥，而當事人亦會較為保護自己，不會輕易將自己的事讓別人知道。

而兩個人之間，亦可能存在一些權力拉扯的問題，如果能夠運用冥王的能量，則大家可以透過這段關係得到轉化、治療和成長。

冥王星在第二宮

冥王在二宮，大家對於錢財、資源、物質的東西會有深層的恐懼，常常害怕會失去，所以會抓得很緊，或有強烈的控制欲。

而冥王星也是一個很極端的行星，可以代表徹底破壞，也可以是蘊藏龐大的財富，所以冥王二宮，有可能會經歷錢財物質上的重大失去，但如能從中學習理財，重新建立新的價值觀，亦有一個累積龐大財富的潛能所在。

在價值觀、自我價值方面，冥王二宮可能會經歷在價值觀上的深層轉化，就是大家在一起會認為一些原有的價值觀已不再適合自己，然後慢慢以新的價值觀去面對人生。

冥王星在第三宮

第三宮是溝通、思考、學習的宮位。冥王星在這裡，就是雙方的溝通不會只停留在表面的風花雪月，聊天時總會做一些深入的探討，一直發掘下去。特別是對於一些神祕學、心理學、人性內心的東西，都會有興趣，或可以一起去學習。

不過也要注意大家在溝通上，自我防衛的意識較強，除非對對方有強烈的信任，否則可能不太敢於去表達一些內心的東西，又或

在說話上，總是有一些權力、操控的課題，例如說一些很強硬的話，或要對方認同自己的話之類。這些都可通過深度的溝通而有所改善。

冥王星在第四宮

第四宮是這段關係的基礎，也是大家的內心、情緒的部分。冥王在這裡，彼此內心中總是帶著一些深層的恐懼，這可能源於自己的童年、過去，將那些恐懼的情緒帶到這段關係當中。害怕什麼呢？冥王的恐懼是怕被遺棄，或是一些生存的議題，又或童年所受到的創傷之類。所以冥王在這個位置，大家都要多注意這些情緒的部分，如果能一起去面對，可以透過這段關係去治療和做出轉化。

就算這不是一段情感關係，而是事業、工作上的夥伴，也需要注意關係當中情緒上的部分，這些深層的恐懼，會帶來一些權力鬥爭、操控的問題。

冥王星在第五宮

第五宮是戀愛、玩樂、享受的宮位，應當是輕鬆愉快的，但冥王的到來會讓這段關係的愛情感覺變得強烈、深層，就是我們常說那種「激情」、「轟轟烈烈」、「沒有你我不能活」的感覺。強烈的愛情，同時也容易帶來強烈的不安和恐懼，深怕對方會離開自己。

第五宮也代表創意，自我展現，如果這不是情感的關係，而是一些工作上的夥伴，則大家可以創製出一些帶有神祕感的東西。

在自我表現上，大家也會透過這段關係得到強烈的轉化，就像打造一個新的自我，有一個新的自己走出來一樣。

冥王星在第六宮

第六宮跟日常生活、服務、工作有關，冥王第六宮，可以說大家對於生活、工作有強烈的投入感，會做得徹徹底底，為對方傾盡心力的服務。

但同時，冥王也有另一種可能性，就是權力上的鬥爭，這特別可能出現在工作關係上，就是大家常說的「辦公室政治」，為了權力和操控，你爭我奪。

冥王亦有徹底轉化的能量，所以當大家一起時，生活模式或工作的規律都會變得很不一樣，將過去的習慣完全改掉。

冥王星在第七宮

第七宮是大家對於「關係」或這段關係的態度和看法。冥王在此，雙方對於這段關係會極度的投入強烈的情感，但背後可能亦有一種互相操控的心態，因當中會帶著一些深層的恐懼，非常害怕對方會背叛或離棄自己。

從另一角度去看，冥王帶有強大的轉化和治療的力量，透過這一段關係，雙方可以對自己內心深處有更多的認識，面對內心的恐懼，從而有所成長和轉化。

至於對於其他人的關係，則可能會出現一些權力鬥爭的問題，又或總是希望在關係中可以有一種掌控權，亦不容易向他人透露自己的事情。

冥王星在第八宮

冥王在第八宮，就像回到自己的宮位，第八宮是一個跟危機、轉化有關的宮位。冥王在此，大家可能會一起經歷、面對一些危機，從中把自己內心的寶藏發掘出來，而通過這段關係，大家亦會經歷不少轉化。

而第八宮也是深層的情感、親密的關係，所以在這段關係中，難免埋藏在內心深處的情感、特別是一些害怕分離、被遺棄的恐懼，都會透過大家的互動而被引動出來，而冥王的情緒通常是相當激烈的。

但這也是一個好機會，將內心很多情緒垃圾都找出來，將之掃走，也就是一個治療了。

至於跟他人之間的財務關係，冥王可以是摧毀，也可以是寶藏，注意這方面的鬥爭或相關的危機，但同時也可從中建立龐大的財富。

冥王星在第九宮

第九宮跟信念、信仰、人生哲理有關，冥王在此，對於相關的學問和討論都會有很深層的探索，什麼都要追根究底，甚至會有激烈的討論。而大家亦可透過相關的討論和探索，從中經歷一些轉化，甚至療癒。

又或當大家一起的時候，自己已有的信念會受到衝擊、被打破，並重新再建立新的信念和世界觀。

這個位置頗為適合一些研究學問的夥伴，往往會因為大家的分

享和互動，而能發掘得更深更徹底，對學術研究很有幫助。

冥王星在第十宮

第十宮是共同的目標和成就，冥王在這裡，代表大家對於得到社會、事業上的成就有很強的野心，並希望可以從中獲得權力。

如果這是事業上的夥伴，在邁向事業目標時，大家有很大的決心，誓要達到這個目標為止，不過同時也要注意當中的權力鬥爭問題，又或過程當中會經歷一些強烈的危機或變化。

冥王十宮也代表當兩個人在一起時，大家的目標亦可能因此而徹底改變，跟舊有的不一樣。

第十宮也是在社會上的形象，冥王給人的感覺就是很有力量、很強勢，但亦帶有神祕感，所以會給人很有企圖心、甚至有勢力的感覺。

冥王星在第十一宮

第十一宮是大家的友誼成分，冥王在此宮位，可以說大家可以是很親近、投放很強情感的朋友，有著一些強大的共同理念，甚至帶著一些可以轉化他人、社會的願望和憧憬。

可能會喜歡參加一些跟神祕學、心理學有關的團體，又或參與一些較為激烈的社會運動。跟其他朋友／團體，可能會有一些權力的問題，但同時亦可通過一些團體活動，讓彼此得到轉化。而彼此的共同朋友，可能也是一些低調、有權力或跟治療有關的人。

冥王星在第十二宮

第十二宮是一段關係中大家不太意識得到、潛藏在背後的部分。冥王在此，可能有一些激烈的情緒、強烈的恐懼，大家一直壓抑著，不以為意，又或不想去面對。如果不去面對這些深層的情緒，像妒忌、控制欲、恐懼等，他們就會隱隱地破壞著這段關係。

如能運用冥王的力量，則大家在心理、靈性層面上，其實有一種轉化的欲望，當中有一股強大的動力，推動大家一起在這方面發掘、鑽研，從而達到蛻變和治療。或許經歷一些危機或變化後，對於自己的心靈會有更透徹的了解，而讓自己和整段關係重生。

組合凱龍星＊十二宮位

凱龍星在第一宮

第一宮是整體上給人的印象和感覺，而凱龍在第一宮，別人會覺得這兩個人／團隊古古怪怪的，好像跟一般人很不同，甚至會帶著一種輕視的眼光。而當事人亦可能覺得別人總是歧視自己，甚至在攻擊著自己的傷口似的。

但如能學習、認清並肯定自己的獨特之處，勇於突出自己，自然可以慢慢建立出自身的特色，亦不畏懼別人的眼光。

凱龍在一宮，這段關係的其中一個重要課題，就是面對自己的傷口，互相學習，並從中找到治療。

凱龍星在第二宮

　　第二宮跟自我價值有關，所以當大家在一起可能就會觸動到內在的一個傷口，懷疑自己的價值、甚至這段關係到底有什麼價值？有什麼值得大家繼續經營下去、走在一起？如果是一段情感關係，可能需要處理的就是「到底我有多值得被愛」這個傷口。

　　另外，第二宮也是跟金錢、財務有關。凱龍在此，也要注意金錢可能成為關係中的敏感課題，一不小心就會因為金錢的事而刺中彼此的死穴。

凱龍星在第三宮

　　第三宮是我們的思想和溝通，凱龍是我們的傷口和敏感點，所以大家在溝通的時候，說的話就會不自覺地刺中彼此的傷口，所以得注意說話的內容和技巧，也要知道什麼應該說、什麼要避忌一下。當然，也可以透過學習和溝通，從中去了解彼此的傷痛，並可一起討論，去互相開解、治療傷口。

　　第三宮也跟學習有關，所以大家亦可一起去學習一些跟治療、心靈成長有關的東西。

　　如大家是家人夫妻，則在兄弟姊妹、親戚當中，可能會是與眾不同，甚至被視為怪咖的一對。

凱龍星在第四宮

　　第四宮是這段關係內在情感的部分，也是過去和家庭。凱龍在這個宮位，大家在情感上都會相當的敏感，一些原自於童年、家庭、過去的傷口，都會在這段關係中被引動出來。所以這個位置很

講求雙方是否願意一起面對過去，以及內在脆弱的部分，只有這樣，才能透過這段關係去成長和處理這些傷口。

第四宮也是這段關係的基礎，如果是凱龍的話，大家可能是基於彼此有一些類似的傷痛、過去的經歷而走在一起，感覺就是可以互相理解而產生出同理心。正面的方向是大家可以互相扶持而去處理這些問題。

凱龍星在第五宮

第五宮是玩樂、享受、戀愛的宮位。凱龍在此，戀愛的感覺可能不是一般的甜蜜浪漫，反而可能因為對對方的傷痛，產生一種同理或憐憫的心，因而生出愛戀之情。

第五宮也是自我展現，就是在這段關係中我們能否盡情的表現自我。凱龍在此，或許會覺得自己跟別人很不同，亦怕對方不接受這樣的自己，總是害怕去表現自我。但同時凱龍的課題就是通過這段關係，學習去肯定並接受自己獨特的一面，勇敢的展現自己，在這段關係中才能輕鬆自在。

凱龍星在第六宮

第六宮是日常生活、服務、工作的宮位，一段關係中，大家無可避免，亦必須經常面對的，就是日常生活的瑣碎事，又或每天的工作。凱龍在這個宮位，就特別容易因為這些日常的責任、枝微末節的地方，觸碰到彼此的傷口，例如總是認為對方做得不夠好，未盡責任。

其實第六宮講求的，是為對方謙厚的付出，為生活或工作負

起責任。而凱龍其中一個課題，就是要我們了解到每個人都有傷口、有不足之處，而去培養出同理心和謙厚的態度，不要以爲自己是高高在上的。所以凱龍在此宮，就是要求我們學習謙虛，爲對方服務。

凱龍星在第七宮

第七宮代表對關係的態度，凱龍在這裡，大家可能會因爲彼此的傷口而互相吸引，例如對對方的傷痛有一分憐憫心，又或發覺彼此有類似的傷口和經歷，從對方身上照見自己的傷痛。正面的運用，可以因爲互相了解而互相支持，一起去治療。但亦要小心大家可能只是因爲對對方的同情，又或可以互相依附而走在一起。

而這兩個人／團隊跟其他人的關係，可能總是覺得跟別人格格不入，害怕別人看輕自己、不接受自己，需要學習去接納自己的獨特性。另外，亦可代表著治療者與病人的關係，例如醫師、治療師的團隊，如有凱龍在七宮，則相當配合。

凱龍星在第八宮

第八宮代表了一段關係中的親密感，就是當兩個人在一起，需要打開心房，將自己較爲內在、脆弱的部分流露出來的地方。凱龍在八宮，大家的內心深處可能較爲脆弱，總是害怕會受到遺棄，總是覺得自己不好，怕對方嫌棄自己，自然內在充滿了恐懼。凱龍的課題，就是透過一起面對這些恐懼和傷口，去了解到自己獨一無二的地方，甚至接納自己最軟弱的部分，並慢慢去建立親密關係。

至於在跟他人共享的財務方面，則要小心在這方面會變得依賴，又或當問題出現時，總是覺得自己是無辜的。學習負起責任去

處理財務上的問題，是凱龍八宮的課題。

凱龍星在第九宮

凱龍是大家之間的敏感點，或所謂的致命傷。第九宮跟信念、信仰有關，所以凱龍在九宮，當大家談到一些關於宗教、政治、信仰相關的話題時會變得敏感，一不小心就可能會觸碰到對方的神經。

亦可以說大家的一些共同信念、信仰會與別人不同，甚至在別人眼中是頗為另類、不易被接受的。

凱龍也跟治療有關，所以在九宮，也代表大家可以一起研究學習一些有關療癒的學問，又或從自身的傷口中，去領悟一些人生道理和智慧。

凱龍星在第十宮

第十宮是大家在社會上的形象，在世俗的眼光下的模樣。凱龍在十宮，這兩個人／團隊在社會上的身分或形象會是較為另類的，別人並不容易接受，甚至會有一種排斥的感覺。但如果能夠衝破這些眼光，走自己的路，則可發展自己獨一無二的一面，並在社會上建立自成一派的形象。

第十宮也是大家的共同目標，凱龍在此，可能這段關係就是讓大家一起走上治療的路，未必一定是成為治療師，但一起去探索心靈，了解自己的傷痛，並藉此去療癒，都會是這段關係所帶領的方向。

如果這是事業上的夥伴，如果大家是從事跟治療有關的工

作，又或從事的類型是比較非傳統的，都頗為配合凱龍的能量。

凱龍星在第十一宮

第十一宮是大家在團體、朋友圈中的情況。凱龍在十一宮，可以說這兩個人／團隊，在一群人當中總是跟其他人有點不一樣，甚至會給人一些異類、怪怪的感覺，所以較容易在朋友、團體的事情上受到傷害，總是覺得別人不接受自己。但凱龍的課題也是讓我們去接納自己的與眾不同，從而發揮自我的獨特性。所以就是要學習在團體當中，如何去肯定自己的獨一無二。

另外，凱龍十一宮也可以代表大家傾向於加入一些跟治療有關的團體或活動，例如一些身心靈的成長活動，或是受創後的互助會之類。

凱龍星在第十二宮

第十二宮是一段關係中最為隱密的部分，隱密得連當事人也不一定知道是怎麼一回事，甚至無意識的壓抑或收藏著這部分。

而凱龍在十二宮，就是大家可能都會將過去的傷痛，或在這段關係中所受到的傷害都埋藏在心底。不過，如果只是一直壓抑和否定，這些傷口還是會隱隱的影響著這段關係，甚至會有所破壞。所以大家最好能夠一起去面對，坦誠的討論內心的感受，特別是覺得受傷的地方，才有助彼此的成長。

組合南北交＊十二宮位

南交在第一宮，北交在第七宮

第一宮代表自我、獨立，而南交點則是大家習慣了、感到自在的地方。所以在這段關係中，雙方要從一個比較自我、獨立的位置，慢慢學習北交在七宮的課題，即是學習如何跟對方相處，如何相互依賴、合作，而不是只著眼在自我、自由方面，凡事要考慮到對方，或站在對方的立場去看。

此外，就是去學習信任及爲這段關係做出承諾。當然，北交點的地方就是我們要去學習，並感到困難、帶有挑戰的部分，所以在最初階段，大家會覺得跟對方相處實在不容易，卻要逐步去學習放下自我，而建立這段關係。

南交在第二宮，北交在第八宮

第二宮跟金錢、物質有關，南交在二宮，代表大家對於如何運用資源、處理財政方面，都會覺得容易、自然，例如大家都會有一些共同的價值觀，又或在錢財上的處理會有接近的態度。

對於二宮物質相關的事情，大家會感到容易處理，但對於第八宮，北交相關的事情，例如情感上的深層連結，在一段關係中內心情感的部分，可能就會覺得有點困難。例如如何可以打開內心的部分，跟對方交流？又或除了在物質、資源（二宮）以外，有更多的情感連繫？這些都是大家需要共同學習的地方。

南交在第三宮，北交在第九宮

南交在第三宮，代表大家在溝通、說話方面，會感覺更容易更舒服，聊起來有一種親切感，彷彿天南地北什麼都可以談，還可以發掘共同的興趣、話題，思想方面也似乎較易磨合。但這可能只是停留在一些較為表面、膚淺的話題，如渴望關係有所成長，或彼此的交流更深入，則要向九宮的北交進發。

亦即在討論、學習方面，層面需要更拓展，以及多探討一些人生哲理，或以打開彼此的眼界為目標，通過對哲理、新鮮事物的探索，有助大家一同成長。

南交在第四宮，北交在第十宮

第四宮是內在的情感、家庭、內心的安全感，南交在四宮，代表大家在一起時容易建立安全感，就算是初相識，也會對對方有一種似曾相識的熟悉感。而當大家一起建立家庭時，也會覺得那是理所當然的事。

不過反過來，第十宮的北交點是挑戰、感到困難的地方，所以這兩個人／團隊的課題是如何在社會上建立一定的地位、得到某些成就，而讓別人認同。大家在私人生活的相處上感到容易，但當要去面對社會上的體制、世俗的眼光時，如何去獲得別人的肯定和認同，便成為了一道課題、一個挑戰，但如能努力向此邁進，便能有所成長和學習。

南交在第五宮，北交在第十一宮

第五宮是享樂、戀愛的宮位，南交在此，大家可一起享受生

活、玩樂，並感到輕鬆好玩，在戀愛的層面也容易會擦出一些愛情的火花。彼此遇上的時候有一種熟悉，像不知哪裡見過你的感覺，當大家要各自建立、展現自我時，亦是輕鬆自然。

而第十一宮北交所在，就是大家如何跳出「二人世界」而走進人群、團體。在一群人當中，如何跟大家混在一起？或在團體當中，自己到底是扮演著什麼角色？對於共同的朋友如何共處，這都是可能的難題。

還有，十一宮代表了共同對未來的憧憬，大家如何能不只停留在面前的玩樂，而一起去計畫將來？又如何從自我，發展到建立共同理念？這些都是是由五宮的南交邁向十一宮北交的課題。

南交在第六宮，北交在第十二宮

第六宮是日常的工作、生活上的責任，南交在六宮，代表大家都習慣於為對方服務，認為付出是理所當然，亦可維繫工作或日常生活中的正常運作，讓大家都感到舒適自在。

而第十二宮的北交，就很講求彼此之間的心靈連結，除了處理日常要做的事之外，在心靈的部分有沒有交流？彼此是否願意將心裡的想法都讓對方知道？因為北交所在是關係中感到困難、有挑戰的部分，所以北交十二宮，大家總是覺得要打開心扉、或將收藏得很隱密的部分拿出來是一種困難，必須認真面對，才可以讓這段關係有所成長。

南交在第七宮，北交在第一宮

南交在第七宮，代表大家都習慣了互相依賴，好處是可以互相

支持幫助，亦感覺跟對方在一起才能讓自己感到完整，在一段關係中，懂得從對方的立場去想、重視跟對方的承諾，都是很重要的。

不過，如果在一段關係中只是依賴對方，或只在意對方如何看待自己，就會容易變得失去自我。所以北交在第一宮，代表在這段關係中，成長的課題是如何保持獨立，明白跟對方一起，不是相附相依的，而是雙方是獨立的個體，有自己的自由和空間，亦不要因為對方而失去了自我。

南交在第八宮，北交在第二宮

第八宮是關於親密感的宮位，南交點在此，就是大家較容易去建立親密的關係，感情上會有較深層的連結，不過，同時也會覺得二人密不可分，老是習慣了黏在一起，如果沒有對方，就彷彿內心被掏空了似的。

而北交點在第二宮的課題，就是學習除了情感上的連結，大家在相處、接觸上，也要顧及一些較為世俗的事情，像金錢、物質，如何去處理資源、財政上的事務，這些都是要學習的地方，大家的價值觀是否一致，或如何磨合，也是這段關係的關鍵所在。

南交在第九宮，北交在第三宮

南交在九宮，大家比較習慣一起去探討和研究一些人生哲理、學術性的東西，又或去探索新鮮、未知的事物。這些較高層次的東西不是不好，而是除了這些高瞻遠矚的事情外，還有很多現在、當下的東西需要理解和討論，如果光是想著未來、或一些高深的學問，往往會忽略了眼前生活的資訊。

所以北交在第三宮，代表大家要學習從未來返回當下，其實每天那些看似瑣碎的聊天、想法的交流、甚或一些八卦小情報，都可以成爲這段關係的成長骨幹，讓大家做出思想上的交流，從中彼此了解。

南交在第十宮，北交在第四宮

南交在第十宮，大家比較在意的，可能是一些共同的目標和成就，特別是在社會上的地位，在意外界的人如何看自己。可是，在努力地爲目標拚搏之外，一個不可忽略的地方，就是北交四宮的部分，即是彼此感情上的交流、內在的情緒和安全感，以至一起建立的家庭。

在外頭得到了名聲、認同、讚賞，還是需要注重內在情感的部分，雖然對於這方面的交流，大家會感到不容易、陌生，但打好情感的基礎，營造在一起時舒適安穩的氛圍，學習向對方表達內在的感覺，才有助這段關係成長。

南交在第十一宮，北交在第五宮

第十一宮是社交、團體、朋友的宮位，南交在此，大家可能習慣於團體的生活，亦很著重自己在朋友圈中擔當的角色，並且擁有共同的理念，向著未來一起前進。不過，在團體生活以外，北交在五宮，也提醒著大家的成長方面，是去建立及發展自我，而不只是顧著團體的生活，還要注重個人的創意、享樂，又或二人一起談戀愛的時間。學習去享受生活、發揮自我的創意，有助這段關係的成長，一起時也會更爲愉快。

第五宮也是子女宮，北交在此代表要更注意跟子女的關係，因

為這是一個富有挑戰的地方，需要多加學習跟子女的相處。

南交在第十二宮，北交在第六宮

第十二宮是一個較為靈性的宮位，代表了彼此之間的心靈連繫和默契，對於心靈上的交流，大家會感到自然自在，亦比較樂於去談談內心深處的想法和感覺。

不過，光是靈性上的交流是不夠的，北交在第六宮，也代表著需要學習的地方是現實生活上的責任、日常的枝微末節，雖然看起來不及「心靈」那麼高層次，但兩個人相處，也絕不能忽略這些實實在在的東西。為對方付出、服務，而不只是柏拉圖式的精神溝通，是在一起時感到困難、不熟悉，但需要學習的地方，關係才能有所成長。

組合行星＊十二星座

組合上升點＊十二星座

組合上升點在牡羊

上升點的星座，代表了這兩個人／團隊給外間的感覺，也是這段關係的一種主調。上升牡羊容易給人一種獨立、有活力的感覺，行動力、決斷力亦強，但是好勝心、競爭心也重，這兩個人就彷彿要跟其他人去爭什麼似的。另一角度看，也可以是一隊先峰，做什麼也快人一步，希望可以領先於他人，或帶領著他人向前走。

而這段關係的一種基調，就是比較強調獨立性，兩個人在一起，無論是工作關係，還是情感關係，彼此都會較爲獨立，不會過度依附。

組合上升點在金牛

上升金牛的組合，會給人一種安穩、可靠的感覺，相當的可信，所以如果這是事業上的夥伴，需要面對客人，金牛上升就會特別容易讓人信任。

而這兩個人／團隊待人處事的方式，會是小心謹愼的，而且會比較注重價值、金錢、物質上的衡量，要累積足夠的物質以獲取安全感。

在這段關係中，彼此可能需要較長的時間去建立，但倒是可以建立出一段較爲長久、穩定的關係，而且互相信任、忠誠。大家在一起，也會較爲注重物質上的享受，也會在意經濟、金錢的狀況，有安穩的經濟基礎，才會有安全感。

組合上升點在雙子

上升在雙子座，這個組合給人的印象會是輕巧活潑、溝通力強、好學的。不過看起來較爲飄忽不定、有難以捉摸的感覺。在待人處事的方式上會較爲靈活，容易適應環境，但變動性亦會較大，不太穩定。

這個組合的主調會跟溝通有關，所以大家在一起，可能有很多想法可以分享，有不少話題可以聊，而且最好能夠經常保持新鮮感和變化，流暢的思想交流，有助這段關係發展下去。

如果這個組合是銷售隊伍，那代表說話、溝通、交易的雙子上升將相當符合。

組合上升點在巨蟹

巨蟹上升的這個組合，給別人的感覺可能是很柔和、感性的，但保護性也較強，可能需要較長時間，才能夠打開防衛網去跟別人打交道。

這兩個人／團隊的待人處事態度，會以感覺出發，看看感覺對不對，而自我防衛亦較強，不會很快或很輕易就跟別人熟絡。

在這段關係中，大家在情感上會較為敏感，但亦有較強的情感連繫。彼此會互相照顧、滋養，亦容易跟對方建立熟悉感，就算是新相識，也可能有一種一見如故的感覺，又或覺得對方就像家人一樣的親切。

組合上升點在獅子

獅子上升的組合，一走出來就很引人注意，大家的目光都會放在他們身上，而且能夠給人一種較為高貴、有氣派的感覺。在待人處事方面，總是希望可以表現自己，並獲得別人的認同，而且亦會扮演領導角色，希望別人可以跟隨自己。

兩個人在一起，會較為注重玩樂，一起時也容易帶來好玩、有樂趣的事，亦可以激發彼此的創意。不過在這段關係中，大家也會較注重自我，如果這是一段合作或情感關係，那麼過度的自我，在相處上可能會遇上挑戰。反過來，如果這是一隊創意或演藝組合，則容易發揮創意和表演欲，在一起可幫助大家去發光發熱。

組合上升點在處女

處女座的上升，這兩個人／組合給人的印象，可能是較爲低調、實際、實事求是的。

當兩個人在一起，在待人處事方面，會傾向於分析、仔細的看事情，也會樂於爲別人服務，而且會保持謙虛，以工作爲上。

大家在相處上亦會爲對方服務和付出，注意日常生活的一些瑣碎事宜。如果彼此之間是情侶的關係，則會較注重一些實際的事情，至於感情的部分，要看組合盤當中其他的位置來定奪。

如果是工作夥伴的關係，處女座上升頗能配合，因大家都會以工作爲重，亦會努力的做到完美。

組合上升點在天秤

給合盤本身就是跟關係有關，而天秤座本身亦是代表著關係，所以天秤上升，代表這兩個人／團隊，會給人一種「好伴侶」、「好夥伴」的感覺，形象看起來優雅漂亮。

在待人處事態度上，會講究公平、公正，凡事會衡量，以求獲取平衡。同時亦頗懂得跟別人打交道，注重跟其他人的關係。

二人在相處上，會保持一種平等的關係，你付出了什麼，我也付出同樣的東西。會樂於一起行動，重視彼此的溝通，亦會懂得從對方的立場去看事情，做決定也會有商有量。

組合上升點在天蠍

天蠍上升的組合，給人的感覺總是帶點神祕感，不易讓人看透

這段關係，同時，這兩個人／團體，也會對外界有所防衛，不會輕易將自己的事情讓人知道，會比較注重隱私，感覺上較爲低調。

在待人處事上渴望掌握到權力，對別人或遭遇的事情，希望可以操控，但同時也有轉化他人的力量。例如若這是一個治療的團隊，則天蠍座的能量會更爲配合。

而彼此在這段關係當中，會有較深的情感連結，投放強烈的感情，而大家通過這段關係，有可能一起經歷一些危機，但同時亦可因此獲得轉化。

組合上升點在射手

射手上升的組合，會給人樂觀、開朗的感覺，在別人眼中，會是熱情好動的，但同時亦會有一種知性、喜歡學習的印象。

在待人處事方面，看事情會看得較爲長遠，想法也較爲廣闊，可能會較爲粗枝大葉，但也是慷慨、不斤斤計較的。

就算各自的性格是較爲嚴謹、悲觀，但在一起時，就彷彿能夠讓彼此更爲開心愉快，看事情也傾向從樂觀的一面去看。而且透過這段關係，大家可以互相學習、一起去探索人生，一起去冒險、旅行，並因此而共同成長。

組合上升點在魔羯

魔羯座的上升，容易給人一種嚴肅、正經的印象，但同時也可以讓人感覺專業、成熟。

大家在一起時，在待人處事方面會變得較爲小心謹愼，亦相當

的勤奮，做事有架構，總之就是要把事情做好，相當的可靠。

彼此在這段關係中，重視責任、承諾，並能夠發展成長久穩定的關係。不過在情感方面，會較為冷漠和疏離，重點倒會放在一些世俗的目標上。而且大家都較為自給自足，不會依賴對方。

如果這是工作上的關係，大家都可以一起努力，為了得到成就而拚搏。

組合上升點在水瓶

上升星座在水瓶座，這兩個人／團隊給人的印象會相當的突出、與眾不同，在別人的眼中，更可能感到有點奇怪。

這兩個人／團隊，在待人處事上相當的冷淡、理智、客觀，感覺上可能會較為冷漠。而做事方式亦會與眾不同，很有自己的風格。同時亦希望做一些特別的事，不喜歡跟一般人一樣。

當大家在一起，可能會激發彼此一些獨特的想法和創意，相處上亦注重溝通、思想上的交流，亦會有一些共同的理念。大家亦注重個人空間和自由，彼此會尊重對方做為一個獨立的個體，不會常常黏在一起。

組合上升點在雙魚

雙魚座的上升，這個組合給人的印象會是較為柔情、纖細，而大家在一起後，似乎會變得較為敏感，在待人處事、面向外界的時候，會傾向於去感受，以感覺去判斷，所以難免會讓人覺得陰晴不定，難以捉摸。

　　就算各自是一個很理智的人，但成爲一個組合後，就會將感性、情緒的部分引發出來，注重感覺，在相處上也會講究心靈上的默契和交流。

　　在這段關係中，彼此之間的界線會較爲模糊，不分你我，容易跟對方融合在一起，所以亦有助雙方去建立同理心，學習去關愛對方，甚至不介意爲對方犧牲付出。

組合太陽＊十二星座

組合太陽在牡羊

　　組合盤中的太陽，代表兩個人或一群人在一起後，整個團隊的核心走向，亦是大家在一起時可以發光發熱的地方。

　　太陽在牡羊座，大家在一起時充滿了衝勁、活力，很有拚勁，而且凡事也要比別人走快一步，希望可以領先，當個先峰。

　　同時，競爭、取勝的心，也是這個組合的一個重點。無論是對於他人，還是組合成員之間，都帶有競爭性，希望自己比對方或別人好。如果是一隊銷售隊伍，可以說大家都會勇於去衝業績。但如果彼此是情感的關係，則要注意大家都會傾向獨立，而要學習在關係當中如何連繫和相處。

組合太陽在金牛

　　太陽在金牛座，代表二人或這個團體的本質，都會是較爲穩定，希望一切都是原來的樣子，最好不要有什麼變化，大家都會

努力去維繫，希望建立長久、忠誠的關係。亦會追求物質上的安定，例如大家會一起努力去賺錢／存錢，滿足物質上的欲望。

如果這是情感、伴侶上的組合，彼此間的身體接觸、感官上的享受，都會較為重要。如果這是事業上的夥伴，則大家都會踏實的工作，為賺錢而努力。

因為金牛喜歡安穩，所以如果關係出現什麼變化，大家未必那麼容易適應、面對。要看組合盤內其他行星，有沒有一些變動型的星座去平衡。

組合太陽在雙子

太陽在雙子座，代表這段關係的本質是溝通性較強，大家注重思想上的交流、是否有共同的話題，跟對方能否好好的聊天，這些都會是關係的重點。

雙子座是變動型的星座，所以這段關係的變動性會較強，不會十年如一日，同時亦需要有新鮮感的注入，例如大家可互相學習或交流一些想法學識，多去發掘不同的話題，以保持這段關係的生命力，才不會讓關係變成一池死水。

如果這是一隊銷售組合，那麼雙子太陽特別配合這些憑口才或跟貿易有關的工作。

組合太陽在巨蟹

這個組合的本質會以情感為主導，彼此都會重視在一起的感覺，特別的念舊，所以也會不斷累積感情。當大家建立了熟悉感時，就會想一直黏在一起，如果遇上什麼變化或分離的事件，會較

難以接受、適應。

大家在一起會互相保護、照顧，目標會是希望建立一個安穩的家，所以如果是情侶的組合，則大家在情感上會比較依賴對方，亦會以結婚生子成家爲目標。

如果這是事業上夥伴，也會較重視感情，不會只注重利益上的東西。

無論是何種關係，大家在一起時都需要較長時間去培養熟悉感及安全感，才能建立對對方的信任。

組合太陽在獅子

太陽在獅子座的組合，看起來就像那些明星夫婦、明星組合的感覺，就算他們各自可能是低調的人，但在一起，似乎就會變得耀眼奪目，能夠引起別人的注意，而且是一個很有創意的組合，玩樂性較強。

這個組合的目標，反而會把焦點放在展現自我上，透過這段關係，讓大家都發光發熱，去表現出自己的獨特之處。

獅子座也跟娛樂、創意有關，所以如果是演藝圈的組合，會更容易去展現自我，或在表演上更引人注意。如果是事業上的夥伴，亦有利於大家一起去領導他人做事。

組合太陽在處女

太陽在處女座，這個組合的重點會在意爲對方付出、服務，而且大家在一起會變得更爲實際、仔細，亦希望可以將這段關係打造

得完美。

這個組合會相當重視日常生活上的細節，又或工作上的規律，大家都會爲這方面而付出。

有些情侶在一起後，可能很重視浪漫的感覺，但太陽在處女座的話，則大家會比較注重生活中實際的事情，並非談情就可以。而做爲土象星座，處女座也代表大家都會追求踏實安穩的關係。

如果這是事業上的夥伴，則大家也會爲工作的成績默默耕耘，踏實工作。

組合太陽在天秤

天秤座本身就是代表「關係」、「合作」，所以如果太陽在天秤，代表大家都會很重視「關係」這回事，目標是去建立一段和諧、平衡、對等的關係，大家平起平坐，互相付出、妥協。

太陽在天秤，大家在一起不會只考慮到自己，還會從對方的立場去想，找出共識。

兩個人在一起，會變得更注重漂亮、美感、藝術的東西，以及公平公義的事情。

如果是工作上的夥伴，合作起來也會更爲和諧，所以組合太陽位於天秤頗爲適合團隊工作。

組合太陽在天蠍

太陽在天蠍，大家會有一種很深的情感連結存在，會相當投入在這段關係中，在一起就不想分開，占有欲也會較強。這段關係可

能也會牽起彼此的恐懼情緒，或內心陰影的部分，特別是害怕會被對方遺棄，總是想抓得很緊。

而大家也可以透過這段關係，去發掘更深層的自我，或許會經歷一些危機，並從中得到轉化。

天蠍座也跟共享財務、資源有關，所以如果是一些生意上或財務上的夥伴，太陽天蠍也頗配合這種能量。

組合太陽在射手

太陽在射手，這個組合的本質是充滿了活力，總是不停的去探索，例如去旅行、一起去學習、發掘新的學問，總之這個世界就是一個充滿趣味的地方。當大家在一起，會變得樂觀、愉快，彷彿見到對方、跟對方一起，就會特別高興似的，同時亦很注重彼此的空間和自由，不會互相束縛。

這個組合的其中一個焦點，就是大家會很注重知性上的交流，談論一些人生道理、智慧，又或一起去研究一些學問，所以如果是教育界或研究院的團隊，會特別能夠發揮射手的特性。

組合太陽在魔羯

太陽在魔羯，這個組合的本質，可能會是較為嚴肅、踏實，對於這段關係會相當小心翼翼的去經營，追求的是安穩、承諾，一段長久的關係，而不是短暫的浪漫。

所以就算看起來沒有激情，但大家所追求的是細水長流的關係，而大家也會重視責任，願意為對方承擔。

對於世俗的成就，也是這個組合的追求目標，大家會頗注重在社會上的地位、名聲，也會一起向著事業的目標進發。所以如果是事業上的夥伴，又或一家公司的組合盤，那太陽魔羯更代表大家會為了建立事業成就而更加努力。

組合太陽在水瓶

水瓶座代表了理智、新奇、創新的東西。組合盤的太陽位於水瓶座，當這兩個人／團隊在一起，大家都會注重自由和空間，並會尊重對方是獨立的個體。就算各自是較為踏實的人，但在一起，太陽位於水瓶時，性質上就會變得喜歡追尋新奇創新的東西，渴望為自己、為對方帶來驚喜。

這個組合的本質會很重視理性的溝通，情感上的交流會較為冷漠疏離。所以如果是情感的組合，要看看組合盤上，有沒有一些強調感覺的行星位置。如果只是工作、生意的夥伴，則水瓶座的理智、重視團體的性質，則有助大家的創意發揮，以及整個團體的合作。

組合太陽在雙魚

太陽在雙魚座，當這兩個人／團隊在一起，會變得較為感性、敏感，情緒會較容易流露出來。而且大家碰在一起，似乎彼此之間的界線都融掉了，有點不分你我的感覺。

這個組合也容易建立一種同理心，願意了解對方、為對方付出，甚至犧牲。

而透過這段關係，大家可能會去追求更高的理想，並學習一些

關於心靈、靈性上的事情。

另一個角度看，也要注意在這段關係中，大家會較容易忘記、失去自我，又或過度依附對方。

組合月亮＊十二星座

組合月亮在牡羊

月亮代表這個組合的情緒、感覺、以及一些本能反應、需要。月亮在牡羊的組合，會較爲熱情衝動，比較孩子氣和直率，需要証明自己比對方或別人優越，所以彼此之間可能會存在著一些競爭，又或對其他人時總是想取勝、走快一步，才能獲取滿足感。在日常生活中，大家可從事一些競賽式的活動，或一起做運動，都有助於發揮月亮牡羊的衝勁和好勝心態。

另外要注意的是，月亮牡羊也代表了一些憤怒的情緒，大家碰上也就容易觸發憤怒，或許需要從中找出背後的原因，而不只是向對方發脾氣。

組合月亮在金牛

月亮在金牛座，這個組合在情緒上是會比較安定、安穩的，起伏不會太大。在情感上，也會傾向建立長久、忠誠的關係，太多的變化反而會引起大家的不安。

這兩個人也需要建立物質、經濟上的安穩，才會有安全感，累積越多越感安心。

這個組合也相當重視日常生活中的享受，例如大家一起去吃美食，這些實際的東西反而是情感交流的重點。而金牛座也注重身體的接觸，如果是情侶的話，多擁抱或觸碰對方的身體、表達愛意，也是互相滋養的方法。

組合月亮在雙子

月亮在雙子，大家在一起，情緒方面會比較飄忽不定，心意也經常轉換，不過也因此可製造多些變化，才能保持大家需要的新鮮感。

月亮雙子需要的不是安穩，反而是新奇有趣的東西，特別是對話、討論，以及思想的交流，所以需要多發掘聊天的話題，才能滿足內心的需要。如果有一天大家都發覺無話可說，那就要注意關係上可能出現問題了。

要滋養這段關係，大家可以一起去學習新的知識、上一些課程之類，滿足了腦袋，就是滿足了大家的內心。

組合月亮在巨蟹

月亮在巨蟹座，大家在這段關係中，相當的感情豐富、內心也很敏感，情緒上的起伏也可能會較大。情感上大家都會有互相依附的感覺，會彼此照顧對方，滿足對方的需要，藉此讓感情更深、拉得更近。

月亮在巨蟹，保護性也比較強，可能大家初認識的時候，會需要多一些時間去放下防衛，慢慢建立感情。又或對於外界，大家也會努力去保護自己和這段關係。

　　彼此都渴望有一個安穩的家，這樣才有安全感。夫妻之間可能會很重視買房子的問題；若是事業上的合作夥伴，可能會需要建立一個安全互信的基礎，才能順利合作。

組合月亮在獅子

　　這兩個人／團隊在一起，感覺就像很好玩、很多樂趣似的，而且也充滿了熱情，相當的溫暖。

　　要在這段關係中獲得滿足，大家都要努力保持開心、娛樂的氣氛，而且獅子座也是較爲自我，喜歡得到注意，所以雙方都需要獲得對方的重視和讚美，又或在一起時，要得到其他人的注目。所以想維繫這段關係，不要吝嗇對對方的讚美。

　　在日常生活中，大家可以多參與一些娛樂表演活動，又或爲生活加多一點奢華的味道，都有助滋養彼此。

組合月亮在處女

　　處女座月亮的情感相當細膩敏感，看起來好像沒有很大的起伏，但實際上就算很細微的事情，也可以觸動彼此的神經。

　　對於月亮處女座來說，感情這回事，需要審愼的分析和觀察才能夠去肯定，亦渴望這份感情純潔和完美，所以大家可能需要較長的時間去互相認識，直至彼此觀察分析足夠，才能肯定這段感情，或覺得有足夠的安全感。

　　在日常生活中，大家會比較注重一些生活上的細節、實際的事情，生活較有規律，還有很關心健康的事宜。

組合月亮在天秤

當組合的月亮位於天秤座，代表大家都很需要得到對方的滋養，有點害怕寂寞的感覺，所以總是希望對方可以陪伴自己，就算是工作團隊，也會很喜歡有人可以一起合作的感覺。

天秤座是風象星座，大家之間的情感連繫會比較注重思想交流和溝通，討論一些話題、各抒己見，會特別覺得舒服。

日常生活中，可以多接觸一些漂亮的東西，或把家布置得整齊美麗，都會讓大家感到滿足。

組合月亮在天蠍

月亮在天蠍座，大家會有很濃烈的情感，無論是開心不開心，都可以很激烈和極端。而且會有較強的占有欲和妒忌心，以及深層的恐懼和猜疑，總是害怕對方會背叛和離棄自己，很容易就會抓著對方不放手，越把對方捉得緊，越感到安心。

不過，天蠍座的自我保護力很強，所以需要大家在一起較長的時間，建立了信任，才會真的投入感情，或把心打開。

在日常生活方面，大家都比較保護自己的隱私，可能會喜歡兩人靜靜地在一起，亦不會將私事輕易告訴他人。

組合月亮在射手

月亮在自由自在的射手，大家在一起，情緒上總是輕快、開心的，感覺上變得很樂觀。但同時，這段關係也需要很多的自由和空間，不能受到對方的管束，才能保持愉快和舒適。

大家有一顆冒險的心，喜歡去探索新的事物，學習新的東西，所以如果一起去旅行、學習、或討論不同的事物，都可以帶來滿足、愉快的感覺。

因為射手喜歡自由，所以這個組合，就算是夫妻、情侶關係，也未必太注重要建立家庭，除非大家感覺這個家不是一個束縛，否則反會讓雙方感到不安。

組合月亮在魔羯

月亮在魔羯，這段關係在情感方面似乎會較冷淡、疏離，沒有什麼激情，反而追求安穩，亦會努力去維持，希望可以長長久久。但也要注意可能會把情感過度的壓抑，總是不敢表達出來。

魔羯做事總是小心翼翼的，也很會權衡利害，所以月亮組合在魔羯，大家可能都會計算一下在這段關係中，到底對自己有什麼好處、有什麼損失，用理智實際的去衡量，不會感情用事。

月亮魔羯的事業心也很重，如果是事業夥伴的關係，大家都會很努力為著目標去拚搏。如果是夫妻情侶關係，彼此也可能會較專注於事業，不會老是談情說愛。

組合月亮在水瓶

水瓶座理智又冷漠，組合盤的月亮位於水瓶，在這段關係中，大家感覺上會較為疏離、冷漠，就算有任何情緒，也會以理智分析，甚至不能接受太激動或親密溫馨的感覺。

大家在情感上的連繫和滋養，反而會放在聊天、討論上，只要可以有思想交流，甚至激發出一些創新的想法和念頭，都有助製造

新鮮感，滿足雙方。

在日常生活中，最好讓大家多保留一點私人空間，有自己的獨立生活，會讓大家感到舒服一些。

組合月亮在雙魚

月亮在雙魚座的組合，情感上會相當的豐富、細膩又敏感，彼此的一句話或是一些舉動都可以觸動敏感的心。不過，情緒上也較爲多變不定，起伏較大。

雙魚座相當有同理心，大家很容易會感受到對方的內心，彼此的感覺彷彿融而爲一。也因爲可以易地而處，並對對方做出包容及體諒，大家比較容易建立起默契，甚至有種心靈相通的感覺。

在日常生活中，可以憑著一些藝術、靈性的活動，去維繫感情，並滋養彼此的內心。

組合水星＊十二星座

組合水星在牡羊

水星代表我們的思想、溝通說話的方式和態度。水星在快速的牡羊座，這兩人／團隊在一起時，說話思想也會變得迅速，可以很快做決定，而且想到就會立即行動。

不過牡羊座也代表衝動和競爭，所以也要注意大家在說話的時候，用詞可能會過度強硬，又或不經大腦就說出來，甚至帶有攻擊性，容易形成言語上的衝突。

而且大家在說話時也較為自我，總是想贏對方，所以要多注意彼此的溝通技巧，小心會因為這些問題而傷害這段關係。

組合水星在金牛

水星在金牛座的組合，思想和說話方式都較為謹慎、小心，可能要想得清清楚楚，把實際情況好好考慮後才會把話說出來，或做任何決定。所以如果是生意、事業上的合作夥伴，特別對於金錢財務上的決定和考慮，都會很懂得計算並小心翼翼。

水星在金牛，大家都會很重視說話的可信度和承諾，不會隨便答應對方什麼，所以雖然有時做一個決定、或表達自己的想法時需要較長的時間（相對於快速的牡羊或輕巧的雙子），但會很守信用、亦很可靠。

組合水星在雙子

水星在雙子，就是跑回自己的星座。雙子座是一個很重視說話和溝通的星座，也有很多想法，大家在一起彷彿有說不完的話題，天南地北什麼都可以聊。不過雙子座是比較輕巧靈活的，所以對於一個話題不會說得太認真和深入，輕鬆聊天輕而易舉，但說到做出承諾，或仔細做一個決定時，可能會失去耐性，或者說了出來，轉頭又有另一種想法了。

如果這是一個銷售隊伍，那麼代表說話、交易、機巧的雙子，會相當適合銷售的工作。

組合水星在巨蟹

巨蟹座是水象星座，重視感覺、情緒、感情，當水星位於巨

蟹，這個組合在思想溝通方面，會有較多的情感交流，容易把自己內心的感覺說出來。但同時說話、想法，也會受到情緒的影響，對於一件事情的看法，不是用理智的角度去分析，而是感覺對了就可以了。

大家在溝通說話的時候，也會有較強的保護性，就是如果跟對方還不是太熟悉、沒有足夠的安全感時，未必會輕易透露自己的想法。直至有一定的安全感，才會把內心的感覺流露出來。

組合水星在獅子

獅子座熱情又充滿創意，當組合盤的水星座落獅子座，代表大家在一起時，很容易互相激發創意，又或總是可以想出一些特別、新鮮的想法，所以這個位置也很適合一些創意團隊。

大家在說話交流時，總是帶著開朗熱情的氣氛，不過獅子座也是較爲自我的，大家在說話時，總是會以自己爲出發點，如果在一段關係中，每個人都只是考慮到自己，而忽略了對方，那自然容易阻礙到溝通。所以水星在獅子座的組合，也要多留意這方面的問題，別忘了有時也要想想對方立場。

組合水星在處女

處女座重視細節，分析能力強，所以當水星位於處女座時，彼此之間的溝通、想法，都會較爲理智、講邏輯，會一起分析事情，看事情也會相當仔細。

彼此之間的話題，都會傾向一些日常生活，又或比較實際的東西，未必會常常談情說愛，但聊一下生活瑣事，或許就是大家相處

的方式。

另外，也要注意在溝通說話時，可能總是會從一個批評、挑剔的角度出發，小心因此而說了一些令對方不高興的話。

組合水星在天秤

天秤座是風象星座，所以十分注重溝通，水星在天秤的組合，會喜歡有對方做伴而聊天、或討論一些話題。雖然大家說起話來有時像在辯論，但天秤座溝通的方式，就是喜歡從不同的角度出發，去分析、衡量，透過這樣的溝通，以維繫這段關係。

而且雙方總是可以站在對方的立場去看事情，不會只想到自己，所以凡事都可以有商有量，不會強硬將自己的想法加諸到對方身上。而這種態度，對於一段關係來說，有助彼此的溝通，也有助這段關係變得更和諧。

組合水星在天蠍

當這兩個人／團隊在一起，看事情總是可以更深入，彷彿能夠看穿表面，而看到一件事或一個人的內在部分，直覺力也比較強。

彼此之間的說話溝通，都會相當深入，例如討論到某一件事情，不會只在表面風花說月，而是尋根究底、探求真相。

天蠍座也是一個情感強烈的星座，水星在此，溝通方式可能會帶著強烈的感情，也可以透過多溝通，將內心深處的感覺表達出來，增加彼此的情感連繫。

294 high 占星技巧：中點技巧、組合盤、移民占星學

而且，當大家在一起後，也可能因為彼此之間的相處，而讓大家在思想上有一些改變和轉化，看事情的角度也會變得不一樣。

組合水星在射手

水星在射手座的組合，大家在一起時，看事情的角度好像都會變得更樂觀，有更多正面的想法。

彼此之間的對話、談論的話題，範圍都可以更拓展，通過這種交流，可以帶給雙方更高遠的目標，眼光也會更擴大，在智慧上能有所增長。而大家感到有興趣的東西，都會跟人生、宗教、信仰、外地等有關。

水星射手座的說話方式相當直率，有什麼會直接說出來，所以彼此的溝通會是很坦誠、真實的，但也要小心有時會過度的輕率直接，而不自覺的惹對方不高興。

組合水星在魔羯

水星在魔羯座，大家的溝通和想法都會很嚴謹、實際，凡事習慣謹慎思考、審視一番，說話也會小心翼翼，以免犯錯。看事情的角度，也較為實際或計算利害得失，實事求是，注重結果和成效。如果這是一段情感關係，可能會少了一些甜言蜜語。但對於工作夥伴來說，這卻有助於把工作做好。

另外，水星魔羯對於自己的想法也會較為壓抑，除非是想得很清楚，否則不會輕易的把話說出來。但同時也很注重承諾、以及說話的可靠性。

組合水星在水瓶

　　兩個人／團隊在一起，而水星落在水瓶座上，可說是一個非常有創意的組合，可以互相激發彼此天馬行空的想法，別人甚至可能覺得這組人的想法很奇特，跟主流很不同。

　　水星水瓶的想法會是突破傳統、較爲前衛的，甚至水瓶座代表了未來，所以大家看事情也會很有遠見，不會單單考量當下的情況而已。

　　溝通上頗爲理智，凡事有根有據，以事實和邏輯出發。但如果要用言語來表達感受，對水星水瓶來說可能不太容易。

組合水星在雙魚

　　水星在雙魚座，可能大家會比較注重心靈上的溝通，有時不一定會把話說出來，一些非言語性的溝通，例如從彼此之間的眼神、神態、動靜，可以感覺到對方的想法。

　　雙魚座是沒有界線的，所以大家在思想上很容易融爲一體，心領神會的明白對方的想法，有助彼此建立默契。不過也要注意，大家之間的溝通可能不清不楚，說話含糊，容易引起誤會。所以要多加留意這個問題，以免造成誤解。

　　而大家感興趣的話題，會跟藝術、靈性的東西有關，多做這方面的探討，也有助加強彼此的溝通。

組合金星 ✳ 十二星座

組合金星在牡羊

金星是欲望、想得到的東西，無論那是金錢、物質，甚至是「對方」。而位於牡羊座的金星，代表這個組合的人，想要一樣東西時就要立即得到，不能夠等待。在享受方面，如果要吃一頓大餐，這個組合並不是那種坐下來慢慢享受的模式，而是只要快就可以了，想要而立即得到，是最大的「享受」。

金星也代表金錢態度，而對於這個組合來說，金錢是一樣需要去競爭、努力去拚搏而得來的東西，或許彼此之間在金錢上會有一種競爭，但也可說大家在一起賺錢的動力也很強。而同樣地，花錢的時候，也容易變得衝動。

大家對外的人際關係，會是充滿了熱情和主動性，但也會喜歡跟別人競爭，總是想證明自己比別人更棒。

組合金星在金牛

金星在金牛，對金錢和物質都相當重視，總是覺得累積得越多，安全感越大，所以這個組合對於金錢會看得較重，理財方面也會很謹慎。

而金牛座也很注重享受，所以無論多努力的累積金錢，還是會懂得花在一些生活享受上，特別是感官性強的，例如去吃美食、買漂亮的東西、做個水療之類。

至於對關係的看法，彼此都會追求安穩和長久的關係，並且重視承諾，所以也會努力去維繫這段關係，亦希望不要有什麼改變。

組合金星在雙子

金星雙子的價值觀會比較注重通訊、溝通、學習、知識的吸取，所以大家會認為值得花錢買的東西，可能是一些跟通訊有關的物品，如電話、電腦之類，又或一起去上課進修等。雙子對於金錢並不如金牛那樣抓得緊緊的，會抱著一個較為輕鬆隨意的態度。

對於關係的看法，會比較在意彼此是否能夠做思想上的交流、溝通方面是否愉快，有沒有東西可以聊，如果彼此之間都有一些共同有趣的話題，或能夠多做溝通，都有助強化這段關係。

組合金星在巨蟹

金星在巨蟹座，對於金錢會看得比較緊張，較為省儉，因為巨蟹座需要很多的安全感，而金錢、物質，會是當中一個重要的來源。而所花的錢，可能都會放在家庭上，家人也會成為了這個組合賺錢的推動力。

對於關係、愛情的態度，金星巨蟹的組合，會有很豐富的感情，關係建立得越長久，感覺就越安心，而且也會對彼此一路走來的日子特別珍惜，不會輕易忘記。而如果這是情侶關係，大家都會認為談戀愛就是要結婚、建立家庭，是一種較為傳統的愛情觀。

組合金星在獅子

金星在獅子座，對於金錢，大家都相當的慷慨豪氣，會願意花

錢在一些較爲奢華的物品和享受上，對於其他人，在金錢上也不會怎麼計較，總是覺得在金錢上慷慨，會讓自己看起來很有面子。

對於關係的看法，總是帶著一種虛榮炫耀的心態，希望自己這段關係可以引起別人的注意，希望讓他人羨慕，就像明星一樣。

不過要注意的是，在這段關係中大家可能都比較自我，都希望對方或其他人遷就自己、聽自己的說話，所以需要留意別太過自我中心，容易影響關係。

組合金星在處女

處女座對於金錢相當懂得計算分析，所以就算兩個人各自很會花錢，但當兩人在一起，組合盤中的金星位於處女座時，都會變得較爲精打細算，對於金錢也會謹慎起來，而且都會花在一些實際有用的東西上。

而對於關係的態度和看法，處女座其實很樂於爲人服務，所以大家都會願意爲對方及他人付出。而在關係上，也會以理智分析形況，若發現有什麼問題，會實事求是的討論分析，但自然也不會太浪漫或講究感覺了。

不過，大家對於「愛情」、「關係」，都會有一個很高的標準，希望可以符合自己心目中理想的完美境界，但這樣很容易給自己及對方太大的壓力，或因爲總是不能達到完美而對關係感到失望。

組合金星在天秤

金星回到自身守護的天秤座，自然感到舒服並容易發揮。天秤

座喜歡一切漂亮的東西，所以這兩個人／團隊，都會願意花錢在衣飾打扮、生活的享受上，而且覺得這樣會是大家在一起時的美麗時光。

金星在天秤座的組合，都會努力去保持和諧，盡量避免衝突，也會在意彼此之間是否對等、公平，不會讓其中一方特別強勢。所以就算不是情侶組合，而是工作上的夥伴，彼此的合作性也會很強，懂得互相尊重。

而這個組合也很懂得跟其他人打好關係，亦熱衷於一起參加不同的聚會、社交活動等等。

組合金星在天蠍

當兩個人／團隊在一起，大家對於金錢可能會相當的重視，天蠍座喜歡占有的感覺，這樣才會覺得自己很有掌控感和權力。這個組合或許會視金錢和物質為權力的象徵，會很努力的賺取金錢。

在關係方面，天蠍座會非常的投入，感情很強烈，但亦容易產生一種疑慮，總是害怕對方會背叛自己，所以有時會捉得很緊，沒法放鬆。

天蠍座也跟危機有關，所以這個組合可能會經歷財務或情感上的危機，從而讓這段關係成長、轉化，變得更為成熟。

組合金星在射手

金錢對這兩個人／團隊來說，就是要慷慨地花出去的東西，總是樂觀地以為錢會自動進來，不必費心。但也要小心因為這種心態，花錢毫無節制，或過度浪費。

對於關係的看法，大家會覺得開心就足夠，而且最好能給予彼此自由，不必互相約束，所以未必會太重視婚姻或承諾，有時能夠保持一定的距離，反而才能讓雙方感到舒服自在。

在平日的相處中，如果能夠一起去旅行，或一起探索一些學問知識、人生哲理，都是一種享受，有助維繫關係。

組合金星在魔羯

金星在魔羯座的組合，會相當重視事業成就、社會地位這些東西，就算是情侶關係，一起時也可能會在意彼此的事業發展，多於沉醉在浪漫、情愛當中。而對於內心的情感、對對方的愛慕之情，也傾向壓抑，不會輕易表達。

對於關係、愛情的看法，大家也會是較為傳統的，而且很重視大家在一起是否會受到他人的認同，又或被社會接受。

對於金錢的態度，魔羯座是很保守和嚴謹的，只會花在有用或實際的東西上，反正對生活上的享受要求也不高。所以如果大家是財務、事業上的組合，金星魔羯的謹慎和實際將有助於理財。

組合金星在水瓶

水瓶座的關係會是較為冷淡、疏離的，彼此之間最好不要太親密，各自保留一些私人空間。而且對於關係、愛情的看法，都會相當的理智，合則來不合則去，不必有情感的牽絆。而且大家也能接受一些非傳統的關係，就算跟主流社會的期望不一樣，也會我行我素，不理會他人的眼光。而在這段關係中，大家都會重視思想上的交流，喜歡理性的討論。

至於跟其他人的關係，會相當友善，重視朋友，但同時也會保持一些空間和距離。

對金錢態度，會理智客觀的處理，對於物質或享受的東西，不會太過重視。

組合金星在雙魚

金星在雙魚的組合，大家對於愛情、關係的看法，充滿了理想化的期望和想像，最好就像童話故事中的情節一樣甜蜜浪漫。而大家在一起，就是不分你我、合而為一，事事為對方著想，為大家犧牲和付出，充滿了豐富的情感。

在金錢態度方面，大家都不會太計較，甚至對於金錢的概念會較為模糊，錢花在哪裡都不清楚。反而大家更注重靈性、內心的東西，一起的時候做些浪漫的事情，談談情，就已經很享受、很有感覺，不必計算金錢物質的多少。

組合火星＊十二星座

組合火星在牡羊

火星代表了這個組合的行動力和熱情，火星在牡羊，可說這個組合充滿了活力衝勁，想到什麼都會立即去做，行動力超強。

如果這是情侶的組合，那麼彼此之間會有強烈的激情及性的能量。一起時，可以多安排一些戶外、體力的活動，例如多去做運動，有助發揮火星的能量。

這個組合會帶著較強的競爭性，可能會視對方爲對手，總是想贏對方，又或一起時總是想戰勝他人，以顯示自己的優秀。

組合火星在金牛

火星在金牛的組合，無論做什麼行動，總是小心翼翼、非常謹愼，會想清楚才去做，而且一旦行動就會堅持到底，就算遇到困難也不會輕易放棄，相當有毅力。

火星亦關乎一些生存的議題，爲了什麼而拚搏？火星在金牛，會努力的賺錢存錢，認爲要有一定程度的物質和金錢，才能安心的生活下去。

而兩人之間會產生衝突或爭執的地方，往往是爲了金錢或價值觀的問題，而吵起來就相當堅持己見，不會輕易讓步。

組合火星在雙子

火星在雙子座，這個組合的行動力往往會放在學習、爭取知識、溝通上，可能總是很有拚勁的去學習不同的東西，很多事要去思考、很多話想說。但同時彼此間也容易在說話上有所衝突，發生爭執吵吵鬧鬧的。另外，亦要小心說話上帶有攻擊性，傷害到對方或他人。

做事方面，相當有彈性和適應力，能夠按不同情況而做出配合，但耐性較低，有時未必有耐性去完成一件事，甚至半途而廢。亦可能在同一時間，把精力投放在不同的地方，想做的事太多，也因此集中力太過分散，未能專心做好一件事。

組合火星在巨蟹

火星在巨蟹座，這個組合的自我保護性較強，尤其對於內心的感覺、私人的事情，都會盡力保護，不喜歡受到他人的干擾，最好讓他們自己處理就好了。

如果兩人是情侶、夫妻或家人的組合，火星在巨蟹，也代表大家會很努力去保護這個一起建立的家，如果有人對這個家產生任何侵擾或攻擊，可能會引起火星巨蟹的極大反擊。

這個組合在情緒方面會較為敏感和強烈，亦容易引起一些憤怒的情緒，而在行動方面，往往會受到情緒的控制。

組合火星在獅子

火星在獅子座，大家在一起會相當熱情、盡情玩樂、盡情享受、找樂趣。但這種激烈的能量，同時也可以變成衝突和暴躁的脾氣，較容易動怒，甚至會表現得很戲劇化。特別是火星在獅子，自尊心較強，總是渴望自己可以拿主意，並希望他人聽自己的話。而當自尊心受到攻擊或傷害，又或有些事沒法按自己的想法而為時，就會特別容易動怒。

在行動力方面，獅子座不但充滿幹勁，同時也是固定星座，所以一旦要做某些事，就可以持續下去，不會輕易放棄。

組合火星在處女

火星的熱情和動力，落在處女座身上會變成仔細小心的行動，而不是熱辣辣的拚勁。火星在處女座，行動上會相當的仔細，會先分析、計算清楚，然後再去做，而所做的事都會做出實際

的考慮，不會一時衝動而去做，亦會樂於爲他人服務。

而火星也代表彼此的競爭、會發生衝突的地方，這個組合容易爲了一些細微、日常生活的事而有所衝突，不過發脾氣不是大吵大鬧的模式，而是比較毛躁、碎碎唸之類。

如果這是一個工作的團隊，火星處女座有助於落實工作，亦會努力把工作做好，務求達到完美。

組合火星在天秤

火星來到天秤座，再衝動火爆，也會受到講究和諧優雅的天秤影響，少了一股蠻勁，倒是在行動處事方面，多了一份禮儀和風度。

由於這是組合盤，涉及兩個人或一群人，所以大家在行動之前，總是有商有量，先衡量利弊得失才會下決定，但也容易有猶豫不決的毛病，思慮過多而未能決斷地行事。

至於大家可能會發生衝突的地方，往往會是爲了公平、公義的事，但天秤座式的衝突，都是口頭上的辯論，不會有什麼粗暴的行爲。

如果這是性愛關係，在性方面會比較注重享受、愉悅的氣氛，會視之爲浪漫的事。

組合火星在天蠍

火星本來就是天蠍座的守護星之一，所以當火星位於天蠍座，火星的衝動、爆炸力會得到強大的發揮，特別是添加了天蠍座

的深度和徹底。所以，這個組合做事的方式會是用盡全力，而且非要達到目標不可，無論遇上什麼困難，也會有強勁的意志去衝破，而且一做就會做得很徹底，不會虎頭蛇尾。

火星天蠍有這樣強的行動力和爆炸力，相對來說，憤怒的情緒也會很強，這個組合的成員之間，可能會存在一些激烈的情緒，還有占有欲、妒忌心，這些都很容易被激發出來，並形成大家的衝突。但同時也有非常強烈的激情，彼此會緊緊的抓著對方不放。而如果大家是情侶關係，性愛會非常重要，其中代表了彼此的激情和占有欲，會通過炙熱的性愛來表達。

組合火星在射手

當組合盤的火星位於射手座，兩個人在一起充滿了活力，很有動力的到處去探索，學習不同的東西、去體驗人生。而這個組合也可以是很有衝勁的旅遊夥伴，充滿了冒險精神一同探索世界。

在行動做事方面，這個組合的確很有熱誠和幹勁，但因為射手座是變動星座，堅毅力不足，不容易持久地把事情做到底。不過適應能力強，所以遇上任何的變化，總是可以調節而有彈性的處理。

另外，火星射手座做事，總會從一個宏觀的角度去看，或許會忽略細節，但反而適合做大型的規劃和行動。

組合火星在魔羯

火星在魔羯的組合，你會發覺當大家在一起時，做事會變得更有規劃、更小心謹慎，而且一早就會安排好，看看如何把事情妥當的完成，亦會相當實際，不會做虛無飄渺的空想。若真心要完成一

件事，會很有耐性，吃得了苦，不怕艱辛。

彼此之間的力量和幹勁通常會投放在事業上，如果是工作夥伴的組合，火星魔羯自然會得到恰當的發揮，但如果是情感關係的組合，則要注意會不會過度專注於事業，而忘記彼此的情感部分。當然，這要再參考組合盤中的其他配置。

組合火星在水瓶

水瓶座是一個很理智的星座，代表行動力和衝勁的火星落入水瓶座，自然會變得冷靜理性，行動和做事都會先做理性的考慮，不會衝動行事，就算感覺很憤怒，也會以理智去控制怒氣。所以這兩人／團隊，就算有什麼衝突、氣憤的地方，也會冷靜的思考，不會輕易動手動腳。

水瓶座也是一個愛新鮮、創新的星座，所以這個組合在行動上，可能會做出一些反傳統的事，讓人出乎意料之外，甚至讓人覺得很反叛。

組合火星在雙魚

當熱情的火星遇上如在大海中的雙魚時，就像一團火被淹熄一般，兩個人在一起，行動力彷彿減弱了，做事也缺乏焦點，要做的事看來欠缺規劃。

不過，每個星座總有不同的面貌，也具備不同的優點。例如火星在雙魚座，力量可以投放在藝術創作、靈性成長方面，又或行動時，可按直覺、感覺而為，不一定要設定什麼限制界線。

至於當大家發生衝突或憤怒時，當中會混雜了很多複雜的情

緒，也會引出一些受害的感覺。所以這個組合倒是需要多注意相處時的憤怒情緒，因爲雙方都較爲敏感、脆弱。

組合木星＊十二星座

組合木星在牡羊

當兩個人／團隊在一起，透過彼此之間的相處互動，可讓大家都成長進步。而木星在組合盤中，可以看出這個組合的成長方向和步伐。

木星在牡羊座，這個組合的成長速度相當快速，也容易發展出自信、對自己的肯定。總是認爲自己會比別人優越，也充滿了拚勁去擊敗他人。彷彿當大家在一起就能產生強大的動力，互相支持，一起成長發展。

大家在信念、信仰方面，會一起向著同一目標邁進，對於自己認爲對的東西，一定會努力維護和爭取，如果別人跟自己的信念不一樣，可能會因此而發生衝突。

組合木星在金牛

當這兩個人／團隊在一起，大家會慢慢的一起成長，並非一步登天，但可以打好基礎、逐步的發展，所以也給予彼此足夠的時間去互相認識、建立信心，或磨合彼此的信念。

至於大家的信念，會是一些比較實際的東西，要有實實在在的根據才會去相信。在信仰或道德觀念上，也傾向於比較傳統保

守。

另外，大家認爲可以發展、甚至覺得幸運的地方，會是財富、金錢、物質方面，所以這個組合可以一起去累積財富、賺取金錢。也特別有利於事業、生意上的夥伴。

組合木星在雙子

這段關係的發展方向和模式，就如雙子一樣，多變、也是多向性的，大家在一起可以嘗試不同的東西，互相學習，爲關係灌注新鮮感和變化。不過，雙子座的最終目標也是豐富自己的腦袋，汲取不同的知識。所以這個組合可以有很多思想的交流，也可以天南地北無所不談，豐富彼此的知識，讓大家在學習當中成長。

至於在信念、道德觀方面，這個組合會抱著好奇、學習的態度，卻不會堅持哪種觀念一定是對的，反而會就不同的觀點去討論。

組合木星在巨蟹

木星在巨蟹座，這個組合的成長方向，可能是建立一個安穩的家，就算大家不是夫妻或家庭的關係，巨蟹座也可代表一個安全感的根基或環境，所以這個團隊要有所成長，必須先建立一個讓大家都感到溫暖、如家一般的環境，彼此之間互相愛護、關心，培養出熟悉感，整個團隊才可以慢慢的得到發展。所以即使是事業上的團隊，除了在業績上拚搏外，也不能忽略組員之間的感情連繫。

而大家的信念、道德觀、信仰，也傾向於較爲傳統，巨蟹座並不能接受太過新鮮前衛的想法。

組合木星在獅子

　　這個組合的發展成長方向，會是成為一隊發光發熱、讓大家都注意到的明星團隊，大家可以盡情展現自我，以自己獨特之處去建立整個團隊的特色。就算是夫妻情侶關係，也可以成為矚目、自信、耀眼的一對。

　　而這個組合要尋求成長，可以通過發揮創意，又或在跟玩樂、娛樂、表演相關的事項去發揮。

　　不過，這個組合也要注意，木星在獅子座，自信、自我的部分也可能無限的放大，有機會變得過度的高傲、自負，以為全世界只有自己最捧，所以要小心這方面的問題。

組合木星在處女

　　這個組合可以尋求成長的方向，會是在日常生活和工作方面，學習為對方或其他人付出和服務，或把手頭上的工作做得妥當。通過為別人付出和工作上的磨練，大家就會一起成長，以及發揮服務他人的精神。

　　對於人生、道德的看法，會是比較執著、也抓得很緊，甚至可能會有道德上潔癖，有很多原則，黑白分明，對錯也要分辨得清清楚楚。

　　不過，處女座的過度注重細節、挑剔，木星的無限放大，這個組合很可能會把彼此的問題和瑕疵不斷放大，忘記欣賞對方的優點而影響彼此的關係，這點要特別注意。

組合木星在天秤

天秤座本身就代表了關係，所以在組合盤上，木星位於天秤座，大家可以透過這段關係學習互相合作、如何和諧地相處，有問題可互相妥協，或從彼此的立場看事情，這些都有助大家共同成長。

而大家在信念、道德觀上，會很重視一些公平、公正、公義的事情，而且也會喜歡討論一些跟人生、宗教、哲理相關的議題。而且大家也很重視和平，所以如有什麼問題，也會盡量以平和的方式去解決。

這對組合會很注重跟其他人的關係，所以一起時也會樂於參加不同的社交活動，從中得到樂趣並有所得益。

組合木星在天蠍

當大家在一起，會對於一些神祕學、心理學、生死相關的東西感興趣，並一起去探索，同時亦可透過這方面的認知、建立出來的智慧，特別是去發掘大家的陰影，以更了解自己和對方的內心，有助彼此的共同成長。

天蠍座也跟投資、分享資源、共同財產有關，所以這個組合也可以在相關的方面發展，亦可能在這方面比較幸運。

不過有一點要注意，就是小心對彼此的控制欲或有占有欲無限擴張、把對方緊緊抓著不放，而造成這段關係中的壓力。

組合木星在射手

木星在射手，就是回到自己的守護星座。這個組合感到最愉快、舒暢的地方，就是可以自由自在，無拘無束，大家給予對方空間和自由。

這個組合會樂於不斷去追求真理和知識，可以一起去旅遊、不斷的學習、探索人生，交流想法，都會讓大家覺得這段關係特別有意義。

這段關係需要不斷的尋求成長，如果有什麼阻擋著、讓大家停滯不前，沒有東西可以繼續學習，就會覺得沒有意思了。

不過也要注意，小心變得過度樂觀，想事情想得太遠而忘記現實的狀況，變得不切實際。

組合木星在魔羯

這個組合要成長和發展方向，會是建立世俗的成就、在社會上的地位、在事業上做出一番成績，並希望受到其他人的認同。

不過，這個發展步伐會較為緩慢，因為魔羯座總是小心翼翼、加諸各種限制，而且會相當謹慎，看清楚實際的情況後，才一步步的向前行。雖然緩慢，但因為小心、有耐性，又能夠堅持，所以反而能夠建立好足夠的基礎。

至於在信念、道德觀方面，會是較為傳統保守的，注重社會的階級、亦很尊重長輩的想法，而且對於自己的信念會相當的堅持，不會輕易轉變。

組合木星在水瓶

木星在水瓶座，大家在一起所追求的會是一段獨立、平等的關係，有足夠的空間，這段關係才能夠成長，否則只會讓大家感到窒息。

這個組合會一起去探索不同的理念，會有遠大的理想，尤其對於社會上的事、人道主義相關的議題特別關注。而對信念、道德觀、信仰方面較為開放，可以接受一些嶄新、非主流，以及反傳統的想法。

這個組合，在不斷成長的過程當中，可以互相支持，一直去發掘自己與眾不同的地方，敢於承認自己的獨特性並發揮出來，透過這段關係而展現獨一無二的自己。

組合木星在雙魚

木星在雙魚，也是回歸到自己守護的星座。這個組合會特別注重心靈上的成長、精神上的滿足，大家在一起，需要感到心靈上的豐盛，才會覺得這段關係有意義，而不是物質上的累積。所以，大家可以一起去學習一些跟靈性有關的東西，有助關係的發展。

而這個組合，會相當慷慨、極富慈悲心和同理心，很樂於幫助別人。所以也可以一起去做些慈善活動，發揮大愛的精神，為這段關係加添意義。

不過也要注意，精神境界當然重要，但小心變得過度的理想化，把一切想得太美好，而脫離了現實。

組合土星＊十二星座

組合土星在牡羊

土星在組合盤中，代表了這段關係中大家壓抑、限制或感到恐懼的部分。

土星在牡羊座，彼此之間就算有一股熱情也會壓抑下去，不會輕易表現出來。而且在行動力或決斷力方面，可能會過度小心，欠缺了一份衝勁，做起事來速度較慢。

不過反過來，這也代表行事會謹慎穩重，大家會逐步的達成目標，也會有一份堅毅的精神。

如果這是一個事業上的夥伴／團隊，當大家能夠集中精神去做一件事時，往往可以得到實際的成果，獲得一定的成就或地位。

組合土星在金牛

對於這個組合來說，最懼怕的可能就是沒有足夠的金錢、物質，而財務問題也可能是這個組合需要面對的一項挑戰。對於財務的處理會相當小心謹慎，不會胡亂花錢，也會很努力的去賺錢存錢。

另外，關於自我價值方面也會感到有所不足，總是怕自己在這段關係中不被重視，又或整段關係在他人眼中，其實沒什麼可取之處。

其實，這些都是來自於土星的考驗和限制，憑著金牛座努力的

打造和建立，還是可以建立穩建的財務，以及慢慢發掘、認同自身
之價值。

組合土星在雙子

土星在雙子座的組合，可能大家在溝通方面會有一些障礙，或
許對於心裡的話，無法好好的表達出來，又或說話時總是詞不達
意，容易引起誤會。就算自己是一個能言善道的人，不知爲什麼走
進這段關係中，就會發覺有話說不清似的。

受到限制的地方，往往就是需要努力的地方，所以大家需要加
強彼此的溝通，凡事再三確認、講個清楚，又或要鼓起勇氣去表達
自己。亦可嘗試不同的溝通模式，像電郵、寫便條之類，以輔助溝
通。最後，反而會有機會建立扎實的溝通橋梁。

組合土星在巨蟹

土星在巨蟹座，雙方需要處理的會是情緒、內心部分的問
題。大家可能會壓抑著內心的感覺，無論開心、不開心，有什麼不
滿，又或對對方的關愛，都無法輕易表達出來，甚至兩個人在一起
時不容易感覺到對方的關懷愛護。

也因爲這種情感交流上的障礙，會容易讓雙方覺得缺乏安全
感，總是不能肯定彼此之間的愛，不知對方是不是一個可以信
任、或真的能夠照顧自己的人。

這個組合需要多花一些努力去打開自己的心房，將內心的感覺
拿出來，讓對方感受到，然後才能慢慢建立出一定的情感基礎，讓
這段關係繼續發展下去。

組合土星在獅子

　　獅子座跟戀愛、玩樂、享受有關，所以這個組合，特別是情侶關係的話，可能不容易感受到戀愛的樂趣，反而會視這份戀情爲一種責任或壓力。但也可以說，因爲這段戀情，而讓自己變得更爲成熟懂事。

　　而獅子座也是跟自尊心、信心有關的，大家在一起，感受就像是少了一份自信，雖然渴望受到對方或其他人的尊敬，但總是覺得欠缺了一點什麼似的。

　　不過，這些限制和壓力也會變成一種很好的磨練，因爲自我感到不足，便可慢慢努力去做一些讓自己感到驕傲的事，並培養出眞正的自信。

組合土星在處女

　　土星在處女座，這個組合會讓自己承受不少壓力，因爲責任感很重，做每件事都務求做到盡善盡美，連最細微的地方也不放過。如果發現處理某些工作、或日常的事務做得不夠好，可能會相當的自責。

　　如果這是事業、工作上的夥伴，土星處女座有助大家認認眞眞的去辦事，而且會因爲這樣的努力、仔細和謹愼，可以做出一定的成績。

　　如果是情侶夫妻關係，則要注意在日常相處的事務上，給予彼此太大的壓力，或加諸太多的限制。同時也要小心因此影響健康。

組合土星在天秤

土星在天秤座，大家對於「關係」這回事都會用很認真的態度去對待，不但注重當中的和諧，更重視當中的承諾，以及彼此是否都負責任，願意為這段關係經營和努力。所以，大家對於這段關係會很認真，不會抱著玩玩的心態。

不過，也要注意可能因為太過注重「承諾」這回事，看得相當重，所以不敢輕易答應對方什麼，往往需要較長的時間才能建立對此關係的信心，並願意做出一些承諾。

所以無論這是伴侶關係，還是合夥關係，彼此認真的態度，都有助讓這段關係長久地發展下去。

組合土星在天蠍

天蠍座雖擁有很豐富濃烈的情感，但受到土星的限制和壓抑，不會那麼容易的流露出來，雖然大家的內心總是渴望能有更深層的連結，但同時也十分恐懼將自己藏得最深的情感拿出來，往往會造成親密關係的障礙。

這個組合也帶著強烈的恐懼感，常常防衛、害怕會有危機出現，又或者害怕被背叛、被遺棄，難免會對對方有一種戒備的心態。

另外，天蠍座也跟分享資源、共同財務有關，如果彼此之間有些金錢上的連繫，需注意這方面可能會遇上困難或問題。不過，如果建立穩健的理財態度，倒是有潛能可以累積大量的財富。

組合土星在射手

射手座需要自由、空間，需要跑來跑去，喜歡到不同的地方去探索，可是受到了土星限制，大家會感到束縛，在不斷去冒險、學習新事物時，還要負起很多的責任、做慎重的考慮，很容易感到不自在。

不過，這些責任也會讓大家在追尋自由時有一個限度，不會不顧一切的放任，反會考慮到在一段關係中，彼此也需要有一定的責任存在。

而這個組合在鑽研學問、探究人生的時候，也會採取謹慎的態度，反而有助於在這方面打好基礎，有更豐富的成果。

組合土星在魔羯

土星是魔羯的守護，所以這個組合可說有極重的責任感，非常重視傳統、紀律，彼此之間有什麼承諾、原則、規矩，都會一一遵守，這有助大家建立長久的關係，但也要小心變得過度的死板，遇上問題時不懂變通。

這個組合在事業、社會上的成就充滿了野心，總會很努力的向上爬，但同時也很容易產生不足感，覺得自己比不上他人，又或對自己過度的嚴厲批評，給予大家太大的壓力。如果大家是事業夥伴，這些事業上的野心可以是一種推動力，但如果大家是情感關係，則要注意會否對彼此太過苛刻，而忽略了情感上的交流。

組合土星在水瓶

土星也是水瓶座的守護之一，所以這個組合可能會有一些天馬

行空、很有創意的想法，但同時也會考慮到實際的層面，能夠將這些想法去落實。而對於大家的理念、想法，會相當的堅持，不會輕易放棄。

水瓶座也跟未來有關，那是對於未來的期盼和規劃。受到土星的約束，這個組合對於未來可能會有點懼怕、較為悲觀，總是有很多的擔憂。

土星和水瓶的性質都是冷漠疏離的，講理智、實事求是，但如果這是情感組合，則要看看組合盤上的其他位置，有沒有一些情感交流的地方，否則要注意會否過度冷漠。

組合土星在雙魚

雙魚座充滿了無邊無際的想像力，也擁有細膩敏感如大海般的豐富情感，可是遇上了土星，可能會感到想像力無法隨意發揮，彼此之間有什麼情感也要克制一下，不能隨性表達。但凡事都有正反兩面，反過來說，抽象的感覺和想法得到了土星的幫助，可以用實質的形式表達出來，讓對方或他人更容易理解或感受得到。

這個組合需要面對的另一種挑戰，就是欠缺一種踏實的感覺，講責任、穩定的土星，在雙魚座中就像在大海中飄浮的船，大家對於這段關係總是有一種沒法踏實的感覺。但雙魚座要求的是絕對的信任，看似抓不緊，但如果能抱著全然的信任，自然就能建立內心的安全感。

在分析外行星——天王、海王、冥王、凱龍在組合盤上的星座特性前，必須先了解這些是世代性的行星，如果組合盤中的成員，大家的年齡相近，那麼出生星盤上的外行星星座應會是一樣

的，而在組合盤當中自然會一樣。

所以單從外行星星座來分析，不會有額外的意涵，而是必須結合外行星在組合盤上的宮位參看，才可以分析得更爲仔細貼切。

當然，如果組合盤中的成員，年齡上有一定的差距，又或當中有來自不同世代的人，那麼組合盤中外行星的星座，則有機會跟組合盤成員出生盤中的不一樣，在這種情況下，就會因爲大家的組合而產生新的能量和意涵了。

組合天王星＊十二星座

組合天王星在牡羊

天王牡羊代表這個組合帶有一種追求獨立、渴望自由的特性。大家總是有點不安於室，不能安定下來的感覺。所以如果這是情侶夫妻的組合，在建立家庭、追求安穩的時候，天王牡羊那種不能停下來的動力，可能會讓彼此重新檢視相處的模式。

在符合一般追求安穩感情的規範中，也要接受彼此之間是需要多些空間和自由，保持雙方的獨立性，才能夠配合彼此的能量。如果沒有察覺到這種特性，很可能會不自覺的去推翻這段關係的安穩性和當中的承諾。

如果這是工作上的夥伴，則大家都可以獨立工作，而且整個團隊也會有很強的開創性，往往會有新的點子、創新的念頭，並且充滿動力去開展各項計劃。

組合天王星在金牛

金牛座代表金錢、物質、價值觀這些事情，這個組合可能會有一些獨特的價值觀，與眾不同的品味，甚至會跟社會大眾所認同的不一樣。而從其他人眼中看來，則顯得有點格格不入或古怪。

這個組合在金錢方面，可能會不太穩定，容易有突如其來的收入或支出；但另一方面，也可以憑著嶄新、有創意的想法去賺取金錢。

對於「安穩」這回事，這個組合會有自己新的體會和理解，他們追求的，可能不是大眾心目中一成不變的穩定，而是認為自由、開放、多變才是有價值的。

組合天王星在雙子

天王星在雙子座，當大家在一起時，總是可以激發對方的思考和創意，彼此之間可能有很多的討論和話題，而且可以從嶄新的角度出發，想出新的可能性，總之在一起的時候，會有很多新的思維刺激。

如果這是一個事業組合，特別有利於一些講求創意、或以通訊、溝通為主的工作，因為大家較容易想出新的點子，甚至發明一些跟通訊有關的東西，這些都可以充份運用天王雙子的能量。

組合天王星在巨蟹

天王在巨蟹座的組合，大家對於「家庭」可能會有新的想法和角度，跟傳統主流的有所不同。例如若這是家人、情侶、夫妻的關係，可能會認為大家就算是一家人，也不必過度依附或黏在一

起，反而可以擁有各自的空間，保持多一些距離。又或大家對於家居的布置，會有很多創意，把家居布置得很有個人獨特的風格。

另一方面，由於巨蟹座渴望的是安全感、互相照顧及滋養的感覺，而天王星的變動、不安，增加了大家在情緒上的起伏和不安定，總是欠缺了一點安全感。

組合天王星在獅子

這個組合頗為愛現，很能展現自己很特別、與其他人不同的地方，而且亦渴望其他人可以注意到自己。

天王星加上獅子座的組合，極富創意，並能互相激發，去創作新的東西出來。特別對於藝術、表演這些事項，會有獨特的創作力。

天王及獅子有個共通點，就是比較自我，所以這個組合在相處的時候，可能會較為自我，各有自己的堅持或想法。所以還得配合其他行星的位置，看看有沒有可以互相合作或妥協的地方，畢竟在一段關係中，二人的合作或磨合是很重要的。

組合天王星在處女

當大家在一起時，工作的方式、流程，又或日常生活中會產生新的形式、作法，而不會被一些規則所限制，尤其可以在一些細節當中，找出新的可能性，並做出更改變動。

這個組合可說是一個打破常規的團隊，例如大家是工作夥伴，會有一些新的做事方式，不會總按照舊有規矩辦事；又或如果大家是家人或伴侶，在日常生活中可能會較為隨性，不會規定何時

一定要做什麼。而且最好能夠在工作或生活中加添新鮮感，有助為整段關係注入動力。

組合天王星在天秤

這個組合對於「關係」的看法，無論是當下的關係，還是對於跟其他人的關係，都會打破傳統的規則，從一個嶄新的角度出發，甚至會推翻主流社會的模式。

對於「關係」，傳統上總會有一些特定的模式，例如兩個人談戀愛，什麼時候要結婚生子、組織家庭之類，但天王天秤的組合，未必會認同這種模式，他們有自己的一套，總之讓自己感到自在、自由的，就會去做，像同居不結婚、又或先生子後結婚等等，只要喜歡就會去做，不想受到社會文化習俗的束縛。

而這個組合，在關係當中也很注重個人空間、自由和獨立，不喜歡受到管束，也不喜歡去操控對方，只要大家保持平等就好。

組合天王星在天蠍

天王星在組合盤所在的位置，代表在這段關係中，哪一部分會讓大家得到嶄新的經驗或激發，而天蠍座是跟親密關係、深層心理有關。所以當大家的關係一直向前邁進，愈來愈深、變得愈親密時，彼此對於自己的內心、心理、以至恐懼或陰影，都會有新的啓發和了解，雖然當中的過程會讓人感到不安，但這也是一個自我發現、醒悟的過程。

另外，這個組合對於心理學、玄學、神祕學，以至一些禁忌的東西，都會很有好奇心，並且可以從中發掘到新的元素，並從一個

嶄新及開明的態度去看待這些事物。

組合天王星在射手

這個組合可以真正的開拓彼此的眼界，為雙方帶來各種新鮮的體驗。這段關係就像為雙方開啓了一道門，讓大家看得更遠，並能夠嘗試各種新的事物，整個世界看來變得更大。

大家可以透過一些學術討論、對人生的看法交流，進而互相啓發，甚至打破一直抱持著的信念，思想得到啓迪，從中一直成長。大家在一起時，所發展出來的信念、信仰，也可能會跟傳統、主流的相當不同。

組合天王星在魔羯

魔羯座跟傳統、架構、權威有關，本身的性質是較為保守、不喜歡變化的，總是按著教條辦事。但天王星的到來，會將這些東西一一打破。這個組合對於一些傳統或主流的制度，總會覺得不合時宜或設限太多，而想去推翻、不跟隨主流走，並且建立自己的規矩。

如果這是一個事業的夥伴或團隊，可能會挑戰上司、或打破公司中的既有規則，所以比較適合在一些容許較多個人化或自由度的地方工作，否則很容易會跟上司或公司產生衝突。

組合天王星在水瓶

天王在水瓶座，就是回到自己守護的地方，加強了自由、獨立、反叛、創新的性質。

這個組合在一起，會引發一種強大的創意和變動的特性，為雙方帶來很多的新鮮感、與眾不同又刺激的體驗，例如總是會帶給對方驚喜，又或想出很多新奇有趣的東西，為生活注入新的刺激感。

水瓶座是較為自我的，所以在這段關係中，大家一方面要學習尊重彼此空間，同時也要懂得在保持自我當中，如何跟對方合作、以至共同生活，及接納對方的想法，而不只是停留在自我的層面上。

組合天王星在雙魚

天王星在這段關係中，帶給大家的嶄新的體驗，往往會是跟心靈方面有關的。例如大家可能對於心靈成長、治療、靈修、新世紀思想這些部分可以互相啟發，帶來新的想法，或從中得到一些不同的領悟。

天王雙魚也會是一個較為理想化的組合，總是希望事情可以達至心目中的理想境界，又或單純地去追求一些理念和夢想，而忽略了現實情況。

組合海王星＊十二星座

組合海王星在牡羊

在二十世紀當中，暫未有組合盤出現海王牡羊的可能性，所以此部分暫不做探討。

組合海王星在金牛

在二十世紀當中，暫未有組合盤出現海王金牛的可能性，所以此部分暫不做探討。

組合海王星在雙子

在二十世紀當中，出現組合海王在雙子的可能性亦很低，例如一人在 1930 年出生（海王在處女座），另一個在 2012 年出生（海王在雙魚座），這樣才會有組合海王在雙子出現。

這個組合在溝通、思想方面，容易產生模糊、迷失、溝通不良的情況。可能大家相隔了很多世代，所以在思想上始終有距離，而需要花多一些努力去磨合。

組合海王星在巨蟹

海王在巨蟹的組合，對於家庭、根源，充滿了理想化的渴望，可以一起努力打造一個夢想之家。又或大家對於國家都有一份共同的理想，所以這也可以是爲了建立美好家園而共同奮鬥的組合。

不過另一方面，這個組合如果是家人的關係，也有可能對於「家」這件事感到迷失，像找不到扎根的地方，又或爲了家庭的事而感到失望。

組合海王星在獅子

這會是一個充滿了想像力和創造力的組合，非常熱烈的要去創造自己的理想世界和夢想，特別是在藝術創作方面，會有特別豐富

的啓迪。

海王星也代表失望和迷失，所以在創作的過程中，容易感到迷惘，不知應往哪個方向走。

另外，當大家在一起，會比較容易放下自我，這樣對於一段關係，或許有助讓雙方更懂得從對方的立場看事情。

組合海王星在處女

這個組合會有強烈的服務和犧牲的精神，很樂意爲對方或別人付出，願意幫助別人。

對於工作或日常生活，有過度理想化的傾向，渴望達到心目中的完美境界。但也要注意可能會過度的理想化，現實最終會帶來失望，所以也要學習從實際的角度出發，別要求過高或想得太美好。

組合海王星在天秤

這個組合對於關係、婚姻、合作這些事情，會有很高的期望，想得相當的美好，例如渴望擁有如電影小說中的完美婚姻，像公主和王子一樣。過高的期望容易帶來失望，尤其是面對現實問題的時候，所以在追求理想中的關係時，也要顧及實況。

另外，如果這是事業上的夥伴，要注意在合作上可能會有些不清不楚的地方，而導致誤解、誤會。

組合海王星在天蠍

這個組合會帶著極大的決心去追逐夢想，就算當中可能會經歷

一些危機或困難，也會勇於去衝破。

當大家在一起，可能很容易便解除了彼此的防衛，而能夠感受到對方的內心情緒和心態，這將有助於關係上的發展。

不過，另一個可能性，也可以是引發出對於親密關係的恐懼，彼此選擇逃避，不願意去面對。如果可以透過這段關係去面對內心深處的恐懼，倒是可以發揮一些治療作用。

組合海王星在射手

這個組合可說是相當的理想化，對於世界、對於未來，總是抱著美麗又樂觀的想像，相信這個世界是美好的，而且大家都充滿著熱情，一起向著理想邁進。

不過也要留意一下，大家可能會過度的理想化或樂觀，有時可能不願意面對現實，又或想逃避。而當真正看清現實時，又可能會覺得失望。所以在追逐夢想的同時，也要顧及現實。

組合海王星在魔羯

這個組合在面對夢想的時候，不會只是空口講白話，而是可以一起努力去將之實現，將夢想化成現實。不過在過程中可能會感到困難、或需要付出很多的努力。因為魔羯座所代表的，就是無比的毅力，需要時間慢慢去磨練。

不過，大家在一起可能也會害怕去夢想，又或不敢去想太多，互相給予了太多的限制。其實如果想像力發揮得宜，是可以把我們帶到更高更遠的地方，完成不可能的任務，這或許是海王魔羯需要思考的部分。

組合海王星在水瓶

這個組合在現今的世代，最能發揮想像力的地方，就是在科技、互聯網、電腦通訊的部分，又或對於社會、人道主義的議題，會有很多的理念，希望可以去實現。就算所用的方法會較爲偏激，也會爲了這個更高的理念去做。

由於海王星在 1998 年後才進入水瓶座，所以如果組合盤中的海王是水瓶，當中的成員可能大部分都是出生於 1998 年或以後。這些年輕的組合，對於社會有很多的想法和理想，並且勇於提出，甚至對現有的制度做出反抗，這也可說是這個世代的一種特色。

組合海王星在雙魚

海王星在 2011 年才會逐漸步入雙魚座，所以組合盤出現海王雙魚，很大機會都是在 2011 年後出生的人組成的組合盤。這個組合可說是充滿了夢想，對於整個世界有一種世界大同、不分你我的理念，亦可以是有很強的藝術感和創作力，並熱衷於靈性、自然療法、新時代思想這些東西。

不過，也可能會有更重的逃避現實傾向，甚至會有上癮、沉溺於某些事物的情況出現。所以如果運用這個海王星的能量，需要更強的覺察能力。

組合冥王星＊十二星座

冥王星於 1912 年進入巨蟹座，所以現代人的組合盤，暫未出

現冥王在牡羊、金牛、雙子的可能性，因此由冥王巨蟹座開始。

組合冥王星在巨蟹

　　冥王星在組合盤的位置，代表了這個組合要一起去面對的危機、恐懼，或會經歷轉化的地方。

　　冥王在巨蟹，這個組合無論是何種關係，都較易缺乏安全感，總是害怕會有什麼危機或問題發生。

　　而大家需要面對的，可能是內在的恐懼、讓大家感到不安的地方，從中去認識自己內在情緒、內心的部分。不過，如果大家能一起經歷危機，從中亦能建立深厚的情感連結。

組合冥王星在獅子

　　冥王在獅子座，這個組合要面對的，可能是權力、操控的問題，例如誰拿主意、誰在這段關係中處於主導地位、如何平衡大家的權力，都是這段關係的一個議題。

　　而從這些事情當中，可以讓大家看清楚「自我」的部分，例如彼此是否過度的自我而忽略對方；還是常常懷疑自己，總是覺得對方想控制自己；又或為了想肯定自己而想對對方做出一些操控。

　　不過，透過這段關係，大家也可以得到轉化，進而發掘自己可以發光發熱的地方。

組合冥王星在處女

　　這個組合面對的危機和問題，會跟日常生活或工作有關，例如

當大家在一起，平時自己習慣了的生活規律、或工作模式，都可能需要做出改變、互相磨合，或面對一些困難和挑戰，就算是一些瑣碎的事情，都要做出很大的改變。

另外，處女座會爲了一些細微的事而執著或批評，雙方之間的權力鬥爭的問題，可能就是爲了一些瑣碎的事，又或對對方有過度的批評、太過吹毛求疵而引發。所以，大家要學習的課題，可能是去接受彼此的不完美。

組合冥王星在天秤

天秤座是跟關係有關，冥王在此，當大家在一起後，對於「關係」的想法或概念會有所改變。例如自己本來認爲戀愛結婚生子是必然的模式，但當成爲這個組合的一員後，可能會有非常不同的想法，像接受同居、非婚生子這些截然不同的模式。

冥王在天秤，也代表大家在這段關係中，會特別注意公平、公正、公義的問題。例如雙方最好保持平等的位置，不分高低，又或者大家是否得到公平的待遇。而如何從中獲得共識，都是需要學習和面對的重點。

組合冥王星在天蠍

這個組合可能會帶著強烈的不安和恐懼，彼此之間需要面對權力鬥爭的問題，例如大家都不願將自己內心的情緒流露出來，當中有很多的猜疑，害怕對方會背叛自己之類。

其實這些都源自於內心莫名的恐懼，因而努力的想防衛保護自己。不過，如能突破這個障礙，彼此可以讓內心的情感流露出

來，並加深雙方的情感連結，甚至透過這段關係而讓自己做出重大的改變和成長。

組合冥王星在射手

這個組合需要面對的挑戰，可能是大家會為一些信念、信仰上的事情而有紛爭，例如大家的信仰不同，又或對人生的看法不一樣，而產生衝突。不過如能一起討論、研究，也可以因為這段關係，而讓大家在信念、人生哲理、思想上有強大的轉化，看人生的角度變得不一樣，並因此而有成長的機會。

組合冥王星在魔羯

冥王星在 2008 年始進入魔羯座，所以在 08 年後出生的人的組合盤，才有機會出現冥王魔羯的情況。而這亦代表了這個世代／組合，會經歷社會上的各種危機和改變，例如大機構、既有傳統、規則的崩潰。而大家在一起，也可能會有共同的方向，就是去挑戰一些權威或架構，去徹底改變社會上過去或傳統建立出來的東西。

彼此之間的相處，可能需要面對權力、控制的課題，大家都可能有較強的操控欲，希望事事在自己的掌握之中，所以需要學習放下這種控制欲，並開始建立對對方的信任。

組合冥王星在水瓶

在二十世紀到目前為止，暫未有組合盤出現冥王水瓶的可能性，所以此部分暫不做探討。

組合冥王星在雙魚

在二十世紀到目前為止，暫未有組合盤出現冥王雙魚的可能性，所以此部分暫不做探討。

組合凱龍星＊十二星座

組合凱龍星在牡羊

凱龍在組合盤中，代表了大家在這段關係中，需要一起面對及經歷的傷痛，但同時也可以在當中獲得成長和治療。

凱龍在牡羊的組合，大家在這段關係中，可能會覺得「自我」受到傷害，例如覺得對方像在攻擊或忽略自己，或在這段關係中失去了自我，又或互相在競爭，不容易合作。

不過，透過這些的傷痛，有助彼此在關係中發掘及認識自己，重新肯定自我、勇於去做自己，而不是為了對方而委屈自己。同時也明白到在一段關係當中，保持自我也是相當重要的，不必過度的貶低自己去遷就他人。

組合凱龍星在金牛

凱龍在金牛，大家需要面對的問題，會是一些跟金錢、物質有關的，可能總是覺得在金錢、物質上感覺不足，無論實際上擁有多少，心態上還是會為了金錢而擔憂、覺得不滿足，總是想追求更多，或吝於付出。

另外，凱龍金牛也是關於自我價值的問題，可能覺得對方看不

起自己，或質疑自己的價值。又或做為一整個組合，會覺得自己好像沒有什麼值得被肯定的部分，甚至擔心其他人會貶低自己。

透過面對這些傷痛，在這段關係中，大家可以慢慢打造自我價值，去建立一些有價值的東西，從而對自己做出肯定。

組合凱龍星在雙子

凱龍在雙子座的組合，往往容易在溝通方面出現問題，例如彼此在溝通上有所誤會，而這些誤解又會讓雙方覺得對方的說話是在傷害自己。又或總是詞不達意，因而導致彼此之間的衝突或問題。

溝通可說是一段關係中很重要的部分，是彼此之間的橋梁，所以經歷了這些問題後，也給大家一個機會去改善溝通，勇於去表達自己，這樣才有助關係的成長。

組合凱龍星在巨蟹

凱龍在巨蟹的組合，大家在一起總是欠缺了一份安全感，在情緒上會覺得不安，老是覺得對方對自己的關心愛護不足，於是緊緊的抓著對方，又或過度關心對方，其實都是出於想掌控以彌補不足的安全感。

而如果大家是家人的關係，更代表大家需要一起去面對來自於家庭、家族、過去的傷痛，從中學習和了解自己的根源。

凱龍在巨蟹要學習的課題，就是學習信任及建立安全感，這個安全感不是依靠他人來得到，而是自己內在建立足夠的安全感、去愛護關心對方，並非死命的抓著他人不放。

組合凱龍星在獅子

獅子座跟自我展現有關，渴望別人注視自己，把自己看成國王／皇后。組合凱龍在獅子座，大家可能會覺得對方總是忽略自己、不重視自己，然後或許會很費功夫去做一些事來引人注意，但往往用了不適當的方法，而導致問題更加嚴重。

獅子座亦跟孩子有關係，如果這是夫妻關係，亦要注意跟孩子之間的相處，大家可能爲了孩子的問題而發生衝突，又或不自覺地對孩子造成一些傷害等等。這些可能都源自於自己的內在小孩曾經受到傷害，而又放到自己的孩子身上。

凱龍在獅子座要學習的課題，就是培養對自己的自信心、學會重視自己，不需要刻意做什麼來引人注意以肯定自己，亦可避免將自己內在小孩的傷痛再加諸於孩子身上。

組合凱龍星在處女

組合凱龍在處女座帶來的問題或傷痛，往往會是大家對這段關係、對對方的要求很高，在日常生活的細節中，也會雞蛋裡挑骨頭，甚至對對方做出過度的批評，這些都會傷害到彼此的關係。

世界上並沒有完美的情人或關係，所以凱龍在處女座，要學習的就是接受不完美，並且去爲對方服務，一起努力把這段關係打造更美好，而不是只看到負面、不好的地方。

另外，這個組合也可能會對於治療、健康的事感到興趣，可以一起去學習或從事相關的事情。

組合凱龍星在天秤

　　「關係」本身，就已經是這個組合需要去處理的問題。例如大家曾經在不同的關係中受過傷害，而在現在的這段關係中顯露出來；或者感覺在這段關係中得到不公平的待遇，在關係中很難去妥協，又或為了得到對方的認同而過度付出等等。

　　如果組合盤的凱龍落在天秤座，大家在一起的其中一個重要課題，就是去學習「關係」這回事。透過這段關係，彼此可以學習如何相互公平的對待，保持關係中的和諧，並且不失去自己。或者，可視對方為一面鏡子，從對方身上更加認識自己，可以是這段關係的最大療癒。

組合凱龍星在天蠍

　　大家內在的深層恐懼，可能會在這段關係中被牽引出來，特別是一些埋藏在內心深處的情緒，像妒忌、憤怒、害怕分離、恐懼這些很原始的感覺。同時這段關係也可能牽涉到一些權力鬥爭，大家可能會很努力的保護自己，或牢牢的抓住對方不放，非常害怕受到傷害。

　　不過，這同時也是一個強大的轉化機會，透過這段關係，去面對自己深層的傷口，那些埋藏在心底的恐懼。如果能夠面對它，從各種情緒了解自己的課題，則是一個能夠療癒自己的好機會。

組合凱龍星在射手

　　凱龍在射手的組合，大家可能需要一起去面對信念、想法、信仰方面的分歧，以及其中引發的問題或傷痛。例如大家可能有不同

的宗教信仰，對於人生有很不同的看法，而未能接受對方，或覺得對方是異類。又或者，大家有相同的信念，可是在外人眼中就會覺得是另類，而大家要面對來自他人的奇異眼光。

其實，大家可以在這段關係中，學習去接納不同的信仰，就算是一些較爲另類的看法，或許從中也可以獲益，並拓展自己的眼光。同時透過學習不同的哲理，讓自己進步和成長。

組合凱龍星在魔羯

凱龍在魔羯座的組合，可能會認爲自己在社會的制度、規範下，是比較另類的，並爲了不被他人認同和接受而感覺受到傷害。例如，這個組合可能是一些另類的感情關係，又或從事較爲冷門、甚至「奇怪」的工作，跟社會上的期望不一樣。

另外，魔羯座也代表父親、過去，所以在這段關係中，大家跟父親或過去的一些傷口會被牽動，或許可以透過這段關係被帶出來，讓大家認清和面對，這就有助於察覺和治療這些問題了。

組合凱龍星在水瓶

凱龍跟水瓶座有一些共通點，就是與眾不同，較爲獨特、另類，跟社會或大眾的規範和期望很不一樣。而凱龍在水瓶座，這個組合可能有某些特質是相當的獨特，甚至被其他人認爲是怪胎，而不被他人接受。當事人可能會因此感到不安，彷彿跟其他人格格不入，甚至好像受到歧視似的。

因此，這個組合要學習的，就是去接受和欣賞自己的獨特之處，甚至樂於去展現出來，不必感到羞愧。這個組合更可能有些

新奇獨特的想法，可以去發展治療的工作或去幫助他人。最重要的，就是去認同及接受自己的獨特另類之處。

組合凱龍星在雙魚

　　凱龍在雙魚座的組合，會有很強的同理心，總是能看見別人的傷口，並感同身受，對他人有一份慈悲心。不過，凱龍的傷痛，加上雙魚座的逃避，也有可能發展出負面的特性，就是只看到自己的傷口而傷春悲秋，或總覺得自己很慘很可憐，又或一直在找方法逃避，不去看清楚問題。

　　其實雙魚和凱龍都有強大的治療能力，所以若能懂得發揮同理心，透過自己經歷過的傷痛，從中去覺察、學習，並以這種經驗去了解對方或他人的傷口，並予以幫忙，不但有益於他人，還對自己的心靈、個人成長，以及這段關係的發展都很有利。

組合南交和北交＊十二星座

組合南交在牡羊座，北交在天秤座

　　在這段關係中，大家可能習慣了獨立生活或工作，亦較為自我，而挑戰則是去建立一段對等的關係，不只是獨斷獨行、只顧自己，而是學習跟對方合作、一起生活，從對方的立場去想事情，也就是將兩個個體變成一個組合／團隊。

　　另外，就是要學習去「依賴」，就是明白到，有些時候的確可以靠對方幫忙，而不是所有東西都要背負上身，最重要是學習去相信別人，了解對方可以為自己去做一些事情。

在這個學習的過程中，難免會感到不適應，或碰上一些困難，但這些都有助大家共同成長。

組合南交在金牛座，北交在天蠍座

這段關係中，大家可能習慣了在財務資源上比較獨立，亦較重視物質上的擁有，得到越多，安全感越大。

但是，當兩個人在一起，或大家一起工作時，就要學習分享手頭上的物質和資源，不是每樣東西都要那麼的劃清界線，這是你的、那是我的，而是可以一起去分享、一起去用。

除了物質、金錢、資源方面，在這段關係中，大家要面對的課題，就是在情感部分，如何勇於將之表達，跟對方做出情感上的連繫和交流，不只是停留在物質層面，這都是大家需要處理的挑戰，也是成長的方向。

組合南交在雙子座，北交在射手座

南交點是大家感到舒適、習慣了的地方，南交在代表溝通、學習的雙子，這個組合在溝通方面可能會相當暢順，總是有很多不同的話題。不過，如果希望可以獲得成長，則可以一起去研究某些學問，探索人生哲理，甚至去討論一下關於人生意義的東西，而不只是停留在日常的資訊交換或聊天當中。

這段關係的成長方向，可說是一個「智慧上的成長」，大家透過這段關係，去學會更多人生的道理，尋找更多人生的意義，亦可拓展彼此的眼界。

組合南交在巨蟹座，北交在魔羯座

這段關係在情感的部分會有較強的連繫，而大家亦會著重彼此的內心世界、私人空間。不過，老是停留在自己的世界中是不夠的，還需要看看外面的世界，跳出自己的安全地帶。

這段關係的成長、發展方向，就是一起建立世俗的成就，一起為事業拚搏，並去獲取社會上的認同。大家在一起的時候，需要多出去接觸這個世界，或按著社會上的規範去做，在私人世界以外，還是要面對很世俗的部分。

組合南交在獅子座，北交在水瓶座

這個組合可能很懂得享受，喜歡玩樂，亦很重視自我，焦點往往會放在自己身上，只要別人注意自己就好了。不過，光是顧著自己是不行的，北交點在水瓶，對於社會、團體的事務也需要參與，學習放下自我，多從集體或大眾的角度去考慮。例如大家在一起，無論是情侶還是一個工作團隊，需要顧及整體的利益，而不只是自己的事情。

當然，這個組合也充滿了創意，而且可以嘗試發揮天馬行空的想法，就算在別人眼中有點奇怪，但也可以大膽創新，去做一些嶄新的東西。

組合南交在處女座，北交在雙魚座

南交點在處女座，大家對於生活上的細節，又或工作上的效率，都會相當執著或在意，總是希望在每一個部分都做得完美，把事情辦得妥妥當當。

而北交點在雙魚座，這個組合倒是可以學習放下一些執著，追求完美不是不好，而是要學會包容一些不夠完美的東西，學習去放輕鬆，甚至去發揮自己的想像力，而不是什麼都要計算或實事求是。

透過這段關係，大家可以學會慈悲和同理心，互相包容，甚至可以發揮大愛的精神。

組合南交在天秤座，北交在牡羊座

南交在天秤的組合，在相處、合作方面，可能會覺得相當舒服愉快，認為可以互相依靠，習慣了有對方作伴。不過，在這段關係中，大家反而要學習獨立，就是不需常常依賴對方，或什麼都要靠對方幫忙，而是可以獨立行事，並互相尊重彼此做為一個獨立的個體。

例如有些情侶就是常常要黏在一起，又或要求對方要陪伴自己；或做為工作團隊，常常依賴他人的幫忙，或需要別人下決定。當北交點在牡羊時，就要學習獨立起來，學會自己獨立處事、工作，自己做決定，不必過度的依賴。

組合南交在天蠍座，北交在金牛座

南交在天蠍座，大家在這段關係中，可能投放了很強的情感，而且在資源分配方面，也習慣了共享資源，不分你我。在這段關係中，必須要慢慢學習保持財政獨立，賺取自己的金錢，又或在工作方面，建立屬於自己的資源。

例如一些情侶可能在金錢上有共同的帳　　，又或某一方會在財

務上依賴另一方。但當北交在金牛座時，則最好去學習管理好自己的財務、有自己賺錢的能力。在個人價值觀方面，也該試著肯定自己的價值觀，不必事事視乎對方的立場或他怎麼看。

組合南交在射手座，北交在雙子座

這個組合會很熱衷於討論一些人生的哲理，或做新的嘗試、探索新鮮事物。大家看事情的角度，總會帶著一個宏觀或遠大的目光。不過，想有所進步或成長，則要學習把目光拉回當下，在討論那些高瞻遠矚的事情外，也要實在一點，去吸收一些實質的資訊。

特別是如果這是一個工作的團隊，大家可能會想到一些很理想化的事情，又或有很宏大的理念，但如何將之變成被人容易理解的資訊，是否可以運用在當下的情況，都需要學習和調教。否則光有遠大的想法，而沒法切合眼前的景況，也是沒有用的。

組合南交在魔羯座，北交在巨蟹座

這個組合會相當的努力，為了事業拚搏，或許會有共同的目標而一起奮鬥，希望可以在社會上爭取到一定的成就、得到別人的認同。甚至大家對於這段關係，是否受到世俗的肯定也會很在意。

不過，當北交點在巨蟹，就要學習從外頭的世界，跑回自己的內心。例如大家在拚搏之餘，有沒有留一點時間，去滋養彼此的內心和情感？有沒有一些情感上的交流？特別是夫妻或家人關係，要注意如何為大家打造一個安穩的家，除了事業成就，家庭生活也不能忽略。

如果是工作上的夥伴，也可能需要好好建立整個團隊的根

基，而不只是把手頭上的工作做好，這樣才有助整個團隊的成長和進步。

組合南交在水瓶座，北交在獅子座

這個組合可能會較著重團體的事情，例如一起參加團體活動、朋友的聚會，關心社會的事務；如果這是一個團隊，凡事也會從整體的方向和利益出發。而北交點在獅子座，這個組合的學習成長方向，是從團體之中找回自己，嘗試去展現、表達自我，勇於在人群中站出來，甚至學習去領導別人。

還有，南交在水瓶，大家在相處時可能習慣了較為疏離冷漠的態度，而北交獅子的發展方向，就是要去學習表達熱情的一面，甚至放輕鬆的去享樂，感受人生好玩之處。

組合南交在雙魚座，北交在處女座

這個組合可說是充滿了理想，重視精神上的滿足，而且滿是想像力和藝術感。不過，光是空想是不夠的，北交處女座要求大家回到現實，在想像之餘，也要看看所想的東西是否可行、是否符合實際。而且雙魚總是有點粗疏混亂，北交處女座則是要學習往細節看。

這個組合也擁有雙魚座情感豐富的特性，比較敏感，也習慣了憑感覺去做事，而北交處女座則代表要去學習實事求是，仔細的計算清楚。雖然這些都是一種挑戰，但往往是這個組合的成長方向。

案例

查爾斯王子、黛安娜王妃的組合盤

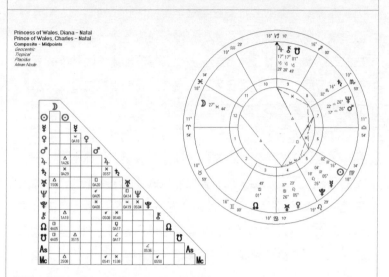

Princess of Wales, Diana – Natal
Prince of Wales, Charles – Natal
Composite - Midpoints
Geocentric
Tropical
Placidus
Mean Node

（圖說：英國查爾斯王子和黛安娜王妃的組合盤）

　　在看組合盤時，我們需要把這兩個人看成合而為一的個體，也就是大家在一起後的能量如何。

　　在上一本書《人際合盤占星全書》中，其中有皇室夫婦英國查爾斯王子及黛安娜王妃的個別星盤分析，這次我們可以看看二人的組合盤。

　　第一步可以先看太陽，組合太陽在第五宮處女座，第五宮的太陽代表這對皇室夫婦會著重自我展現，表現出充滿了個人氣派和特質的模樣。而處女座的模式是較為低調樸實的，就算是皇室人員，他們展現出來的樣子，也不像好萊塢巨星那麼耀眼，反而保持了英國人獨有的低調。而第五宮也

代表了子女，太陽第五宮，可見這對夫婦的焦點之一，也會在他們的兩位王子身上。

這個組合盤的上升星座是牡羊座，代表了他們二人給外界的一種形象及面貌。當年他們結婚，可說是第一對皇族跟「平民」的婚姻，符合了「牡羊」做為先峰的形象。而牡羊的守護星火星位於七宮，跟海王緊密的合相，可說這段婚姻，在別人的眼中，可真是夢幻式或童話式的關係。

而火星海王，跟四宮的天王四分（也是整個盤唯一的四分相），可說這段夢幻式的婚姻，背後其實是有一種不安、不穩定的情緒。天王四宮，代表這段關係的基礎，又或他們組織的家庭，是有點不穩定的，而且大家在心底裡都渴求自由、獨立；加上天王月亮的三分相，再度強調他們對自由和空間的需求。如果這方面的渴望得不到滿足，自由受到限制，這段關係就會變得很不穩定。

另一個重點，可以看四角的合軸星。木星凱龍在魔羯第九宮，緊緊的合著天頂。天頂就是他們在社會上的地位，相當容易理解，木星合天頂，代表了他們在社會上擁有崇高的地位，受到別人的羨慕和敬仰。不過因為魔羯的關係，貫徹他們較為務實低調的形象。不過，凱龍跟木星天頂合相，同時也解釋了他們的緋聞不斷，或常常受到媒體（第九宮）的攻擊，為他們帶來傷害。

另外，這個組合盤有一個有趣的特點，就是大部分都是柔和相位，只有一個四分相。有時大家總會覺得，一段關係的組合盤，有那麼多的三分、六分相，二人一定會相處得很和諧融洽。但其實一段關係當中，欠缺了一些強硬相位，也就像欠缺

了一些火花和動力，在相處上，可能會覺得一切都理所當然，而且很快又會覺得彼此之間沒什麼愛情火花，就算遇上問題，也沒有動力去解決。

　　從他們的例子來看，柔和相位占大多比例的星盤，沒有為他們帶來幸福愉快的婚姻，反而讓他們的關係容易觸礁。

Chapter 3

移民占星學
Relocation Chart

　　我們起一個星盤時，是根據你的出生年、月、日、時，以及地點的經緯度去算的，也就是說，除了時間外，「地點」也會影響你的星盤，特別是宮位的排列。所以同一個出生時間，在不同的地點，會有不同的星盤。

　　而移民占星學，就是以「地點」做根據，看看在不同的城市、地點，你的出生星盤會做出何種變化。在不同的地方，星盤的重點會放在哪裡？什麼地方會特別有利發展事業、找愛情，又或利於讀書進修？透過移民占星學的各種技巧，我們可以看到自己在不同地方的星盤變化如何、重點何在，從而幫助自己，向世界不同的角落出發。

移民占星學介紹（Relocation Chart）

移民占星學在近年來越來越受到重視，因為整個世界已經變成了地球村，大家出外旅行、讀書、工作，以至移民的機會越來越多，而移民占星學剛好能給予我們更多的資訊，了解我們在不同地方的能量如何。

想要計算出生星盤，我們會根據一個人的出生日期、時間，以及出生地點的經緯度來繪製，當中牽涉到「時間」和「空間」兩部分。而移民占星學，就是假設這個人離開出生地點，到另一個地方，根據那地方的經緯度和時間去繪製出生圖，就好像他在那個地方出生一樣。這樣就可以呈現出他跟這個地方的互動，在其中會產生怎麼樣的能量，以及他會做出怎樣的改變。

而移民占星學中包含了兩種方法，一種是換置圖（Relocation），另一種簡稱為 ACG（Astro*Carto*Graphy），即占星地圖。換置圖就是上面所說道的，根據你要去的地方，繪一張新的星圖，然後看你的變化。

而另一種 ACG 占星地圖，是由一位美國占星師金·路易士（Jim Lewis）所發展出來的，他按照不同的出生地點，相關的行星位置，投影在地球的地圖上，讓我們可以很清晰的看到，在世界不同的地方，我們星盤上哪顆行星會變得特別重要，哪些能量會彰顯出來。

從中我們可以了解到我們跟不同地方的關係，了解到為什麼會特別喜歡某個地方，又或對某個地方沒什麼好感。同時當我們要選

擇移民、出外讀書、往外地發展的地點時，也會有一個更清晰的了解。

換置圖（Relocation Chart）的操作

　　換置圖計算的概念是：將出生時間和地點的經緯度，改爲要換置的地方的當地時間及經緯度。也就是說，假設這個人是在那個地方出生。

　　例如某某生於 1980 年 1 月 3 日 18:00 台北，假設他要到倫敦去留學，想看看在當地的出生圖會變成如何，那麼計算的時候，以 1980 年 1 月 3 日 10:00 倫敦這些資料去計算，即是將台北時間 18:00 換回當時的倫敦時間（比台北慢 8 小時），以及地點的經緯度以倫敦爲準即可。

　　又或他想去紐約，則應以 1980 年 1 月 3 日 5:00 紐約去計算，因當其時紐約時間是比台北慢 13 小時。

　　其實如果你有運用專業的占星軟體如 Solar Fire、Janus 等，則軟體當中已有相關換置功能，只需輸入要換置的地點，軟體就會自動計算，不必自己去換算時間經緯度。

　　當你細看換置圖，你會發現其實行星坐落的星座度數、彼此之間的相位，跟出生圖是一模一樣的，變化的只是上升點，也就是宮位的分佈。所以在解讀換置圖時，重點是看四角、宮位的變換，換置後行星所影響到的宮位（生活領域），可按以下重點去解讀：

- 出生圖及換置圖的上升及四角之轉變、比較。

- 換置圖上有沒有合軸星。

- 在出生圖中重要的相位圖形，在換置圖中會影響哪個宮位？

- 出生圖的能量不會因為換置後而徹底改變，所以還是需要以出生圖為基礎，而換置圖只是在行星影響的領域中有所改變。

- 假設某人出生圖中，有一個T三角合著上升下降及天頂，這人會感覺在關係、事業方面，受到巨大的壓力。換置後，這個T三角可能落在其他宮位，並非合著軸線，雖然此T三角的壓力仍在，但由於不是合著軸線，當事人所感到的壓力可能會減少。

- 又或假設某人出生星盤中，土星在第七宮，在出生地的關係發展容易感到受限制。但換置後，變成木星位於七宮，即是發展任何關係的機會會增加，對於關係的看法也會變得樂觀一些。

ACG 圖的操作

ACG 圖的操作，必須靠占星軟體才可做到。它會將你的出生星盤轉換成 ACG 圖，打開 ACG 圖，你會看到一幅世界地圖，而上面有很多不同的線，穿越不同的地區。起初看起來會很混亂，但其實由上到下的直線是天頂天底線，而波浪型的曲線是上升下降線。每條線上都會清楚標明行星的符號以及是哪一種線。

例如金星下降線穿越的地方，即代表如果將此人的星盤換置到這些地方時，金星會在換置圖上的下降點上；又或如果天頂冥王線穿越羅馬，則代表將此人的星盤換置到羅馬時，冥王會在天頂上。

簡單來說，ACG 是將不同地區換置圖，用另一個方式去表達出來，並讓我們一目了然。看到行星合軸四角的換置盤，會出現在哪

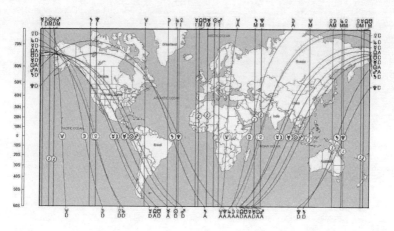

（圖說：ACG 占星地圖）

些地區／國家／城市，而從中可以更方便去了解自己跟不同地點的
關係，以及在哪個地方受到哪顆行星的影響最大。

　　而這種影響，不一定是要到那個地方去生活，一些跟該地方有
關的人或事，也可能會帶來同樣的影響。例如你的木星上升線穿過
巴黎，不但去到巴黎你會感到愉快，可能遇上來自巴黎的人也會讓
你覺得很開心，甚至對於巴黎的品牌會有特別的好感。

　　除了看個別的線外，某些地方，如果是有兩條線交會（上升
／下降的曲線跟天頂／天底的直線交會），這個稱做「側近點」
（Paran），此地對你的影響會更大，而在相同緯度的地方，也會
有類似的影響。

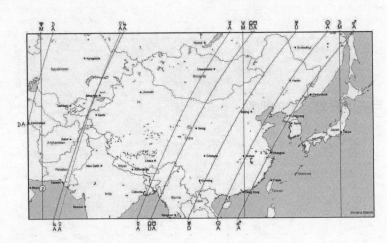

（圖說：ACG 占星地圖亦可從兩條線的交會，找到側近點）

ACG 圖行星線的詮釋

上升線經過的地方，代表對於你的外表、待人處事態度、行事方式，對外界的期望等，都會隨著該行星而做出改變。

太陽上升線經過的地點

在這個地方，你可能會顯得更有自信，尤其如果你本來是較為害羞或內斂的，來到太陽上升的地方，會更勇於去表達，樂於展現真正的自己，同時對於自己的外表也更為重視，希望可以受到別人的注意，或讓人留下深刻的印象。

在這裡，你似乎也更容易發揮你的領導才能和創作力，以及更有表演欲，希望可以突出自己的個人特色，得到別人的認同。

不過也可能會較為自我中心，只考慮到「我」，總是要別人以自己為焦點，而忽略了其他人。

月亮上升線經過的地點

這個地方，就算你之前沒有去過，也會有一種熟悉感，有一種「家」的感覺。

在這裡，你可能更容易讓你的情感、感覺流露出來，在待人處事方面，更為著重自身的感覺，以直覺去判斷和考慮。不過，自我保護力會較強，會將自己私人的事、內心的東西收藏，除非對他人建立了安全感和熟悉感，否則不輕易流露。

在這個地方，你也會將自己女性化或陰柔的一面表現出來，別人會感覺到你溫柔、母性的一面。不過，這個地方也可能令你更為情緒化，牽動你很多的情緒，尤其如果你出生星盤中的月亮受壓抑，那麼在這裡會更容易讓你感到不安，或情緒起伏不定。

水星上升線經過的地點

這個地方可能會引起你的好奇心，覺得這個地方、相關的人和事都很有趣，亦會刺激你的思考。來到這裡，腦筋似乎特別活躍似的，不但會想更多事情，也更渴望學習新的東西，吸收不同的知識。

或許你也會更重視溝通，比原來的你更多話想說，總是想表達自己的想法，或跟別人聯繫。

水星也代表走動，所以在這裡，你也會較浮動，總是不能停下來，想到處走走看看。

金星上升線經過的地點

在這裡你會發覺自己的魅力上升，別人會覺得你很有吸引力，而且你自己也似乎更著重外表和儀容，會更花心思的打扮，讓自己變得更漂亮。所以如果想認識新的對象，不妨到金星上升線的地方，特別容易吸引他人。

這個地方也讓你感覺更為愉快，可以很享受身在此處，所以一般來說，我們會對金星上升線經過的地方特別容易有好感，總是會覺得很舒適。但同時也會很想花錢，沉醉在各種享受當中，負面的部分則是容易變得懶惰，欠缺了一點拚勁。

火星上升線經過的地點

來到這裡，彷彿充了電一樣，變得特別有拚勁和活力，做事較為積極，更有膽色勇氣的向前衝。尤其如果自己本來的行動力不足，來到火星上升線的地方，可有助於激發出你的動力。而且也會較為自我，決斷力較強，特別是本身較為害羞的人，來到火星上升線的地方，則會更有勇氣去表現和肯定自己。

不過在這裡，你也可能更容易發脾氣，變得較為衝動和暴躁，小心會因此而跟別人發生衝突，又或因為太衝動而發生意外。

火星也代表了性魅力，所以來到這裡也會更有吸引力。如果是男性，更能表現出自己的男子氣概。

木星上升線經過的地點

木星能夠帶給人開心、愉快、樂觀的感覺，木星上升線經過的地點，在那裡你會覺得特別輕鬆、自由自在，看事情也變得更為樂觀，看出去的世界也變得更為美好。

而且你會覺得在那裡，到處都有很多機會可以發展，感覺就像可以大展拳腳。

木星也跟學習、進修有關，如果想要遊學、留學，也可以選擇木星上升走過的地方，你會發覺那裡總是可以讓你大開眼界，學習到不同的東西，開拓視野。

土星上升線經過的地點

木星、金星上升線走過的地方，可能會給你較多玩樂的機會，而土星上升線，則可能會跟工作有關，或總是讓你要背負一些責任，要好好努力。你會變得更為小心謹慎，做事更加踏實，雖然會感到壓力，但也學會負責任，可說是一個給你好好磨練的地方。

當然，如果你不習慣土星帶來的壓力，在這些地方，你會覺得受到限制，甚至有點抑鬱的感覺。而就算你本來是個開朗活潑的人，到了這些地方也會收斂起來、變得較為冷漠嚴肅，做事也更有紀律。

天王星上升線經過的地點

天王星在星盤中，代表你與眾不同、獨特的那個部分，在天王上升線經過的地方，你可能會覺得自己變得截然不同，特別勇於去表現自己的獨特之處，而不需在意他人的眼光。在打扮、形象方面，也會敢於穿出自己的風格，甚至在別人眼中，會覺得有點怪咖。

同時，那個地方也可能會讓你感到新鮮刺激，可以激發你新的思維，有助你發揮創意。

所以如果你覺得生活有點苦悶，想找尋一些新鮮感，不妨到天王上升線的地方，會帶給你意想不到的刺激。

海王星上升線經過的地點

到了海王上升線走過的地方，你可能會覺得很輕鬆，彷彿將壓力都放下，沒有什麼焦點似的。所以這些倒是可以用來渡假減壓的地方，逃避日常生活的束縛和壓力，甚至會覺得這實在是在理想中的夢幻之地。不過，如果選擇這些地方去工作或讀書，可能就少了一些拚勁和目標。

這些地方也是一些給予你藝術靈感的地方，例如，如果你想找個地方創作，尋找靈感，又或去學習攝影繪畫這些藝術性的東西，也可到海王上升線的地方。另外，參加靈修、冥想、或找個地方退休，也可到這些「海王地方」去。

冥王星上升線經過的地點

如果你覺得生活乏味，或對現在的生活感到麻木，那麼冥王上升線走過的地方，會給你很激烈的感覺，將你內在的情緒牽動。

對於這些地方，你可能會有強烈的情緒被激發出來，但同時也不會輕易流露。此外，也可能對這些地方有一份恐懼感，會很努力的保護自己，害怕會有什麼危險的事發生。

不過，如果你渴望深層的蛻變，想從中獲得深刻的體驗和成長，不妨到冥王上升線的地方，給自己機會轉化。

凱龍上升線經過的地點

到凱龍上升的地方，可能會讓人覺得不太舒服，因為在那裡，自己彷彿是個異類，害怕其他人會歧視或看不起自己。而且在那裡也會變得較為敏感，內心的傷口很容易被引發出來。

不過，凱龍也有治療的力量，在這些地方，你會有更多機會去看清楚自己的傷口，以及找尋相關治療。例如你到當地參加一些治療課程，可能會有良好的效果。

另外，在凱龍上升的地方，也可以讓你學習去接受自己與眾不同的地方，不要懼怕他人的眼光，勇於去活出獨一無二的自己。

月亮交點上升線經過的地點

南交在上升的地方，就算是第一次去，也會給你一種很熟悉的感覺，而且會感覺舒服自在。不過，如果想尋求一些成長和發展，則南交上升的地方，可能會讓你停滯不前。反過來說，如果是北交在上升的地方，則會給你一種陌生的感覺，甚至在那裡生活可能會是一種挑戰，不容易適應。

不過，這也是可以讓你自我成長的地方，去學習一些新的東西。而且，南北交上升線經過的地方，會給你一種彷彿被命運推過去的感覺，像命中注定要跟這些地方有一些連結一樣。

下降線跟「關係」有關，跟他人的互動、工作夥伴、愛情關係等的性質和模式，都會隨著不同的下降線而做出改變。

太陽下降線經過的地點

在這些地方，你會發覺自己的社交生活變得更為活躍，更熱衷於跟他人互動，並渴望成為當中的焦點。同時，也會希望得到別人的認同，這樣才能夠肯定自己。

另外，在這些地方，你會更容易吸引一些有「太陽」特質的人，例如充滿了生命力、具創意、有魅力的焦點人物，而你在這些人際關係當中，也可以擔當領導的角色。在這些地方遇上的人，也有助激發你的創意，讓你可以好好發揮你的創造力。

　　而太陽也代表了男性，所以想認識對象的女性，也可以到太陽
下降線經過的地方。

月亮下降線經過的地點

　　來到這些地方，你會更注重跟別人的關係，因為從中你可以得
到內心的滋養和滿足。就算你本來是個較為獨立的人，到了月亮下
降的地方，你也會渴望跟別人有較多的情感交流，期望別人給你照
顧，同時亦會樂於去保護和照顧他人。

　　月亮也跟家庭有關，來到這些地方，或許你會渴望建立伴侶關
係、組織家庭。

　　月亮代表女性，所以在這裡更容易認識女性的朋友，而男性想
找伴侶，在這些地方可能會有更多機會。

水星下降線經過的地點

　　在這些地方，會有較多跟別人交流溝通的機會，亦容易認識一
些有趣、年輕、有很多資訊提供給你的人。在這裡你不會覺得沉
悶，因為總是有很多說話、學習、溝通的機會。

　　在這裡，你跟別人的互動，甚至是情侶之間也會更為重視彼
此思想上的交流，例如大家是否可以溝通，有沒有好玩有趣的話
題。

　　水星也跟貿易有關，所以如果你是從事這些行業，或想尋找更
多商業機會、客戶，也可以到這些地方。

金星下降線經過的地點

金星本身就跟關係和愛情有關，所以如果你想認識更多人，甚至想有更多的戀愛機會，尋找理想伴侶，不妨到金星下降線經過的地方。在那裡，你可能會有更多的社交活動，而且可以更愉快的享受在其中。

而在別人的眼中，你也會變得更吸引人、更有魅力。反過來說，你所認識的人會是優雅美麗、富有藝術氣息，又或者你很能吸引力這些帶有「金星」特質的人。

金星也跟金錢有關，所以在這些地方，會有更多金錢交易的機會，所以也有助於相關的工作。

火星下降線經過的地點

在這些地方，人際互動上你會更加主動積極，而且社交活動也會變得更為熱鬧，不像金星下降那樣舒服享受，倒是更有動力和熱情，伴侶關係也會更為熱烈。不過，也要小心在人際關係上，會容易跟別人發生衝突，又或互相攻擊而鬧得不愉快。

在這些地方，容易認識到一些充滿活力、很有行動力的人。火星也代表男性，如果想認識多些男士，也不妨到火星下降線的地方去。

火星也跟性魅力有關，所以在這些地方你會變得更有吸引力，也容易發展充滿熱情的關係。

木星下降線經過的地點

如果你想拓展你的人際網絡，想認識更多人，或在工作上尋找更多的客戶、合作夥伴，都可以到木星下降線經過的地方。

在這裡，你會有很多社交、認識朋友、夥伴的機會，而且都會感到非常開心愉快，充滿了樂趣，而大家更可以有一些知性的交流，從對方身上學會一些智慧或道理，又或總是有很多人可以幫助你。

而你認識的人，也可能會是一些樂觀，很有學問，或可以教曉你一些東西的人。又或反過來，你在他人的眼中，就像一位老師或智者，可以教導別人。

土星下降線經過的地點

在這些地方，在人際關係方面你可能會變得較為內斂、疏離，不太熱衷於跟別人打交道，亦可能會覺得自己不夠好，而不太敢於跟別人交流。

在這些地方，你可能沒有很豐富的社交生活，亦或無法認識很多人，但認識到的，都可以慢慢建立長久穩定的關係，經得起時間的考驗。

在這裡認識的人，可能是一些較為成熟、冷靜謹慎的人，又或是一些專家型人物。對方可能給予你一些壓力，對你有所要求，但從中也是對你的一種磨練，讓你變得更成熟。

天王星下降線經過的地點

天王下降線經過的地方，會帶給你新鮮刺激的人際關係，你會認識到一些有趣、特別的人，跟你過去認識的截然不同。天王星跟團體、社會有關，所以在這些地方，可能會有較多的團體活動，讓你拓展人際圈子。

不過，這些關係可能會有較強的變動性，不像土星下降那樣容易保持長久的關係。而且關係亦會較爲冷漠、有距離感，你會較注意自己的私人空間和自由。

如果是伴侶，大家也最好保持一定的距離，給予彼此空間，並常常製造驚喜和新鮮感，這些都有助維繫關係。

海王星下降線經過的地點

來到這些地方，可能會碰上夢中情人，又或沉醉在夢幻式的愛情當中，充滿了浪漫的感覺。不過也要小心，這些海王式的關係，當中可能帶著很多不切實際的幻象，又或不確定的曖昧情況，而當夢幻破滅時，就會帶來失望。

海王在下降，也要注意在人際關係中，會有欺騙、模糊不清的情況出現，例如大家有合作的關係，又或要簽約時，都要加倍注意，小心受騙或誤會。

不過，海王在下降，也有機會認識到一些善良、有慈悲心的人，又或能夠激發你的靈感和直覺的人。同時，在人際關係中，大

家都沒有界限，可以讓你發揮大愛精神和同理心。

冥王星下降線經過的地點

在這些地方，人際關係方面可能會出現權力鬥爭的問題，彼此都想掌握主導權，而你在跟別人交往時，也會具有保護性，不會輕易流露內心的感覺或想法。這裡認識的人，可能是很有權力、財富的人，但也可能是有很強的權力欲和占有欲的人。

在人際互動上，可能會引發出你的深層恐懼，又或一些埋藏在內心深處的情緒，但亦可因此建立帶有強烈感情的關係，讓你不易忘記。

冥王也跟財富有關，所以若要找合作投資的夥伴，或富有的客戶，在冥王下降的地方也會有更多的機會。

凱龍下降線經過的地點

就算平日你不去理會你內心的傷口，但在這些地方，總是會透過人際關係而被引發出來。別人彷彿是在攻擊你，觸碰你的敏感點，讓你覺得受傷害。又或你在人際圈子當中，總是覺得自己格格不入。但其實這些也是成長和治療的機會，讓你學習去肯定和接納自己的弱點、與眾不同的地方，當你願意接納自己，他人自然會接受你。

在這裡，你也可能會認識一些治療師或老師，可以帶給你治療或學習的機會。亦可能遇上一些弱勢、需要你幫忙的人，透過對他

人的幫助、感受到別人的痛苦，你自己也會學習到更多東西，反過來亦有助自己的成長。

月亮交點下降線經過的地點

南交點在下降的地方很容易跟別人打成一片，因為遇上的人，都會有一種一見如故的感覺，就像不知早在哪裡見過似的，在人際方面會覺得舒服自在。

而北交點在下降的地方，人際關係對你來說可能是一種挑戰，看來不容易跟人打交道，又或碰上的人，跟自己過往認識的很不一樣，不知如何去相處。不過也可藉此去認識新的朋友，學習人際相處之道，而透過各種的人際互動，可以讓自己有所成長。

天頂線走過的地方，代表了我們的事業目標、發展、名譽地位、社會形象，會隨著不同的行星能量而有所轉變，而我們可以選擇合適的地方去做事業上的發展。

太陽天頂線經過的地點

太陽本身就是跟目標、成就、自我展現有關，太陽在天頂，代表容易獲得世俗、事業上的成就，而且其他人都會看見，受到他人的仰慕和認同。因此若想找個地方發展事業，希望可以建立自己的地位，特別是渴望成為焦點或公眾人物，例如從事演藝、表演、藝術家之類的，都可以考慮太陽天頂線的地方。

當然，到了太陽在天頂的地方，你的一言一行都很容易讓人看見，所以也要配合你的事業目標和本身的性格，如果不喜歡太高調，想保持多些私人空間，那麼這些地方未必最適合你。

月亮天頂線經過的地點

如果月亮在天頂這個位置，會較適合從事「月亮」相關的工作，例如要照顧、護理他人，跟家居、家庭、女性、歷史有關的工作，像幼兒護理、家具生意、古董買賣等，都可以在月亮天頂的地方發展，較容易獲得成就或地位。

不過，也要注意在這些地方，你的情緒總是容易受到外界的影響，或常為了事業、地位、名譽的事而變得敏感、起伏不定。又或在這些地方工作的話，跟上司之間的關係可能牽涉到一些情感，不容易公私分明，所以到這些地方發展就必須考慮這些問題。

水星天頂線經過的地點

水星在天頂的地方，比較適合從事跟通訊、溝通、貿易、寫作、教育相關的工作，都會較容易得到肯定，獲取名聲。而你的言談、想法、寫作作品，都會成為別人認同你的地方，所以如果你想當一名作家、演說家之類這些跟「說話溝通」有關的工作，在水星天頂的地方，會較容易得到發揮和認同。

不過，當然也需要考量你水星的性質。例如水星在你命盤中是壓力點，在天頂的話，也要小心你的事業、地位，可能會受到別人的言論所影響；又或你的言行稍有不慎，說錯了或做錯了任何事

情，都會被眾人看見，所以還得注意出生星盤的水星性質如何。

金星天頂線經過的地點

金星在天頂的地方，特別容易將你優雅、漂亮的一面在公眾前展示出來，大眾看你，會覺得特別有吸引力和魅力。金星也代表了價值，所以在這些地方，似乎更易彰顯出你的價值，又或可以透過事業成就，來打造你的價值。當然，這也關乎你個人星盤中金星的相位，如果你的金星受到壓力，那麼這些地方可能會突顯了你相關的問題，但同時也是給你磨練的好機會。

金星在天頂的地方，特別適合從事跟人際關係、漂亮有關的行業，例如公共關係、時裝、美容、外交之類，都會因爲你的品味和人際手腕而得到認同。

火星天頂線經過的地點

如果你想激發自己的奮鬥心和企圖心，那麼火星在天頂的地方可能會適合。在這裡，你會將能量都放在事業上，努力的打拚、競爭，希望獲取成就，成爲當中的領導者。而在事業上，你可以突顯出你的決斷力和膽量，在大眾眼中，你會是一個很果斷和有衝勁的人。

不過，火星在天頂的位置，在事業上的競爭也會較爲劇烈，亦要注意可能受到別人的攻擊。

火星在天頂的業務，會是一些跟運動、軍事、機械之類有關

的，較容易為人所肯定和認同。

木星天頂線經過的地點

　　木星在天頂的地方，可以為你的事業帶來很多的發揮空間和機會，亦有助提升你的名聲和地位，所以若是你想在事業上大展拳腳、爭取名聲，都可以選擇木星天頂線經過的地方。而且，你會覺得在建立你的事業時，也可在當中找尋到一些人生意義，並非單純為名為利那麼簡單。

　　而你建立出來的公眾形象，也會讓人覺得你所做的事是有益於他人，或覺得是很宏大的事。

　　木星的其中一個意涵是「擴大」，所以也要注意，無論你做出來的事，是好或不好，也會被突顯出來，甚至被誇大，也就是說，如果是一些錯失或醜聞，也會「壞事傳千里」。所以木星天頂也不是絕對的好，端看你做出了什麼成績。

土星天頂線經過的地點

　　土星所代表的，是慢慢的磨練，經過一段時間的努力，就會逐漸做出成果，並建立一定的成就。所以土星天頂線走過的地方，在事業上打拚雖然會很辛苦，或許需要承受很大的壓力，但如果願意努力，則可以建立扎實的地位和成就，而且還會相當的持久，不會輕易被打破。同時，透過這些鍛鍊，也可以讓你變得更為成熟，學會負責任。

在這些地方工作，可能會是跟大機構、有名望的公司有關，又或可從事一些專業，像會計師、財務師之類，都能給人一種很專業的形象。

天王星天頂線經過的地點

如果你想在事業上有個 180 度的轉變，一個大突破，想轉換事業方向，到天王在天頂的地方，應可做出轉變、新嘗試，給自己新的刺激。

在這些地方，你可以從事一些較爲冷門或另類的行業，也可以是跟科技、航空、發明有關的工作，較容易得到發揮的機會獲得成就。另外，在這些地方，亦適合參與一些社會服務、或爲了人道主義去打拚的工作。

不過，在這些地方，事業發展可能會較不穩定，例如經常要變換方向，又或你不願停留在一份工作上太久。總之，這些地方可以帶給你刺激和變化，但也要有心理準備會較不安定。

海王星天頂線經過的地點

如果你有一些夢想想去追逐，又或你的事業是跟藝術、電影、設計、慈善、靈性的東西有關，則海王天頂線走過的地方，可能會較爲適合，有助你在這些方面開創一番事業。而你所做的東西，容易引起大眾的共鳴，引發大家的想像，甚至有潛能讓人覺得你是大家的代言人，對你仰慕，把你看作是偶像。

　　不過，海王星的另一面，也有可能讓你對事業失去了企圖心，沒有心思去拚搏，甚至對於事業的方向也會迷失。所以最好是搞清楚有什麼夢想要追尋，才能在這些地方好好發揮海王的力量。

冥王星天頂線經過的地點

　　冥王在天頂的地方，可能會激發起你的企圖心，不只希望在事業上可以得到什麼成就，而是想獲得權力，想要能掌控一切。不過，其中也可能牽涉到權力的鬥爭，又或經歷種種的危機，從中去建立你的事業。但當你真的做出一些成績時，可以具有很大的影響力，甚至可以轉化他人，成為一個位高權重的人。

　　而冥王在天頂的地方，也較適宜從事一些跟神祕學、心理學、財務、偵測等相關的事業。

凱龍天頂線經過的地點

　　凱龍在天頂的地方，你所從事的工作，在大眾世俗的眼光來看可能會覺得奇怪、另類，不容易接受，而你自己也可能害怕或介意他人的眼光。但如果真的能夠接納自己的工作，反而可以建立出獨特性，做一些獨一無二、很有個人特色的東西，才是真正打造成就的方向。

　　而凱龍在天頂的地方，特別適合從事治療、教學、輔導這類可以幫助、有益於他人的工作。

月亮交點天頂線經過的地點

南交點在天頂的地方，發展事業對你來說，簡直就是駕輕就熟，可以很自然地爲了事業去努力，要獲取地位或成就也不是困難的事，只是要注意可能會因此而忽略家庭或私人生活。

至於北交點在天頂的地方，可能你會很渴望建立一番成就，但當中需要面對一些困難，中間也有很多學習的機會。建立事業成就並不容易，但這是讓你成長的一個方向，甚至覺得有一種使命感，或有一股推動力，推動著你去發展事業。

天底線經過的地方，代表著你在當地的家庭及私人生活、情緒、安全感、歸屬感，都會受到該行星的性質所影響。而如果你想選擇一個地方移民定居，合適的天底線會是很不錯的選擇。

太陽天底線經過的地點

來到這些地方，特別是移民或長期居留，會覺得在這裡建立的家，總是能帶來溫暖和開心的感覺，而且你的焦點也會放在家庭生活上，可以建立一個帶給你活力和愉快感覺的家庭。

太陽也對應父親和男性，所以在這些地方，可能會引發出一些跟父親有關的議題，例如會更注重跟父親的關係，又或碰上一些帶著父親形象的男性。又或如果你是男性，亦有機會在這裡建立家庭或成爲父親。

　　不過，也可能會把焦點放了在家庭上而忽略了事業上的發展，當然這必須觀察整個星盤的組合，以及天頂部分。

月亮天底線經過的地點

　　月亮本身就是跟家庭和根源有關，月亮在天底的地方，就算是一個陌生的地方，也能給你一種熟悉感，有一種「家」的感覺，而且很容易就能建立歸屬感。在這裡會覺得安全、舒適，比較容易在這些地方落地生根，所以選擇移民的話，找月亮天底線的地方是比較適合的。

　　月亮也跟女性、母親有關，所以在這個地方，可能會引發出一些跟母親有關的議題，例如認識帶有母親影子的人，又或女性可能想當媽媽。

水星天底線經過的地點

　　水星代表走動、短途旅行，所以水星在天底的地方，可能不是一個讓你感覺平靜的家，而是一個讓你常常跑來跑去的地方，例如跟朋友、鄰居會有不少交流，又或為了學習而忙碌，甚至有機會常到其他的地區、城市旅遊或工作。如果你喜歡較有趣味、可以跟別人多做交流的地方，水星天底會是不錯的選擇。

　　另外，在這裡，跟家人之間也會有較多的溝通、更多的話題。而你會對這個地方的歷史、文化，都會感到興趣，會是一個不錯的學習環境。

金星天底線經過的地點

如果你想建立一個舒適、漂亮、感覺和諧的家，可到金星天底線的地方，那裡會讓你覺得愉快、開心，也很享受待在家的時光，或許會花費許多心思把家居弄得漂亮。

金星也跟金錢有關，在這裡投資房地產，又或建立一個家居辦公室、在家工作，都可以有較多賺錢的機會。

而在這裡建立的關係、找尋伴侶，都可以給你一種安穩的感覺，甚至可以建立家庭。因此，在這裡生活應該是相當舒適的，只是小心變得太懶惰！

火星天底線經過的地點

來到這個地方居住，可能會充滿活力，總是有很多能量似的，滿載著很多熱情，但同時也可能引發出一些憤怒情緒，感到不安，容易跟家人發生衝突，又或對這個地方有一些不滿。

在這個地方，生活可能會變得很忙碌，如果你喜歡熱鬧的生活，在這類型的地方，真的可能讓你停不下來。

火星在天底的地點，其實比較適合喜歡繁忙熱鬧生活的人，又或從事一些競爭性活動，但如果想要一個安穩舒適的生活，那可能就不太適合了。

木星天底線經過的地點

來到這個地方，你可能會感受到木星帶來的樂觀和快樂，覺得這個是一個機會遍地的地方，如果是移民到這裡，則在這邊的家庭生活特別開心愉快，甚至較容易找到空間較大的房子。

木星也跟長途旅行有關，所以如果在這裡定居留學，可能會有很多走動的機會，跑到不同的國家，又或有更多機會跟外國人接觸。

木星亦代表學習，所以這些地方也會帶來很多的學習機會，如果想留學，又或想修讀一些課程，這些地方會是適合的選擇。

土星天底線經過的地點

土星在天底的地點，容易帶來束縛和壓力的感覺，需要背負較多的責任，特別是來自家庭的責任。

不過，這裡同時也可能帶來安穩實在的感覺，若想在這裡扎根，可能需要一段長時間去建立，因為起初會有一種恐懼或疏離的感覺，待慢慢適應後，才能夠建立安穩的根基。

在情緒上也會多一些壓抑，不輕易表達自己的情感。所以就算只是到這些地方去旅遊，感覺上也可能不太享受，又或沒有什麼好玩愉快的感覺。所以，土星天底線的地方，可能會比較適合工作、發展業務，而不是享樂或定居。

天王星天底線經過的地點

如果想找一些新鮮刺激感，這些地方應可滿足你。例如到這些地方旅遊、遊學，又或接觸來自這些地方的人，都會讓你覺得刺激又好玩。

而如果你到這些地方長期生活、定居，雖然可能會有不少新鮮感，但走動變化也可能很多，例如需要東奔西跑，不容易安定下來，而且在情感上，會有一種疏離的感覺，不易建立歸屬感和安全感。而在這裡的家庭生活，會很需要自己的空間，很重視獨立性和自由。

天王星也代表團體和社會，所以來到這些地方生活，也可能會有較多的團體活動，又或認識不同的朋友。

海王星天底線經過的地點

這些地方可能會帶給你一種「這就是理想中的家」的感覺，滿足你的幻想、符合心中的想像以及對理想的追求，而且很容易融入其中。

如果想找一個地方去渡假，甚至去逃避一下，脫離現實的束縛，海王天底可以給你這類感覺，就像去渡假村、甚至迪士尼樂園那樣。

另外，這些地方也適合去參與一些靈性或藝術活動，讓你去尋求靈性上的成長、發展你的藝術創意。

不過，海王星也代表迷失，在這裡也容易感到迷惘，不知自己的根源何在的感覺。雖然像是一個理想的地方，但又不夠實在，像沒法扎根似的。

冥王星天底線經過的地點

如果要刻意選地方移居或讀書的話，大概很少人會去選冥王在天底的地方。因為在這裡，情緒上不易感到安穩，甚至內在的一些恐懼、陰影都會被引發出來。而在這裡建立的家，也可能容易遭遇危機和問題，不容易營造安穩舒適的氛圍。

不過，如想尋求人生的轉化，想來個翻天覆地的轉變，又或去參加一些成長課程，去面對內心的陰影，藉以做一些深層的治療，那麼冥王天底的地方也算是適合的選擇。

凱龍天底線經過的地點

這些地方相當適合做靈性之旅，因為在此，可能需要面對內心的傷口，又或一些跟過去、家庭有關的問題，都會在這裡被引發出來。如能利用這個機會去了解自己的內心、處理這些問題、甚至去學習治療，都可以是一個成長的機會。

不過，如果在這些地方定居，甚至建立家庭，則可能較為困難，容易因為家庭、種族的問題而受到傷害。例如別人當你是異類，不易接受你成為那個地方的一分子之類，對於自己的內心和情緒，都會是一種傷害。而要學習的，就是去接納這個與眾不同的自己，以及自己的根源和文化。

月亮交點天底線經過的地點

南交點天底線經過的地方，會很容易給你一種熟悉感、歸屬感，就算是一個陌生、未去過的地方，也彷彿回到家一樣。不過，如果有一些過去的事情一直未能解決，則可能在這個地方再度重覆，要你去面對和處理。

如果是北交點在天底，這個地方可能讓你覺得陌生，甚至在這裡生活會感到不容易，必須強迫你去面對一些挑戰，但也因此，給你一些機會去學習新的東西，從中得到成長，也可以給自己嶄新的人生體驗。

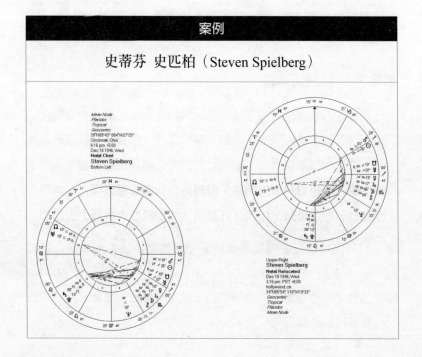

要了解換置圖和 ACG 圖的操作和分析，我們可以從美國大導演史蒂芬 史匹柏（Steven Spielberg）的案例來看。

史匹柏出生在美國俄亥俄州的辛辛那提市，先看他的出生圖，上升巨蟹，太陽射手在第六宮，四顆星包括命盤守護月亮都在天蠍座第五宮，代表著他有很強烈的創作力，而且可以將一些跟心理、權力鬥爭、危難、內心恐懼的東西，透過創作表達出來。

而第六宮的太陽、火星、南交及水星，亦暗示著他人生焦點和能量都會放在工作上。而天頂則是雙魚，他的事業發展和成就，都會跟藝術創作、想像力有關。這些都是他的出生星盤帶來的能量，當他換置到不同的地方，這些能量就會在不同的領域中彰顯出來。

嘗試把他的出生圖換置到加州的夢工場好萊塢，上升星座變成了雙子，原先在五宮的天蠍星群，移到第六宮，代表著他的創作力，可以在工作上表現出來。而天頂由雙魚變成水瓶，正好呼應他拍的電影，往往跟高科技、外太空、外星人有關，加上在出生圖 12 宮的天王星，在好萊塢的圖就跑到第一宮了，可說他的突破性、嶄新的想法，可以更容易表達出來。

再看合軸星，冥王在三宮合著天底，意味著在這個地方，會容易經歷權力鬥爭的問題，但同時也有機會獲取權力。水星亦在七宮合下降點，代表在好萊塢，他跟其他人會有不少思想上的交流和互動。

在他的出生圖上，有一個小三角，由土星冥王、水星、海王形成，頂端在四宮的海王，代表他在藝術創作上，相當有天份，而且還可以將之落實（土星），將他深度的想法（冥王三

分水星），以藝術的方式表達出來。而這個小三角，在好萊塢的換置盤上，頂端的海王由四宮移到五宮，加強了海王的創作意味，更變成了一個讓史匹柏展現自我的地方。

而冥王合天底這個部分，再看看 ACG 圖，就可以看到冥王天底線穿過加州的洛杉磯。當我們看整個 ACG 圖時，就可以看到換置到在全世界各地方，合軸星會有哪一些了。

舉一些例子，天王天頂線穿過法國巴黎，可以說史匹柏在法國巴黎，更能突顯他拍攝科幻片的形象，會因此而受到大家的認同。在亞州方面，他的海王天頂線剛好就穿過香港，同時太陽和火星上升線也在附近，可說他的名聲、創作力，還有他的藝術成就，特別容易在香港這邊突顯出來，並為人所認同，甚至相當受歡迎。

如果他想好好休息或渡假，看到他的月亮、木星、金星天底線都穿過極北的格陵蘭，在那裡便可感覺相當愉快和舒適了。

國家圖書館出版品預行編目資料

高階占星技巧：中點技巧、組合盤、移民占星學／魯
道夫、Jupiter、Monique著. -- 初版 .-- 臺北市：春光出
版：家庭傳媒城邦分公司發行, 民105.02
　　面；　公分

ISBN 978-986-5922-79-5（平裝）

1. 占星術

292.22　　　　　　　　　　　　　　105001468

高階占星技巧
──中點技巧、組合盤、移民占星學

作　　　者	／魯道夫、Jupiter、Monique
企劃選書人	／劉毓玫
責任編輯	／劉毓玫

行銷企劃	／周丹蘋
業務主任	／范光杰
行銷業務經理	／李振東
總編輯	／楊秀真
發行人	／何飛鵬
法律顧問	／台英國際商務法律事務所　羅明通律師
出　　　版	／春光出版
	台北市104中山區民生東路二段 141 號 8 樓
	電話：(02) 2500-7008　傳真：(02) 2502-7676
	部落格：http://stareast.pixnet.net/blog
	E-mail：stareast_service@cite.com.tw
發　　　行	／英屬蓋曼群島商家庭傳媒股份有限公司城邦分公司
	台北市中山區民生東路二段 141 號11 樓
	書虫客服服務專線：(02) 2500-7718 / (02) 2500-7719
	24小時傳真服務：(02) 2500-1990 / (02) 2500-1991
	讀者服務信箱E-mail：service@readingclub.com.tw
	服務時間：週一至週五上午9:30～12:00，下午13:30～17:00
	劃撥帳號：19863813　戶名：書虫股份有限公司
	城邦讀書花園網址：www.cite.com.tw
香港發行所	／城邦（香港）出版集團有限公司
	香港灣仔駱克道 193 號東超商業中心 1 樓
	電話：(852) 2508-6231　　傳真：(852) 2578-9337
	E-mail：hkcite@biznetvigator.com
馬新發行所	／城邦（馬新）出版集團　Cité (M) Sdn. Bhd.
	41, Jalan Radin Anum, Bandar Baru Sri Petaling,
	57000 Kuala Lumpur, Malaysia.
	電話：(603) 90578822　傳真：(603)90576622
	E-mail：cite@cite.com.my.

封面設計	／黃聖文
內頁排版	／游淑萍
印　　　刷	／高典印刷有限公司

■ 2016 年（民 105）2月 25 日初版　　　　Printed in Taiwan

售價／480元

城邦讀書花園
www.cite.com.tw

104台北市民生東路二段141號11樓

英屬蓋曼群島商家庭傳媒股份有限公司
城邦分公司

請沿虛線對折，謝謝！

遇見春光‧生命從此神采飛揚

春光出版

書號： OC0075　　書名： 高階占星技巧——中點技巧‧組合盤‧移民占星學

讀者回函卡

謝謝您購買我們出版的書籍！請費心填寫此回函卡，我們將不定期寄上城邦集團最新的出版訊息。

姓名：＿＿＿＿＿＿＿＿＿＿＿＿＿＿＿＿＿＿＿

性別：□男　□女

生日：西元＿＿＿＿＿＿年＿＿＿＿＿＿月＿＿＿＿＿E

地址：＿＿＿＿＿＿＿＿＿＿＿＿＿＿＿＿＿＿＿＿

聯絡電話：＿＿＿＿＿＿＿＿＿＿　傳真：＿＿＿＿＿＿＿＿＿

E-mail：＿＿＿＿＿＿＿＿＿＿＿＿＿＿＿＿＿＿

職業：□1.學生 □2.軍公教 □3.服務 □4.金融 □5.製造 □6.資訊

　　　□7.傳播 □8.自由業 □9.農漁牧 □10.家管 □11.退休

　　　□12.其他＿＿＿＿＿＿＿＿＿＿＿＿＿＿＿＿＿

您從何種方式得知本書消息？

　　　□1.書店 □2.網路 □3.報紙 □4.雜誌 □5.廣播 □6.電視

　　　□7.親友推薦 □8.其他＿＿＿＿＿＿＿＿＿＿＿＿

您通常以何種方式購書？

　　　□1.書店 □2.網路 □3.傳真訂購 □4.郵局劃撥 □5.其他＿＿＿＿＿

您喜歡閱讀哪些類別的書籍？

　　　□1.財經商業 □2.自然科學 □3.歷史 □4.法律 □5.文學

　　　□6.休閒旅遊 □7.小說 □8.人物傳記 □9.生活、勵志

　　　□10.其他＿＿＿＿＿＿＿＿＿＿＿＿＿＿＿＿＿